"三元双向"循环农业模式

——农业绿色发展的庆阳实践

庆阳市农业科学研究院
庆阳市农业技术推广中心 编

中国商务出版社
·北京·

图书在版编目（CIP）数据

"三元双向"循环农业模式：农业绿色发展的庆阳

实践／庆阳市农业科学研究院，庆阳市农业技术推广中

心编. —— 北京：中国商务出版社，2025.6. —— ISBN

978-7-5103-5557-8

Ⅰ. F327.423

中国国家版本馆 CIP 数据核字第 2024HF8010 号

"三元双向"循环农业模式——农业绿色发展的庆阳实践

庆阳市农业科学研究院
庆阳市农业技术推广中心　编

出版发行：中国商务出版社有限公司

地　　址：北京市东城区安定门外大街东后巷 28 号　邮编：100710

网　　址：http：//www.cctpress.com

联系电话：010－64515150（发行部）　　010－64212247（总编室）

　　　　　010－64515210（事业部）　　010－64248236（印制部）

责任编辑：李鹏龙

排　　版：北京墨知缘文化传媒有限公司

印　　刷：庆阳市鹤原印务有限公司

开　　本：710 毫米×1000 毫米　1/16

印　　张：23.75　　　　　　　　　字　　数：365 千字

版　　次：2025 年 6 月第 1 版　　　　印　　次：2025 年 6 月第 1 次印刷

书　　号：ISBN 978-7-5103-5557-8

定　　价：95.00 元

序

　　《"三元双向"循环农业模式——农业绿色发展的庆阳实践》是关于甘肃省庆阳市调整农业结构，开展农业废弃物资源化利用，推进循环经济发展，实现生产、生态、生活三赢的理论与实践成果总结。

　　庆阳市是我国的农耕文明发源地之一。周先祖曾在这里"教民稼穑""务耕种、行地宜"，开创了华夏农耕文明的先河。庆阳市地处我国黄土高原沟壑区的核心地带，这里大塬大川、梁峁沟壑，纵横交织，有号称世界第一大黄土塬的董志塬。站在塬上，极目远眺，天高云淡。远处，黄土高坡，碧草如茵，牛羊成群；近处，平坦沃野，阡陌成行，麦浪翻滚。铿锵有力的《军民大生产》仿佛在耳边荡漾。庆阳市是我国典型的农牧交错区。据草业科学的重要奠基人任继周先生考证，在黄土高原，农耕文明与游牧文明曾发生过8次交替，农耕文明最终占据了主导地位，但草食畜牧业依然是这里的支柱产业之一。这里兼具农耕与畜牧两种文化，例如，传统美食既有农区的臊子面，又有牧区的羊羔肉，两种文化在这里实现完美的融合与统一。庆阳市是红色圣地，这里是党中央和中央红军长征的落脚点，也是八路军三大主力北上抗日的出发点之一。战争年代，庆阳人民为革命的胜利和新中国的诞生做出了巨大的牺牲与贡献。庆阳市也是草业科学的发源地之一。1981年，任继周先生为改革我国的农业结构，发展草地农业，建立了甘肃草原生态研究所。建所之初，百务待兴。研究所首先在庆阳市西峰区什社乡建立庆阳黄土高原草地农业试验站（以下简称庆阳站)。正是以庆阳站为基地，以站内站外相结合的研究与实践成果为重要基础，创建了粮—草—畜结合、种—养—加结合、动植物生产与景观生产相结合的草地农业理论与技术体系。庆阳市是充满挑战与希望的热土，是狭路相逢勇者胜的战场。这里是"陇东粮仓"，但所属的八个区县，有五个曾经是国家级贫困县。这里具有文人墨客赞美的如诗如画、美不胜收的景观，但也曾经水土流失严重。长期以来，发展生产、改善生态环境、提高人民生活水平，始终是当地政府和群众奋斗的目标。

庆阳市是我度过人生美好时光的地方，也是我学术生涯起步的地方，更是我始终思之念之的地方。1981年，我研究生毕业，分配到甘肃草原生态研究所，从事科学研究。从1982年开始，我便在庆阳站开展科学研究。根据任继周先生的顶层设计，我和同事们在站内进行牧草的筛选评价，开展草田轮作及相关试验。在站外，我们下沟上崬，寻访调研，走村入户，了解民情。引导、鼓励群众在坡沟地大量种植优良牧草，控制水土流失，发展牛羊生产。当我看到本书介绍"企业借棒，农户栽菌"时，十分亲切，不由回忆起当年，在政府的支持下贷款买牛，借给农户饲养，生产的犊牛归农户所有，母牛则传递给另一家农户，如此循环，草畜结合，发展生产。多年的研究与实践表明，在单一禾谷类作物种植体系中，加入豆科牧草，实施草田轮作，草畜结合。粮食播种面积减少17%，但粮食总产提高37%，畜牧业产值增加一倍，土壤肥力显著改善，农民收入大幅增加，被誉为我国黄土高原农业发展的方向。在实践中，我们不但把论文发表在杂志上，也写到了陇原大地上。我们专业水平不断提高的同时，也学到了庆阳人民淳朴、忠厚、甘于忍受、不怕困难、努力创造美好生活的优秀品质。我们从一群初出茅庐的青年科技工作者，逐渐成长为我国草业科学领域的骨干力量，庆阳站也发展为国家级野外台站。后来，由于岗位的变更，我不再每年来庆阳站做实验。但庆阳站的工作、庆阳市的农业发展，始终萦绕在我心头，我仍然经常来庆阳学习、调研。我见证了40余年来庆

阳市的发展和进步，我看到这里环境日益美好，人民生活不断提高，到处莺歌燕舞。

今天，我又无比兴奋地读到《"三元双向"循环农业模式——农业绿色发展的庆阳实践》一书。该书是奋战在农业农村一线的庆阳市干部群众开展大农业实践的生动总结和理论升华。全书系统介绍了当地调整农业结构，在大力发展种植业和养殖业的同时，充分利用动植物生产的废弃物，发展食用菌产业，促进循环经济发展。在作物生产方面，实施百万亩复种增粮增效工程，推广多种间作套种和复种模式，使我国劳动人民在世界率先创立的这一先进生产系统，在庆阳不断发扬光大。在牛羊生产方面，大力推广营养饲喂、良种扩繁、粪污处理、产品精深加工等现代先进技术。在食用菌生产方面，以构建利益联结机制为突破口，强化企业带动和农户参与两个关键点，积极探索多种经营模式，以市场化机制引领食用菌产业迅速发展。将作物的秸秆等废弃物转化成食用菌的袋料，牛羊产生的粪污转化为作物的肥料和食用菌的袋料，食用菌产生的渣糠转化为牛羊的饲料和作物的肥料，实现农业废弃物在作物、动物、菌物之间的有效利用、有机转化和有序循环。2023年，中央全面深化改革委员会将这一模式列为向全国推广的地方政府深化改革典型案例，农业农村部将其列入全国农业绿色发展典型案例。同年，庆阳整市获批创建国家农业绿色发展先行区。

我为庆阳市取得的成就备受鼓舞，无比自豪。食物安全是全人类面临的共同挑战。研究表明，为满足全球日益增长的食物需求，动物和植物生产必须在2005年的基础上增加60%，其中，动物生产必须比植物生产实现更大幅度的增加，肉和奶需要分别增加76%和63%。联合国粮食及农业组织提出，要调整膳食结构，实现食物多元化。2017年12月28日，习近平总书记在中央农村工作会议上指出："树立大农业观、大食物观，向耕地草原森林海洋、向植物动物微生物要热量、要蛋白，全方位多途径开发食物资源。"建立以粮食和肉奶为基础，包括食用菌在内的其他食物为补充的多元食物保障体系，是未来相当长的时期内的重要任务之一。

庆阳市取得的成绩是伟大的，但今后的道路更漫长，任务更艰巨，工作更繁重。庆阳市要充分利用资源禀赋，大力发展饲草生产。饲草是连接作物和牛羊生产的纽带和物质保障，草多才能粮多、畜多、菌多。要利用休闲地和边际土地种植豆科饲草，因为其不与粮争地（作物暂时不利用的休闲地和不能利用的边际土地），不与粮争水（增加地表覆盖，减少水分蒸发，提高水分利用效率），不与粮争肥（豆科植物可以固氮，提高土壤肥力）。发展饲草可以提高土壤肥力，改善土壤结构，减少水土流失，促进粮食高产，同时获得大量优质饲草，这就是藏粮于草，藏粮于地的道理。

发展牛羊生产需要量足质优的饲草。早在陕甘宁边区时期，毛泽东同志便指出"牲畜的最大敌人是病多与草缺"。时隔80余年，草缺依然是发展畜牧业生产的主要限制因素之一。庆阳农户全年用于养羊的饲料中，只有10%是紫花苜蓿等优良牧草，其余的90%都是秸秆、枯枝落叶等农业废弃物。这样的饲料很难做强养殖业。庆阳要大力改良草原，通过围封＋划破补播，大幅度提高产草量和植被盖度；要大力推广种植优良牧草，用于家畜冬春补饲，减少损失。

我国是世界上最早认识食用菌、最早利用食用菌的国家之一。目前全国食用菌年产量已达4000余万吨，占世界总量的90%，是名副其实的食用菌生产大国、利用大国、消费大国。不过，我国还不是食用菌强国，需要大力发展秸秆菌业，选择适宜的菌种，改进栽培技术，进行产品深加工，做优、做精食用菌生产。

《"三元双向"循环农业模式》共分为理论篇、实践篇、技术篇、成果篇和案例篇五篇19章，详细介绍了庆阳市实现植物生产、动物转化、菌物分解的循环农业模式，介绍了具体的技术以及应用这些技术获得的成果，并附有大量发展不同产业的典型案例。本书理论与实践相结合，技术

与模式相统一，可操作性强、适用范围广，可为全国同类地区科研、教学、技术推广、生产与管理等方面的人员提供参考，也可作为草业科学、作物学、动物科学、农业资源与环境、应用微生物学等学科的本科生、研究生的学习资料。在该书出版之际，谨向四十余年来始终如一的支持和帮助甘肃草原生态研究所、兰州大学草地农业科技学院、草种创新与草地农业生态系统全国重点实验室、甘肃庆阳草地农业生态系统国家野外科学观测研究站的庆阳市各级政府与广大群众致以衷心的感谢！我坚信，在大家的共同努力下，在庆阳站、国家种业实验室的绵羊品种改良实验基地、甘肃省和庆阳市的科研机构的鼎力支持下，庆阳市一定会发展成为草茂粮丰、牧业发达、菌业突出、环境优美、宜居宜游、人民富裕的模范地区。

中国工程院　院士

草种创新与草地农业生态系统全国重点实验室　首席科学家

兰州大学草地农业科技学院　教授

南志标

前　言

中国是人口大国，也是农业大国。"农稳社稷，粮安天下"是支撑经济社会可持续发展的基础。党中央、国务院历来高度重视农业的基础地位，坚持把农业、农村和农民工作摆在一切经济工作的首要位置。但如何在土地等农业资源有限的条件下最大限度保障粮食安全、促进农民增收是事关2035年农业农村基本实现现代化的重大战略课题。粮食安全的本质是食物安全，因而构建多元化食物供给体系是保障粮食安全的必由之路。2015年，习近平总书记在中央农村工作会议上首次提出"要树立大农业、大食物观念"。党的二十大报告作出"树立大食物观，发展设施农业，构建多元化食物供给体系"的战略部署。党的二十届三中全会审议通过的《中共中央关于进一步全面深化改革、推进中国式现代化的决定》明确强调，"壮大县域富民产业，构建多元化食物供给体系，培育乡村新产业新业态"。2024年9月15日，国务院办公厅印发《关于践行大食物观构建多元化食物供给体系的意见》（国办发〔2024〕46号），系统阐释构建多元化食物供给体系的战略目标、实现路径、基本模式与支持政策，标志着党和国家关于构建多元化食物供给体系的战略决策进入加快推进的新阶段。

庆阳市地处陇东黄土高原，是周肇华夏农耕文明的发祥地之一，农耕历史悠久，农牧资源丰富，素有"农耕之源"和"陇东粮仓"之美称。但是，受传统耕作方式和经营观念制约，庆阳市的农业生产技术相对落后，经营管理方式较为粗放，农业废弃物利用效率低，未能完全摆脱传统农业模式的束缚。例如，生产资料高投入、劳动力密集投入、生产高成本、农业资源高消耗，以及生态环境质量提升缓慢等制约难题尚未得到有效破解；单纯依靠扩大种植面积保证粮食安全与通过调整产业结构促进农民增收之间的矛盾日益突出。2021年以来，新一届庆阳市委、市政府积极践行大农业观、大食物观，主动适应传统农业向现代化大农业转型发展的新形势，经过系统深入调研，反复酝酿，精心谋划，推出培植食用菌产业，拓展农业产业领域，拓宽食物资源，催生农业广领域高质量发展等重大举措。特别是基于庆阳市农业发展及转型升级相对滞后的现状，以现代产业融合发展理论为依据，首次提出将食用菌嵌入农牧产业循环链条，构建种植业、养殖业、菌业协调发展与互促共进的"三元双向"循环农业发展新格局，促进种植业和林果业产生的秸秆残枝等废弃物转化为养殖业的饲料与菌业发展的袋料，推动养殖业产生的粪污转化为种植业的肥料和食用菌产业发展的袋料，在此基础上将食用菌产生的渣糠转化为养殖业的饲料和种植业的肥料，实现农业废弃物在种、养、菌三产业之间的有机转化、有序循环和高效利用，形成"双向"实践、"三元"鼎立的闭合循环圈。在实践探索基础上，持续创新和优化这种大农业经营模式，形成独具特色且符合产业经济学规范的"三元双向"循环农业模式。

三年来，庆阳市把发展"三元双向"循环农业作为践行大农业观、大食物观的"庆阳行动方案"和推动农业绿色发展的"庆阳模式"，坚持种植养殖菌业一体培育，政策项目科技一体支撑，加工营销品牌一体推进，政府企业农户一体发力，区域产业主体一体循环，创造设计和推行了一系列突破性、变革性举措，推动庆阳传统农业向现代化、科技化、标准化、绿色化、高效化方向转型发展。在种植业领域，启动实施百万亩复种增粮增效工程，推广多种间作套种和复种模式，变农作物"一熟有余、两熟不足"为"一年两熟"或"两年三熟"，打破传统农业耕作制度和作物熟制的制约。实施百万亩优质苹果基地改造提升工程，注重品种优化、推行组

培脱毒育苗、大苗移栽、高接换优等技术，实现旱地苹果丰产高效。大力推广现代栽培技术和设施装备，推动资源依赖型传统农业向要素支撑型现代农业转变。在养殖业领域，大力推广良种扩繁、营养饲喂、粪污处理、产品精深加工等现代先进技术，推动养殖业全产业链升级。在菌业领域，以构建利益联结机制为突破口，强化企业带动和农户深度参与两个关键点，积极探索"企业借棒、农户还菇""企业统一建棚、农户返租经营""企业统一供棒、订单保价收菇、农户建棚养菌"等经营模式，以市场化机制引领食用菌产业高质量发展。经过持续推进，庆阳市农业总体上实现从结构单一的传统农业向"三元多业"并重的集成型、融合型、竞争型农业转型，实现由资源依赖型向科技依托型的现代农业转型，实现由种养两元循环模式向种养菌"三元双向"循环模式转型，开启现代农业的升级版。挖掘资源禀赋，促进高产高效绿色低碳技术，全力构建"三元双向"循环农业发展新格局的做法、经验和成效，被农业农村部纳入2023年全国农业绿色发展典型案例。被中央全面深化改革委员会列为面向全国推广的地方政府深化改革典型案例。基于这些成果支撑，庆阳于2023年整市获批创建国家农业绿色发展先行区。

庆阳市委、市政府决定发展"三元双向"循环农业，是基于气候条件、区位优势、产业化水平、市场需求等因素做出的综合判断。在气候条件方面，庆阳市属于暖温带大陆性季风气候，降水适中，气候总体温和，不仅宜农宜牧，而且非常适宜发展食用菌产业。在资源禀赋方面，庆阳可耕牧土地广袤，种养业规模大，量产的农作物秸秆、畜禽粪便、果木弃枝等农业废弃物都是开发食用菌的优质袋料，具备支撑发展高品质、规模化食用菌的良好资源与环境。在区域位置方面，庆阳市地处陕甘宁三省区交界处，与西安市、兰州市、银川市等省际消费终端城市相距较近，冷链物流发达，保鲜运销成本具有优势。在市场需求方面，食用菌属于绿色高端、价廉物美的大众食品，是大食物体系的重要组成部分，具有广阔的开发前景和旺盛的市场需求，而且在大农业、大食物体系中占有一席之地。截至2024年底，庆阳市食用菌年产量达到4万吨，产值达到9.2亿元。实践证明，庆阳市已经具备发展"三元双向"循环农业的资源环境条件、创新及科技支持环境、产业发展及市场环境，符合广大农民的意愿，更契合大农业、大食物产业发展的方向，必将大有可为、大有作为。

为深入贯彻落实党中央和国务院关于践行大食物观，加快构建多元化食物供给体系，推动农业绿色可持续发展、农业产业现代化等一系列重大决策落地实施，由庆阳市农业农村局牵头，组织专门力量对2021年以来全市推动"三元双向"循环农业发展情况进行系统梳理，集成《"三元双向"循环农业模式——农业绿色发展的庆阳实践》一书，本书从产业经济理论视角对"三元双向"循环农业的实践经验进行多维度总结，进而升华为理论成果，可视为示范推广的有益尝试。本书付梓出版，可为有关党委、政府，特别是西部地区贯彻大食物观、发展现代农业提供决策参考或有益借鉴，为相关农业农村工作者探索推进新时期发展循环农业经济，深化"三元双向"循环农业模式的理解，以及准确把握循环路径和关键节点提供参考。

我们坚信，在绿色发展理念和大农业观、大食物观指引下，"三元双向"循环农业必将在庆阳市落地生根、开枝散叶，绽放出创新发展的理论之花，结出强农惠民的丰硕之果。庆阳市农业农村现代化和第二个百年奋斗目标一定能够早日实现，庆阳老区经济和人民生活将更加繁荣美好！

目　录

第二篇 实践篇

第三篇　技术篇

第四篇　成果篇

第五篇　案例篇

第四章　融合发展类

第一篇

理论篇 LI LUN PIAN

第一章　庆阳农业发展的历史与现状

庆阳地处陇东黄土高原腹地，是农耕文明的重要发源地。境内有黄土堆积最厚的"天下黄土第一塬"董志塬，也有黄土高原面积最大的子午岭原始次生林。悠久的历史和独特的地域环境，使这里有着得天独厚的农业发展优势，成为甘肃省重要的粮食和农畜产品生产基地，素有"农耕之源""陇东粮仓"之美誉。

第一节　自然条件

庆阳市位于甘肃省东部，地处陕甘宁三省区交会处，境内沟壑纵横，气候温和，四季分明，光照充足，资源丰富，具备开发、拓展市内外农产品市场的地理环境，也有发展大宗农作物的生产环境和开发特色农产品的资源环境。

一、地理条件

庆阳市地处关中平原向毛乌素沙漠和鄂尔多斯盆地的过渡地带，属于北方农牧交错带，介于东经106°20′～108°45′、北纬35°15′～37°10′之间，东西横跨208千米、南北纵贯207千米，总面积27119平方公里，是陕甘宁毗邻地区区域性中心城市，地处中国陆地版图的"几何中心"，位于博台线与胡焕庸线的交汇点，东接陕西省宜君县、黄陵县、富县、甘泉县、志丹县等，北邻陕西省定边县、吴起县及宁夏回族自治区盐池县，西与宁夏回族自治区原州区、彭阳县、同心县接壤，南与平凉市泾川县及陕西省彬州市、长武县、旬邑县相连，是西北地区连接华北和中原地区的重要通道和门户。辖庆城县、环县、华池县、合水县、正宁县、宁县、镇原县7县和西峰区，116个乡（镇）、6个街道办事处、112个社区、1261个行政村。交通运输便利，境内国道211、省道202两条主干线纵贯南北，国道309、省道303线横穿东西，G22青兰高速、G69银百高速穿境而过。庆阳机场通航北京、天津、上海、深圳、重庆、成都、兰州、杭州、海口、贵阳、青岛、乌鲁木齐等10多个城市。银西高铁穿境而过，在境内共设6个客运车站，西平铁路设有长庆桥站。公路、航空、铁路网络密布，是各类交通要素集聚的"黄金节点"，具有区域间合作的明显优势，具备资源共享、优势互补的良好环境。

二、地形地貌

庆阳属黄土高原沟壑区，地势北高南低，海拔在885～2082米之间，高差千余米。东部为子午岭丘陵区，南部为黄土高原沟壑区，中部为残塬沟壑区，北部为丘陵沟壑区，东、北、西三面高而中间低，有"陇东盆地"之称。境内山、川、塬兼有，沟、岇、梁相间，属于典型的黄土高原侵蚀地貌。全境10万亩以上的大塬有12条，其中最大的董志塬面积136万亩，平畴沃野，广袤无际，是世界上面积最大、土层最厚、保存最完整的黄土塬面，堪称"天下黄土第一塬"。现有耕地面积983.97万亩，其中水田500亩、水浇地6.08万亩、旱地977.84万亩。永久基本农田775.8万亩，林地面积1312.43万亩，天然草原面积1720.82万亩。

三、气候条件

庆阳地处北温带半湿润、半干旱气候过渡区，年平均气温10℃,年平均降水量410～610毫米，无霜期140～180天，全年日照时数平均在2250～2600小时之间，气候温凉，昼夜温差大，日照充足，雨热同季，光热资源丰富。降水时空从东南向西北递减，温、光、水匹配基本合理，冬冷多晴，夏热丰雨，属于旱作农业区。中南部属温和半湿润气候区，地势比较平坦，气候温和干燥，有利于农业生产发展。东部属子午岭温凉湿润农林

业区，降雨量较大，地气阴湿，气候温凉湿润，无霜期短，森林茂密，是陇东地区的"天然水库"，发展林下经济潜力大。北部属温凉半干旱农牧区，气候温凉干燥，适宜发展畜牧业。

四、土地资源

庆阳全市97%的耕地为旱地，土壤多为黄绵土和黑垆土，兼有红粘土、新积土、潮土、灰褐土、水稻土共7个土类。土壤有机质平均含量为11.17毫克/千克，水解氮平均含量为48.31毫克/千克，有效磷平均含量为13.86毫克/千克，速效钾含量为196.89毫克/千克，保水保肥和透气性适中，适宜农业生产。黑垆土主要分布在塬面，肥力水平较高，适耕期长，适种作物广，农业生产性状好，主要以发展小麦、玉米、苹果等作物为主，具备建设规模化粮食、蔬菜和水果生产基地的条件。黄绵土主要分布在丘陵沟壑区，土质疏松易于耕种，适合各种作物和牧草生产，主要以小杂粮、油料作物以及饲草业为主。红粘土主要分布在山地地区，土质黏重，土壤耕性差，主要以林果产业为主。

五、水资源

庆阳属黄河流域，境内有马莲河、蒲河、洪河、四郎河、葫芦河等河流，分属泾河、北洛河、清水河和苦水河四大水系，其中较大的支流有27条，平均流量为26.7立方米/秒，总径流量为8.43亿立方米，地表径流主要由降雨补给。地下水静储量约为43.39亿立方米，动储量约为3714万立方米，允许开采量为3.87亿立方米。境内水资源总量为5.15亿立方米，人均水资源量为287立方米，是甘肃省的25%，是全国的12.5%。水资源表现长期匮乏，资源型、水质型、工程型缺水现象同时存在，降水既是水资源的重要组成部分，也是庆阳水资源的主要补给。由于空间分布不均衡，在马莲河、蒲河等主要河流流经的中南部地区，区域水源相对充足，可支持较大规模的灌溉农业。北部地区的环县等地，水资源短缺问题较为突出，以传统作物和旱作农业为主。

六、动植物资源

庆阳地域辽阔、物种资源丰富、种群数量多，大宗优质农畜产品享誉国内外，是甘肃省重要的畜产品生产基地，境内拥有众多的畜禽品种资源，地方品种主要包括早胜牛、陇东黑山羊、环县滩羊、庆阳驴等，外引品种包括西门塔尔牛、安格斯牛、湖羊、南丘羊、陶塞特羊和萨能、吐根堡、阿尔卑斯奶山羊。粮、油、果、菜、药等作物种类丰富，境内盛产小麦、玉米、马铃薯、豆类等粮食作物，油料作物以冬油菜和胡麻为主，小米、荞麦等小杂粮久负盛名。红富士苹果、曹杏、黄甘桃、九龙金枣等果品备受推崇，是西北黄土高原苹果优生带、全国规模最大的白瓜子加工出口地和品质最优、面积最大的黄花菜基地。盛产中药材527种，被誉为"天然药库"，其中154种列入甘肃省中药名录，69种载入《中华人民共和国药典》，甘草、党参、黄芪、柴胡、知母等25种药材被国家列为出口商品。东部子午岭林木资源十分丰富，有马尾松、油松、落叶松、华山松、白皮松、云杉、沙棘、侧柏、刺柏、国槐、黄杨等200多种林木资源，还有黑木耳、香蘑菇、猴头菇、羊肚菌等30多种食用菌资源，是陇东大地的"绿色屏障"。

第二节　历史沿革

庆阳是华夏农耕文明的重要发源地之一，是中国远古农业的北方摇篮。合水发掘出土的黄河古象证实，远在200多万年前，庆阳是一片湖泊沼泽之地，气候炎热，雨量充沛，草木繁茂，古生物群集，富饶的自然资源，为发展农业提供了得天独厚的条件。在距今六七千年前的新石器时期，这里已广泛定居原始人类部落，先民们在渔猎、驯养畜禽的同时，开创了庆阳的原始农业。距今3700年的夏太康时，不窋丢官而"奔戎狄之间（今庆阳之间）"，建立起了周族自己的地方性政权并依此"朝夕恪勤"、

教民稼穑，广泛种植谷、麦、粟、菽、桑、麻、果等作物，开始当地最早农业生产活动。秦汉时期，官方推行"民屯、垦田，于移民流民官给牛、犁、籽种"，鼓励开荒垦土，拓莽造田，种植谷子、大麦、荞麦、萝卜等农作物，庆阳人民的生产活动已基本从牧业为主转化为农业为主。隋朝建立后，"北豳之地，农牧并重，种植业与牧业交替发展"。唐宋时期，庆阳一带保持农牧并作格局，农耕地继续扩大，耕地被充分利用。特别是宋代政治家、军事家、文学家范仲淹在任庆州知州期间，屯田打井，鼓励农牧，使得庆阳的农业、商贸得到繁荣发展。元明清时期，陕西、山西大量移民进入庆阳，屯田垦荒，农耕区域不断扩大，在耕耘、选种、灌溉、施肥等生产技术方面积累了丰富经验，小麦大量种植，粮食生产一度上升。民国时期，庆阳虽屡经战乱磨难，仍顽强地与大自然拼搏，耕耘渔猎、建设家园。抗日战争时期，庆阳属于陕甘宁边区陇东分区，在中国共产党和毛主席领导下，开展了轰轰烈烈的军民大生产运动，成为陕甘宁边区主要粮食保障地和支前供给地，"陇东粮仓"由此得名。

中华人民共和国成立后，庆阳进行减租减息和土地改革，对农业进行社会主义改造，同全国一道开展了大规模农田基本建设，兴修水利，改良土壤，推广良种，施用化肥农药，不断革新研究，推广农业科学技术，农业生产得到快速发展。党的十一届三中全会后，庆阳积极响应党的号召，迅速推行以家庭为主体的联产承包责任制，农村生产力得到极大解放，农村经济由单一粮食生产朝着以粮为主、多种经营和农工商综合平衡发展的方向转变，通过修建水库、塘坝、支干渠配套，水土流失逐渐减少，农田保水保肥能力稳步提升，促进了粮食丰产。从1983年开始，庆阳环县、华池县被列为甘肃省"两西"建设重点县，甘肃省委、省政府把庆阳列为老区建设范围，出台加快革命老区建设的一系列扶持政策，庆阳老区的脱贫致富步伐逐步加快。庆阳地委、行署紧紧抓住这一政策机遇带领全体人民迈向加快扶贫开发的新征程。2002年撤地设市后，庆阳市委、市政府把草畜、苹果、瓜菜确定为三大主导产业，加快建设紫花苜蓿、肉牛、肉绒羊、生猪、苹果、瓜菜、全膜玉米"七个百万工程"。2010年，通过政策扶持和结构调整，农业机械化水平逐步提高，主粮作物增产显著，生态农业初见成效，特色农业快速发展，苹果种植面积扩大150万亩，产值比重提升至22%，成为全国优质苹果生产基地之一，为后续发展现代农业奠定了基础。全市农业快速发展，农民人均纯收入由1978年的265元提高到2011年的3673元，增长13.86倍，年均增速8.3%。随着农业条件改变、涉农领域改革、生态环境治理及耕作技术的推广应用，农村贫穷落后的面貌逐渐改变，农民收入快速增长，庆阳农业迎来了发展的"黄金阶段"。

党的十八大以来，庆阳以习近平总书记关于"三农"工作的重要论述为指引，紧盯与全国、全省同步全面建成小康社会总目标，坚持把脱贫攻坚作为首要政治任务和第一民生工程，紧紧围绕"两不愁三保障"脱贫标准，紧扣"六个精准""五个一批"要求，上下同心、尽锐出战，强基础、补短板、兴产业、促增收，农业农村发展方向更为明确，推进措施不断完善，发展步伐明显加快。2012年，庆阳市委、市政府提出"266"现代农业发展计划，着力打造国家级旱作农业示范区、全国绿色农产品生产加工示范区，发展苹果、草畜、瓜菜、小杂粮、中药材、核桃等6大特色产业，强化基础设施建设、农业设施装备和科技支撑、新型经营主体培育、财政金融支持、农村人才支撑、机制制度创新6大保障，现代农业发展迈入快车道。2018年，庆阳市以"资源变资产、资金变股金、农民变股东"三变改革为牵引，聚焦"龙头企业、合作社、贫困户"三方联动，建立统一科学的品牌化质量管理体系，创新推广"+党建"、"+村集体经济"为主要内容的"331+"农业产业化扶贫模式，产业扶贫步伐持续加快，贫困群众实现持续稳定增收。"331+"产业扶贫模式入选2019年"改革开放40年地方创新40案例"。2019年，庆阳立足独特的资源禀赋和产业基础，聚焦现代寒旱农业发展，认真推敲，反复论证，确定了"南牛北羊、塬果

川菜、草畜平衡、农牧循环"的总体发展思路和"四区四带"[1]产业区域布局，加快推进肉羊、肉牛、生猪、肉鸡、苹果、中药材、饲草、瓜菜八大主导产业高质量发展，聚力打造独具特色的"一县一业"格局。

第三节 发展现状

党的十八大以来，庆阳市紧紧围绕打赢脱贫攻坚战，实施乡村振兴战略和深化农业供给侧结构性改革，农业产业结构不断调整优化，乡村基础条件持续改善，农业生产效率明显提高，农民收入水平稳步提升。2020年底脱贫攻坚任务全面完成，贫困乡村生产生活条件显著改善，整体面貌焕然一新，为推动农业农村高质量发展奠定了坚实基础。

一、经济社会快速发展，农业农村发展实力不断增强

全市上下牢记习近平总书记"八个着力"重要指示和视察甘肃重要讲话精神，勠力同心、感恩奋进，经济社会综合实力稳步提升。到2020年，全市完成地区生产总值754.7亿元，总量居全省第二，是"十二五"末的1.3倍，实现人均地区生产总值33790元，较"十二五"末增长6490元（其中，第一产业增加值97.62亿元，较"十二五"末增长18.6%）。地方固定资产投资总额年均增长20%以上，社会消费品零售总额、一般公共预算收入分别完成177亿元、54.5亿元，增长5.1%和2%。城乡居民人均可支配收入分别完成33616元、10422元，较"十二五"末分别提高43.5%和50%。城镇化率实现43%，较"十二五"末增长8%。经过多年的不懈努力，全面打赢了脱贫攻坚战，全市8个贫困县区整体摘帽，570个贫困村全部出列，61.05万贫困人口全面脱贫，彻底消除了千百年来的绝对贫困和区域性整体贫困，庆阳老区与全国一道步入全面小康社会，迈入了推进乡村全面振兴

---

[1] "四区四带"：是指肉羊、肉牛、肉鸡、生猪四个畜禽产业区，苹果、饲草、中药材、瓜菜四个种植产业带。

的新阶段。

二、民生建设稳步推进，农业农村基础条件明显改善

以水、电、路、田、网等基础设施为重点，加快补齐发展短板，农村基础性、普惠性、兜底性民生保障水平不断提升。到"十三五"末，共建成农村安全饮水工程8.25万处，大中型集中供水工程593处，小盘河、莲花寺、五台山水库和扬黄延伸供水工程建成投运，生产生活用水保障能力进一步加强。农村自来水普及率由"十二五"末的70%提高至79%，126万群众喝上了干净水。改造农电线路1.6万公里，新修农村公路1.1万公里，实现所有自然村通动力电、行政村通硬化路全覆盖这一目标。新修梯田150万亩，建成高标准农田207.4万亩，占永久基本农田的比重由"十二五"末的13%提高至26.7%。村级标准化卫生室、基本医疗保障、4G基站和光纤网络实现全覆盖，庆阳机场、银西高铁（庆阳段）、甜永高速和二车一级公路加快建设，农业农村基础条件和公共服务大幅改善。

三、旱作农业高效发展，粮食综合生产能力稳定增长

实施"藏粮于地、藏粮于技"战略，落实最严格的耕地保护制度，大力推广旱作农业生产技术，推动粮食生产逐步转向规模化、机械化和社会化。科学划定粮食生产功能区399.92万亩、永久基本农田775.8万亩，加大耕地"非农化""非粮化"整治力度，大力实施耕地地力提升工程，耕地质量等级由"十二五"末的7.8等提高至7.69等。"十三五"期间，全市年均粮食播种面积、总产量分别保持在590万亩、140万吨以上，占甘肃省的1/7和1/8，粮食单产从"十二五"末的233.65公斤/亩提高至255.32公斤/亩，实现了粮食总产、单产"双提升"。粮食安全保障水平不断提高，"陇东粮仓"地位持续巩固。

四、主导产业基本形成，农业产业化水平明显提高

围绕发展现代寒旱农业和建设陇东循环农业区，坚持"南牛北羊、塬果川菜、草畜平衡、农牧循环"发展思路和"四区四带"产业布局，八县

区立足资源禀赋，因地制宜大力发展肉羊、肉牛、生猪、肉鸡、苹果、中药材、饲草、瓜菜八大主导产业。"十三五"末，全市肉牛、肉羊、生猪、肉鸡饲养量分别达到47.6万头、330.9万只、103.9万头和2540.8万只，较"十二五"末增长21.7%、26.1%、33.9%和227.7%。苹果、蔬菜、瓜类、中药材产量分别达到50.7万吨、50.4万吨、55.5万吨和7.5万吨，秸秆青贮305万吨，建成国家现代农业产业园1个、国家农业产业强镇2个，主导产业全产业链产值220亿元，产业规模不断壮大，"一县一业"产业格局初步形成。坚持引进与培育相结合，围绕八大主导产业先后引进正大、圣农等领军企业，培育壮大中盛、庆环、伟赫等地方企业，全市龙头企业331家（其中国家级2家、省级29家、市级64家），建办农民合作社7903家、培育家庭农场1030家，较"十二五"末分别增加79家、2185家和903家，经营主体带动能力不断增强。农产品加工转化率由"十二五"末的50%提高至55%。培育区域公用品牌4个、企业商标品牌13个，认证"三品一标"农产品102个，"环县羊羔肉"入选"全国十佳羊肉品牌"，"庆阳苹果"入选"中国十大苹果区域公用品牌""中国果品区域公用品牌50强"，品牌效应初步显现。

五、农业科技创新赋能，农业农村发展动能日益增强

坚持"四良"齐抓，深入实施早胜牛、陇东黑山羊、环县滩羊和庆阳核桃、白黄瓜、宁县黄甘桃、什社小米等地方种质资源保护和培育工程，积极推广旱作农业和绿色生产技术。"十三五"末，全市完成玉米全膜双垄沟播300.3万亩、测土配方施肥730.6万亩，两项技术覆盖率较"十二五"末的90%提高至95%以上，化肥利用率、农药有效利用率、主要农作物病虫害统防统治覆盖率年均提高4%以上，小麦、玉米、小杂粮等良种覆盖率较"十二五"末的90%提高至95%以上，主要农作物耕种收综合机械化率较"十二五"末的63%提高至68%。大力引培各类农业科技人才服务产业发展，累计引进农业高层次人才100多人，培训基层农技人员1.2万人次，培育"土专家""田秀才"等农村实用人才3.5万人，实现"一村一名农技员"全覆盖。选派600多名科技特派员下沉一线，推广农业新技术30多项，建办科技试验点200多处，农业科技贡献率较"十二五"末的51%提升至57.94%，农业农村发展动能更加强劲。

六、农业生态治理有效，农村人居环境更加美丽宜居

践行"绿水青山就是金山银山"理念，打好蓝天、碧水、净土保卫战，全市空气质量优良天数比例由"十二五"末的85%提升至"十三五"末的90%，境内25个地表水水质优良率达到80%，95%以上的规模养殖场配建了粪污资源化利用设施，土壤环境质量总体稳定。实施"再造一个子午岭""固沟保塬"工程，完成造林525.8万亩，森林覆盖率由"十二五"末的25%提升至26.02%。治理水土流失3121平方公里，是"十二五"的1.65倍，黄土地貌退化趋势得到遏制。坚持不懈推进垃圾革命、厕所革命、风貌革命，开展拆危治乱和"一治四改"行动，农村生活垃圾资源化处理率、农村卫生户厕普及率、清洁村庄覆盖率分别达到87.5%、24.2%和68.5%，较"十二五"末增长11、8和15.7个百分点。农作物秸秆综合利用率、废旧农膜回收率、尾菜处理利用率、畜禽粪污资源化利用率分别达到86.5%、83%、41.2%和79.8%，较"十二五"末增长9、6、5.7和9.6个百分点，农村生态面貌持续改善，人居环境品质大幅提升。

七、农村改革持续深化，农业农村发展活力加速迸发

以深化农村改革为突破口，农村承包地确权登记颁证全面完成，累计确权977.6万亩，颁发证书50.3万本。农村集体产权制度改革全面推开，1261个行政村完成清产核资，量化集体资产51.3亿元。组建新型集体经济组织1408个，确认成员身份232.9万人，集体经济组织建制村实现全覆盖。多种形式的农业适度规模经营有序推进，规范流转农村土地159.4万亩，土地集约化经营率由"十二五"末的11%提高至16.3%。供销合作社、国有林区林场、集体林权制度、草原承包经营制度、农业综合水价等改革

加快推进、不断深化，一些制约"三农"发展的瓶颈问题得到有效破解，农业农村发展活力明显增强。

第四节　瓶颈制约

随着农业现代化进程加快推进，农业产业化规模不断壮大，三农"基本盘"更加稳固。庆阳农业迎来了跨越式发展，但由于受自然条件、传统观念、发展模式等多方面制约，农业比较优势没有得到充分发挥，农业生产基础薄弱、产业化水平不高、面源污染严重等瓶颈问题日益突显，逐步成为农业可持续发展的最大掣肘，主要体现在六个方面。

一、传统思想观念深厚，农业现代化发展动力不足

庆阳作为周祖农耕文化发源地，"耕读传家"思想延续3000余年，靠天吃饭、经验传承等农耕文化带来的思想束缚严重制约着现代农业的发展，发展现代农业的动力不足。广大农民视土地为生存保障而非生产要素，长期依赖冬种小麦、春播玉米的传统耕种习惯，习惯于靠天吃饭，改善农业设施条件的意愿不强，农村劳动力老龄化趋势明显，平均年龄40.31岁，50岁以上劳动力占比超30%，新兴事物接受能力较弱，依靠科技提高土地产出效益的动力不足，新品种新技术新模式"观望-试种-跟种"周期长达5-7年，远高于全国均值，一定程度上加剧了传统观念的束缚，阻滞了农业产业化水平的提高。

二、农业发展基础薄弱，资源环境约束日趋紧缩

庆阳市农业生产基础条件差，耕地面积983.9万亩，其中山地750万亩，占耕地面积的76.2%。水浇地仅有6.08万亩，不到耕地的1%。高标准农田仅占28.8%，低于全省平均水平3个百分点。平均耕地质量等级为7.69等，低于全省平均等级6.35等。人均水资源保有量287.43立方米，仅占甘肃省的1/4、全国的1/8，属严重缺水地区，农业生产整体基础条件相对薄

弱，高效灌溉面积76.75万亩，占总耕地面积不足8%。农业设施建设滞后，苹果和蔬菜生产智能化温控、水肥一体化等设施较少，拥有防雹设施的果园面积不足5万亩，设施蔬菜面积18万亩，占蔬菜总面积的17.6%。现代化养殖、智能化饲喂等应用不足，抵御自然风险能力较弱。适用农机具推广滞后，农机总动力186.27万千瓦，农机化率仅为68%，丘陵山区农业机械化率不足40%，土地产出率和劳动效率不高。农业生态相对脆弱，"十年九旱，靠天吃饭"是最鲜明的气候特征，加之冰雹、大风、干旱、洪涝等灾害天气频发，给农业可持续发展带来严峻挑战。

三、农业产业化水平低，全链融合有待深化

优势特色产业整体上仍处于规模扩张阶段，全产业链发展存在缺环断链现象。2020年底，全市"牛羊猪鸡、果草菜药"八大主导产业全产业链产值仅为220亿元，没有一个产业产值突破50亿元，"弱、小、散"问题较为突出。省级以上重点龙头企业仅有31家、占总数的9.4%，产值亿元以上企业仅1家，还没有1家上市企业。龙头企业规模普遍较小，缺乏足够的市场竞争力和辐射带动能力。农产品加工能力较弱，加工转化率仅为55%，低于全国12.5个百分点、甘肃省2个百分点，农产品加工业产值与农业总产值之比为1.8∶1，低于全国2.5∶1的平均水平。农产品品牌竞争力不强，促销增收作用发挥不够。只有"庆阳苹果""环县羊羔肉"有一定区域影响力，纳入"甘味"体系的区域公用品牌4个、企业商标品牌13个，同省内其他市州相比还有一定差距，多数农产品有产品没商品，产品的品牌和文化价值挖掘不够，推介促销手段单一，还没有形成规模和品牌效应。

四、农业劳动力素质不高，科技应用水平较低

农业劳动力技能素养普遍较低，高素质农民仅占农村劳动力的10%，乡村劳动力高中以上文化程度仅占20.6%，农村经营型人才不足1万人，技能培训覆盖率在25%左右，引领和带动乡村振兴和产业发展的高素质乡村人才严重匮乏。农业科技应用水平相对不足，高层次科研人才匮乏，仅有

农科院 1 家农业科研机构，技术力量薄弱，缺乏先进实验装备，承接国家、省级重大科研项目能力严重不足，2020 年全市农业科技进步贡献率 57.94%，低于全国 60.7% 的平均水平，比广东省等南方发达地区低 12 个百分点。农业机械化水平不足，新技术新装备引进推广步伐缓慢，新品种推广应用接受度低、周期长，对产业规模化发展的保障能力不足。2020 年，庆阳农作物耕种收综合机械化率相比全国平均水平低 3 个百分点，靠天吃饭、靠人务农的传统耕种模式仍然占据主流，一定程度上制约了产业规模的快速扩张。

五、农产品成本持续上升，农业整体竞争力不强

当前，世界经济矛盾突出，全球贸易摩擦导致不确定、不稳定、不安全因素增多，加之宏观经济下行影响，苹果、羊肉等大宗农产品价格两极分化趋势明显，农产品市场波动加剧，消费市场整体疲软，农业从业者经营风险陡增。2020 年，全市第一产业增加值为 97.62 亿元，占甘肃省 1198.1 亿元的 8.15%，农产品出口总值约为 1.22 亿元，占甘肃省农产品出口值 21 亿元的 5.8%。受国际石油价格波动影响，农产品生产成本、人工成本、运输成本、管理成本、流通损耗等全流程、全环节成本上升明显，其中国产尿素、复合肥价格与 2015 年相比分别上涨 36.97%、35.72%。农业从业人员平均劳动报酬由 2015 年的 50 元/天，上升到 2020 年的 100 元/天，翻了一番。这种收益减少、成本居高形成的"剪刀差"现象，进一步挤压了农业生产效益，影响了农业整体竞争力。

六、农业资源利用不足，绿色转型遭遇瓶颈

随着农业产业规模化、集约化进程加快，全市年均产生 150 多万吨农作物秸秆、30 多万吨苹果废弃枝条、900 多万吨畜禽粪便和 3 万吨左右的废旧地膜。2020 年底，全市仅有有机肥生产企业 12 家、秸秆饲料加工企业 2 家、农膜加工企业 23 家、回收站（点）462 个，农作物秸秆大量堆积、地膜乱弃，畜禽粪污还田渠道不畅、无害化处置不彻底等问题日益凸显，对

生态环境造成极大的破坏和污染。同时，受制于体制机制影响，农业绿色技术成本高，绿色技术企业培育难度大，加之中小农户由于资金、技术和管理能力的不足，难以跟上产业绿色转型升级的步伐，阻碍了农业产业升级和协调可持续发展。

农业发展的瓶颈制约和短板弱项，既对农业发展模式的转变提出了迫切的要求，也为农业现代化转型提供了有利条件。如何破解传统农业制约瓶颈，把发展空间变成发展现实，把资源优势变成农业产业优势，这正是摆在全市人民面前的一项重大课题，庆阳市委、市政府及时回应全市人民关切，审时度势提出"三元双向"循环农业，以种植、养殖、食用菌废弃物双向循环利用为主导的农业变革由此掀开新的篇章。

第二章 "三元双向"循环农业的背景

长期以来，庆阳市农业经济走的是传统粗放型增长之路，资源、环境等方面承受的压力越来越大。传统的农业经济增长方式潜力已逼近极限，如何打破传统农业制约瓶颈，实现农业产业转型升级、绿色可持续发展成为一个重要课题。2021年，新一届庆阳市委、市政府立足农业资源禀赋、产业发展基础和短板制约因素，在充分调研论证和广泛征求意见的基础上，主动顺应国家农

种养菌"三元双向"循环示意图

业绿色发展导向，积极践行大农业观、大食物观理念，创新实践了以种植业为基础、养殖业为牵引、菌业为纽带、农业废弃物为资源的"三元双向"循环农业新模式，引领带动全市农业产业蝶变转型。具体来讲，就是把农业废弃物作为资源在种植业、养殖业和菌业三个产业之间双向闭合、循环利用的绿色生态农业模式，其中种植业包括粮油、果蔬、中药材产生的秸秆既可以作为养殖业的饲料，也可以作为菌业的袋料。养殖业包括牛羊猪鸡产生的粪便可以转化成种植业的肥料和菌业的袋料。菌业产生的废料经过分解处理后又可以回到种养业做肥料和饲料，形成一个"三元双向"闭合循环圈，走出了一条绿色低碳高效的现代农业新路子。

第一节　绿色发展理念指导下的"三元双向"循环农业

习近平总书记指出，新时代抓发展，必须更加突出发展理念，坚定不移贯彻创新、协调、绿色、开放、共享的新发展理念。绿色发展作为新发展理念的重要组成部分，其以人与自然和谐共生为价值取向，以绿色低碳循环为主要原则，以生态文明建设为基本抓手，为经济社会持续高质量发展提供了科学指引。庆阳市遵循绿色发展理念，基于物质循环、能量流动和生态平衡等生态学理论，创新实践"三元双向"循环农业模式，将农业废弃物作为资源重复循环利用，既发挥了庆阳农业的资源比较优势，又有效解决了农业生产带来的环境污染，优化了农业产业结构，是绿色生态农业的庆阳模式。

一、绿色发展是农业可持续发展的理论基础

近年来，经济发展与环境保护之间的矛盾日益突出，走绿色发展之路已经成为我国转变经济发展方式、化解经济发展矛盾的内在要求和必然选择。加快农业发展全面绿色转型，促进资源利用高效集约、产业模式低碳循环、乡村环境生态宜居，既是推进乡村全面振兴、加快建设农业强国的重要任务，也是促进人与自然和谐共生、实现农业可持续发展的客观要求。

绿色发展是新发展理念的重要组成部分。农业绿色发展是经济社会发展全面绿色转型的重要内容。深入推进农业绿色发展，就是要把资源环境承载力作为前提和基础，自觉把生产经营活动限制在自然资源和生态环境能够承受的限度内，推动形成绿色生产方式和生活方式，推动农业降本增效，在绿色转型中推动农业农村发展实现质的有效提升和量的合理增长。

绿色发展是建设农业强国的鲜明体现。建设农业强国既要遵循农业现代化一般规律，体现供给保障强、科技装备强、经营体系强、产业韧性

强、竞争能力强的共同特征，又要立足人多地少的资源禀赋、农耕文明的历史底蕴、人与自然和谐共生的时代要求，彰显农业强国的中国特色，其中之一就是要发展生态低碳农业、推进农业发展全面绿色转型，传承"道法自然""天人合一"的传统哲学智慧，体现减排固碳、和谐共生的时代之需。

绿色发展是乡村全面振兴的关键支撑。习近平总书记指出，良好生态环境是农村最大优势和宝贵财富，要守住生态保护红线，推动乡村自然资本加快增值，让良好生态成为乡村振兴的支撑点。乡村振兴，生态宜居是关键。推进乡村全面振兴，必须要加快农村生产生活方式绿色转型，推进基础设施提档升级，改善农村人居环境，加强山水林田湖草沙系统治理，让生态美起来，环境靓起来，让良好生态环境不断赋能宜居宜业和美乡村建设。

绿色发展是农业提质增效的必要条件。绿色发展重新赋予了生存与发展的关系，体现了"绿水青山就是金山银山"的发展理念，以加强农业资源集约利用、投入品减量增效、废弃物资源化利用、产业绿色低碳转型为重点，健全了生态产品价值实现机制，拓展了经济财富的内涵，为可持续发展提供了理论基础，农业绿色与高质量发展是实现农民增收与农村增绿的桥梁，有利于打造农业标准化产业链，拓展农业增值空间。

二、绿色发展是农业资源循环利用的实践基础

绿色发展倡导资源节约、环境友好和可持续发展，在保护农业生态环境和充分利用高新技术的基础上，通过资源循环利用重构生产消费逻辑，引导农业生产摒弃传统的高消耗、高污染模式，为农业资源循环利用提供了多方面的支撑，其本质是以生态规律重塑发展范式。循环农业顺应绿色发展理念，调整和优化农业生态系统内部结构及产业结构，提高农业系统物质能量的多级循环利用，最大限度地减轻环境污染，使农业生产经营活动真正纳入农业生态系统循环中，实现生态的良性循环与农业的可持续发展。

绿色发展是农业资源循环利用的思想基石。绿色发展理念以资源节约、环境友好和可持续发展为核心内涵，促使资源向循环利用环节倾斜，推动农业向生态农业、循环农业等方向调整，将农产品加工废弃物转化为资源，提高资源利用效率。循环经济是绿色发展的重要组成部分，遵循的是"3R"原则，即"Reduce（减量化）""Reuse（再利用）""Recycle（再循环）"原则。"Reduce（减量化）"原则是在生产过程中资源的投入节约和污染的减少，用较小的资源投入达到既定的生产目标。"Reuse（再利用）"原则是在生产中使用的资源需经过多重生产环节得到使用，而不是经过一次性使用后就成为废弃物，即通过再利用提高资源的利用率，减少对资源的消耗。"Recycle（再循环）"原则针对的是输出端，是指产品生产完成以后的废弃物再次被利用、生产其他产品，将农业生产生活废弃物转化为可利用的资源，达到资源的循环利用。

绿色政策是农业资源循环利用的制度保障。绿色是农业的底色，生态是农业的底盘。农业绿色发展本质是农业的可持续发展和基于农业发展，对生态环境和资源利用的一种协调化发展模式，"绿色化""生态化""低碳化"是农业绿色发展的主要内容和途径。近年来，国家和各省区市依据绿色发展理念和农业可持续发展的需求，以保护良好的生态环境为前提，出台了一系列与农业资源循环利用相关的政策法规，设立专项项目，通过合理利用农业自然资源，对采用循环利用技术和模式的企业与农民给予资金支持，鼓励其积极投入循环利用项目，因地制宜地规划、组织和进行农业生产，为农业资源循环利用的研发和实践提供平台，推动农业废弃物资源循环利用发展。

绿色技术是农业资源循环利用的关键支撑。绿色技术作为习近平生态文明思想在农业领域的具体实践，是推动农业资源循环利用、实现生态优先发展的核心抓手，通过系统性技术革新破解农业生产与生态保护的矛

盾，构建"资源→产品→再生资源"的闭环体系。资源循环利用技术体系涵盖废弃物处理、资源高效利用与生态循环三大维度：废弃物处理技术通过科学转化将农业有机废弃物纳入再生产链条，实现污染治理与资源增值的统一。资源高效利用技术聚焦节水节肥、精准管理等手段，推动资源投入与产出效率的优化升级。生态循环技术则通过模拟自然生态系统，建立种养结合、物质循环的协同发展机制，彰显农业生态系统的整体性和可持续性。

绿色模式是农业资源循环利用的实践路径。绿色模式作为习近平生态文明思想在农业领域的实践载体，通过构建种养结合、生态平衡、加工增值的循环链条，实现农业生产与生态保护的有机统一。种养结合模式以系统思维整合种植业与养殖业，通过物质能量内部循环替代外部资源依赖，既降低环境负荷，又提升资源利用效率，生动诠释了"人与自然和谐共生"的生态文明理念。生态农业模式通过生物防治、轮作休耕等技术手段，减少化学投入品使用，维护农田生态系统的稳定性和可持续性。农产品加工循环模式则依托产业链延伸，将加工废弃物转化为再生资源，推动农业从"线性消耗"向"闭环增值"跃升，契合"全产业链绿色转型"的政策导向。

三、"三元双向"循环农业是贯彻绿色发展理念的庆阳方案

"三元双向"循环农业是庆阳践行绿色发展理论的实践创新。该模式立足循环经济理论框架，通过种植、养殖、菌业三元系统物资双向流动形成闭环体系，将传统农业"资源→产品→废弃物"的线性模式革新为"资源⇄产品⇄废弃物⇄资源"的立体循环，既注重种养菌系统间物质能量多级循环，又强化全产业链资源梯次利用，同步破解农业面源污染与资源低效利用矛盾，构建起生产清洁化、废弃物资源化、产业低碳化的绿色发展机制。

从"二元"结构到"三元"结构是产业发展模式的革命。长期以来，

传统的种植与养殖二元结构主导着庆阳农业生产格局。种植业以小麦、玉米、高粱等粮食作物以及苹果等经济作物为主，粮食自给自足之余，农产品自用有余，进行小规模交易换来收入。养殖方面，牛羊猪鸡等家畜家禽分散养殖在农户家中，是庭院经济与小规模农业经济的重要支撑，农作物秸秆、畜禽粪便等农家肥还田维持土壤肥力，形成朴素的生态循环，其模式相对单一，在资源利用、产业附加值与生态循环等方面存在局限。随着农业产业的不断壮大，单一的种植养殖循环已无法适应现代化的大市场需要，更难以应对大量农业废弃物带来的生态压力，特别是化肥农药大量使用，造成土壤污染和农药残留，大规模标准化种养产生的大量废弃物，极大地增加了环保压力，与绿色发展相矛盾。在"三元双向"循环农业中，食用菌的加入为种植业、养殖业、菌业之间的双向物质循环提供了可能，从源头控制农业化学品的输入量，从中端加强农业生产环节管控，从后端加强农业废弃物资源化利用，构建起全新的产业生态图谱，打破了传统的农业"二元"结构模式，实现了农业产业由单一发展向全链闭合的转变，推动农业的可持续发展。

从种养"二元"循环到种养菌"三元双向"循环是资源利用模式的革命。资源节约高效是农业绿色发展的基本特征，涉及自然生态系统、食物系统以及社会经济系统等多个方面。长期以来，种养循环作为农业领域经典的生态模式，构建起相对稳定的生产链条。种植业产出粮食、饲料作物，为养殖业提供能量与营养来源，家畜家禽在生长过程中产生粪便，经堆肥、沤制等处理后还田，化作滋养土壤的有机肥，促使农作物茁壮成长。这种内循环体系减少了对外部化肥的依赖，维系着土壤肥力，保障了农产品的自然品质，但其短板也逐渐暴露。一方面，随着养殖规模扩大与种植集约化发展，粪便产生量远超传统农田消纳能力，未经妥善处理的废弃物造成水体、土壤污染，形成生态"负资产"。另一方面，单一的种养循环产品附加值有限，农产品与畜产品在市场供需波动

下，盈利空间不稳定，难以承载农民增收、农业升级的重任，急需新的支点来突破发展瓶颈。"三元双向"循环农业针对传统农业生产中大量农业废弃物被随意丢弃或简单处理造成的资源浪费，将实现经济、社会和环境的可持续发展以及营养健康的食物供应作为目标，通过建立种养菌废弃物双向循环利用体系，从源头端节约资源投入，从过程端加强绿色农资、绿色技术的普及应用，从末端加强农膜废弃物的利用和综合治理，实现了"区域大循环、产业中循环、农户微循环"，农业废弃物资源利用效率大大提高。

从传统粗放到集约全链高效是农业发展形态的革命。全产业链提升是农业绿色发展的实现途径。过去，庆阳市长期依赖传统粗放型发展模式，多以小规模、分散式经营为主，缺乏现代化的农业技术与设备支持。农民在种植过程中，多凭借经验进行农事操作，对土壤肥力检测、精准灌溉、科学施肥等先进技术应用较少，导致土地产出率难以提升。同时，传统农业生产的农产品多为初级产品，附加值低，缺乏市场竞争力。随着消费者对农产品品质和安全要求的提高，庆阳传统农业生产的产品难以满足市场需求。"三元双向"循环农业坚持区域化布局、规模化生产、集约化发展，通过政府引导扶持，企业市场运作，农户广泛参与，构建起"一县一业"优势产业集群，引进培育了一大批畜禽熟食加工、农副产品开发利用、苹果自动化分拣包装、蔬菜脱水速冻加工、食用菌加工销售等链主骨干企业，把种植系统、养殖系统、菌业作为初级生产系统，逐步向运输、贮藏、加工等产业延伸。通过构建这种全产业链解决方案，有效突破了庆阳在食物生产、加工、消费与生态环境治理中的瓶颈，传统农业的孤立环节被打通为有机整体，最大限度解决了经济与环境矛盾，使农业活动从消耗型向再生型转变，生产过程中的资源利用率显著提升，面源污染问题得到系统性治理。

第二节 大农业观大食物观视野下的"三元双向"循环农业

"大农业观大食物观"是以习近平同志为核心的党中央立足新发展阶段、贯彻新发展理念、构建新发展格局的战略思想,从统筹发展和安全的高度出发,将农业全产业链与食物供给体系纳入国家治理现代化全局,强调以系统性、整体性思维破解资源约束、保障粮食安全、满足人民对美好生活的向往。2015年中央农村工作会议首次提出"树立大农业、大食物观念",党的二十大报告提出"树立大食物观,发展设施农业,构建多元化食物供给体系",2024年中央一号文件提出"树立大农业观、大食物观,多渠道拓展食物来源,探索构建大食物监测统计体系",为全面推进乡村振兴、实现农业农村现代化提供了根本遵循。"三元双向"循环农业注重践行和创新大农业观、大食物观发展理念,在保障粮食及重要农产品安全的基础上,大力发展"牛羊猪鸡、果菜菌药"八大产业,多渠道开发食物来源,有效提升了资源利用效率,拓宽了食物供给。

一、大农业观大食物观是建设现代化大农业的重要指引

大农业观大食物观是习近平新时代中国特色社会主义思想在"三农"领域的深化实践,其核心要义在于打破传统农业的单一生产逻辑,构建"全要素整合、全链条贯通、全功能开发"的现代农业体系,推动农业从数量增长向质量效益并重转型,从资源消耗向绿色可持续发展跃升。

引领农业全产业链重构升级。大农业观大食物观强调以"产业融合"为突破口,深化供给侧结构性改革,构建农业及相关产业的全产业链,不仅关注农林牧渔业生产环节,而且要拓展到加工、流通、营销、服务等全产业链各环节,推动农业向二三产业延伸,构建"产加销一体化、农工贸协同化"的现代产业体系。党中央明确提出通过科技创新赋能产业链升

级，强化农产品加工、仓储物流、品牌营销等薄弱环节，破解"重生产、轻流通"的结构性矛盾。这一理论要求各级党委和政府统筹政策、资金、技术资源，引导新型经营主体向高附加值领域拓展，形成工农互促、城乡互补的融合发展格局。践行大农业观大食物观，就是要着眼生产、加工、保鲜储藏、现代物流、销售配送等环节，加快提升现代化水平，打造全产业链，加快推动农业从种养环节向农产品加工流通等二三产业延伸，开展农产品精深加工，引导仓储物流、设施租赁向乡村延伸，通过纵向一体化和横向一体化等模式延链、补链、强链、融链，形成协调发展、共生互利的产业集群。

引领农业综合效益全面提升。大农业观大食物观以"绿水青山就是金山银山"为根本遵循，将生态保护与资源高效利用纳入农业发展评价体系，推动农业生产方式从"高投入、高消耗"向"低碳循环、集约高效"转变。习近平总书记提出"像保护大熊猫一样保护耕地"，要求统筹山水林田湖草沙系统治理，将40亿亩林地、草地和江河湖海资源转化为食物供给新增长极。这一理论深刻揭示了农业发展与生态安全的辩证关系，为破解耕地红线约束、实现可持续发展提供了科学路径。大农业观大食物观强调资源利用的合理性、可持续性，与过重依赖有限耕地的传统农业观相比，还将林地、草地、大量的江河湖海等在内的全部国土空间，均视为农业发展的宝贵资源。树立大农业观大食物观，就是要注重农业经济效益与生态效益、社会效益、文化效益有机统一，发挥各类农业经营主体立足本地资源优势，向整个国土资源要食物、要效益，形成农业综合效益提升的强大合力。

引领农业整体功能充分发挥。大农业观大食物观高度关注农业功能的整体性，提出农业既具有保障粮食和重要农产品供给的功能，也具有生态涵养、休闲观光、文化传承以及稳定农民就业、实现农民富裕的功能，还具有国家安全保障、现代化强国建设的基础支撑功能。2022年中央一号文件提出，"拓展农业多种功能、挖掘乡村多元价值"，要求将农业发展与乡村振兴、文化传承、社会治理紧密结合。这一理论要求各级党组织强化政治引领，通过政策创新激活农业的就业吸纳能力、生态服务功能和文明传承作用，使农业成为全面建设社会主义现代化国家的战略支柱。践行大农业观大食物观，就是要突破传统农业单一功能的限制，充分利用乡村各种资源，充分挖掘农业多元功能，向植物、动物、微生物要热量和蛋白，拓展农业的多元功能价值，向多功能的"大农业"转型，满足人们对大食物的需求。

引领农业发展方式全面转变。大农业观大食物观强调，农业发展必须摒弃竭泽而渔、焚薮而田、大水大肥、大拆大建的老路子，坚定不移地转变发展方式，坚持生产生活生态并重、数量质量效益并重、科技驱动与政策驱动并重、当前利益与长远利益并重，保持发展方式、发展举措取向的一致性。践行大农业观大食物观，就是要摒弃以牺牲生态环境为代价换取一时一地的经济增长的做法，树立基于资源永续利用和生态保护的可持续发展思维，通过绿色高质量发展，推动形成可持续发展的生态格局，使农业发展同环境资源承载能力相匹配、同生产生活生态相协调，既满足当代人对农产品等农业多功能的需求，也不影响子孙后代相应的需求，实现资源永续利用与生态环境改善。

二、大农业观大食物观是守护群众舌尖上安全的行动指南

大农业观大食物观深刻把握粮食安全"国之大者"的战略地位，将食物供给体系上升到国家安全高度，构建"以我为主、立足国内、适度进口、科技支撑"的安全保障体系，彰显了中国共产党应对风险挑战的历史主动精神。大农业观大食物观不仅为新时代我国农业转型升级指明了方向，而且对保障国家粮食安全、促进乡村全面振兴乃至建设社会主义现代化强国都具有重要意义。

更高水平保障国家粮食安全的客观需要。粮食安全是国家战略，粮食

是关系国计民生的重要战略资源，特别是以小麦、玉米为主的主粮仍是食物不可或缺的重要组成部分，据《中国统计年鉴》数据，2023年全国居民人均消费粮食134.4千克、蔬菜及食用菌113.6千克、食用油10千克、肉类39.8千克、禽类12.4千克、蛋类15千克、奶类13.2千克。从以上数据可以看出，主粮在日常消费中仍然排在第一位，保障国家粮食安全首先就要守住主粮生产底线。根据国家统计局公布，当前我国粮食生产实现"二十一连丰"，连续9年稳定在1.3万亿斤以上，谷物自给率保持在95%以上，有效保障了国家粮食安全和人民群众基本口粮。但我国粮食供求仍处于紧平衡状态，粮食进口量连续多年保持在1.4亿吨以上。大农业观大食物观坚持"谷物基本自给、口粮绝对安全"的底线思维，将耕地保护、种业振兴、科技装备提升纳入国家安全立法体系。践行大农业观大食物观，就是要坚定不移落实大粮食观，通过实施"藏粮于地、藏粮于技"战略，大力推进高标准农田建设和耕地质量建设，提高粮食单产水平、保护粮食生产能力，以粮食安全奠定食物安全的基础。

构建多元化食物供给体系的可靠保障。大农业观大食物观创造性提出"向森林要食物、向草原要蛋白、向江河湖海要产能"的系统方案，打破单纯依赖耕地的传统路径。2024年9月，国务院办公厅印发《关于践行大食物观构建多元化食物供给体系的意见》，明确将林下经济、深远海养殖、微生物蛋白等新领域纳入国家食物安全战略。这一理论要求完善食物供给统计监测体系，建立涵盖"山水林田湖草沙"的全域食物资源台账，通过政策引导和市场机制双轮驱动，形成结构优化、弹性充足的供给网络。大农业观大食物观强调从传统农作物和畜禽资源向更丰富的生物资源拓展，向森林、草原、江河湖海要食物，向植物动物微生物要热量、要蛋白，多途径开发食物来源。践行大农业观大食物观，就是要统筹协调耕地和山水林田湖草沙的综合开发，全方位多途径拓展食物来源，做到宜粮则粮、宜经则经、宜牧则牧、宜渔则渔、宜林则林，形成结构合理、保障有力的食物供给体系，不断增加食物数量、提高食物品质、实现食物供求平衡，满足人民群众日益多元化的食物消费需求。

加快推进农业高质量发展的内在要求。大农业观大食物观以"高质量发展"为主线，将质量兴农、绿色兴农、品牌强农作为农业现代化的必由之路。习近平总书记提出"要推动农业由增产导向转向提质导向"，要求健全农产品质量安全追溯体系，强化农业标准与国际接轨。这一理论通过实施农业全产业链标准化行动，推动形成"从田间到餐桌"的全过程监管体系，确保人民群众吃得安全、吃得健康、吃得科学，充分体现了党对人民健康高度负责的政治立场。虽然近年来我国农业产业发展水平不断提高，但仍然存在产业门类不全、链条较短、质量效益不高等问题。只有结合实际积极践行大农业观大食物观，坚持以创新为驱动和引领，着力推进农业供给侧结构性改革，加快推进农林牧渔业全面发展，贯通产加销、融合农文旅，延伸产业链、提升价值链、打造供应链，拓展农业增值空间，才能推动农业产业做大做强，真正实现农业高质量发展。

三、"三元双向"循环农业是践行大农业观大食物观的庆阳行动

"三元双向"循环农业以种养菌协同培育为核心，推动资源高效循环与食物供给多元化，不仅实现了农业产业从传统种养"二元"结构向种养菌"三元双向"结构转变，还推动了区域食物的多元供给和资源高效利用，更促进了农业生态保护和资源可持续发展，是践行大农业观大食物观的有益探索和具体行动。

发挥庆阳农业资源禀赋的优势。大农业观大食物观深度融合生态经济学原理，以系统论构建"资源—产品—再生资源"闭环体系，通过绿色技术创新实现物质循环与能量梯级利用。"三元双向"循环农业基于资源永续利用和生态保护的可持续发展思维，把农业产业产生的农作物秸秆、果木枝条、畜禽粪便、菌糠菌渣等农业废弃物作为资源，在种养菌三大产业之间相互转化利用，不仅使这些"放错了地方的资源"得以重复利用，有

效解决了农业生产所带来的环境污染，而且还充分发挥资源比较效益，大大提升农业资源利用水平，实现农业产业可持续发展。这些既符合大农业观大食物观关于资源利用的合理性、可持续性的要求，也极大地加快了庆阳农业资源空间布局的优化调整。

优化庆阳多元化食物供给体系。大农业观大食物观从顺应人民群众对美好生活的向往发力，既可以更充分地挖掘资源禀赋优势，更有利于转变消费结构，助力居民从"吃得饱"向"吃得好、吃得科学"转变。"三元双向"循环农业基于全方位多途径开发食物来源要求，以实施百万亩复种增粮增效工程为基础，筑牢粮食安全底线。大力实施百万亩优质果园提质改造，推广瑞雪、瑞阳等新优果品。积极发展设施高效蔬菜，保障了广大群众"舌尖上"的供给。特别是大力培育食用菌产业，为建立闭合循环体系，多途径开发食物来源提供了支撑。食用菌种类丰富，功能多样，含有丰富的蛋白质成分，含量高达14%～42%，与牛肉、猪肉等畜禽产品相当，食用菌单位面积优质蛋白的产出量是谷物的10倍，是牛肉的20倍，肉类蛋白质含量是谷物的3至8倍，新鲜水果、蔬菜维生素含量丰富，目前"一荤一素一菇"的消费理念已深入人心。这不仅符合大农业观大食物观提出的"向植物、动物、微生物要热量、要蛋白，全方位多途径开发食物资源"的要求，还与之强调的科学食物消费理念高度契合，使群众食物消费结构向兼具营养、健康与节约理念的"大健康"转变，走出了庆阳加快构建多元化食物供给体系的新路子。

实现庆阳种养菌三大产业相互促动。大农业观大食物观深刻体现了党中央关于"加快构建现代农业产业体系、生产体系、经营体系"的战略部署。"三元双向"循环农业通过将原本废弃的种植物秸秆、畜禽粪便、菌糠菌渣等，经加工处理后转化为作物有机肥、动物饲料、食用菌基料，将传统种养农业拓展到更高层次的种养菌"三元双向"现代生态循环农业，种养菌产业规模持续扩大，产业链上下游得以联通，有效促进了种植业、畜牧业、菌业等相关产业的融合发展，这与大农业观大食物观倡导的产业协同发展理念高度契合，为推进庆阳农业产业产加销贯通、农文旅融合，加快形成协调发展、共生互利的产业集群探索了新路子。

第三节　庆阳资源禀赋支撑下的"三元双向"循环农业

"宜林则林，宜粮则粮，宜牧则牧，宜渔则渔"是农业发展的基本原则，其中农村资源禀赋的类型、丰裕度、组合和质量，深刻地决定了农业发展的方向和竞争力。在生态经济学原理和物质循环、可持续发展理论的支撑下，庆阳市具有种养菌适宜的自然条件、独特的区位优势及广阔的市场前景等，具备农业产业系统与农业生态系统之间的相互作用和协调可持续发展的所有条件。可以说，庆阳"三元双向"循环农业大有可为、大有作为。

一、适宜的气候条件为"三元双向"循环农业提供了发展基础

独具特色的自然资源、气候资源分布格局及其特色表明，庆阳市农业区位具有独特的地理优势和多元化的农业资源，为优质苹果、食用菌生产以及农业废弃物的有效利用提供了特殊优势。首先，适宜的气候环境孕育出优质苹果。庆阳光照充足、雨量适宜、气候温和、昼夜温差大、有效积温高、环境洁净，地处苹果栽培的最佳纬度带，具备优质苹果生产的7项主要生态指标和6项辅助指标，是农业农村部规划的优质晚熟红富士苹果最佳适生区。其次，常年的冷凉气温适宜发展食用菌。庆阳气温冷凉，适合平菇、香菇、木耳等食用菌品种的生产，有利于延长农产品的保鲜期，降低了冷链保鲜成本，并使食用菌能够在相对适宜的环境中生长，品质和产量得到大幅提升。特别是夏季适合种植"反季节"食用菌，可以填补周边西安、兰州、银川乃至国内食用菌市场夏季"空档"期。最后，冬春寒

旱气候便于废弃物存储利用。庆阳秋冬两季气候干冷，可有效减少畜禽粪便中的微生物活动，降低其分解速度，使农业废弃物在储存和处理过程中不易腐烂变质，便于集中处理和资源化利用。同时，可有效减少对控温设备的依赖和人工处理的成本，也降低了能源消耗和采购成本，为微生物发酵等废弃物处理技术提供了较好的环境条件。

二、庞大的产业体量为"三元双向"循环农业提供了丰富资源

庆阳市拥有广阔的农业资源，耕地面积近千万亩，林地和草地面积均达到1300万亩以上，具有发展种养业良好的自然资源条件，种养产业产生的废弃物为发展"三元双向"循环农业提供了丰富的资源。种植业面积大。粮食种植面积占甘肃省的1/7，苹果种植面积占甘肃省的1/5，每年种植业可产生秸秆150多万吨、果木弃枝30多万吨，为发展养殖和菌业提供了优质的饲料和袋料资源。畜牧业体量大。是以牛羊为主的甘肃省优质农畜产品生产基地，拥有天然优质草地740.4万亩，畜牧产业长期处于甘肃省第一方阵，每年可产生畜禽粪便900多万吨，为推动综合转化利用、延伸产业链条提供了丰富的资源。种植业和畜牧业产生的大量秸秆、畜禽粪便和果木弃枝，为发展食用菌提供了充足优质、来源广泛的袋料基础原料，极大地降低了食用菌生产成本。同时，菌糠菌渣有机质含量达到30%以上，是秸秆直接还田的3倍，通过微生物发酵技术，加工成新型多功能生物有机肥，用于果园和设施蔬菜生产，不仅带来明显的经济效益，还有明显的生态环保效应。

三、优越的区位交通为"三元双向"循环农业提供了便捷条件

庆阳是陕甘宁区域的天然地理中心节点和交通的"十字路口"，区位独特，交通便利。随着飞机、高铁、高速公路等交通设施的持续改善，区域间交流与贸易日益加快，特别是与西安、兰州、银川等省际中心城市以及陕甘宁相邻中小城市的距离均在500公里以内，四通八达的铁、公、机立体综合交通大联网，大幅缩短省际、城际间的距离，足以融入"小时经

济圈"[1]。同时，食用菌绝大部分需要鲜食和冷链运输，生产地离终端市场越近，比较效益就越高。近年来，庆阳大力推进区域性中心城市建设，交通条件、物流货运、冷链建设得到极大改善，在提高直供效率、保证品质和质量的同时，极大地缩短了从基地到餐桌的空间距离，为农产品销售提供了广阔空间和较低的物流成本，也为发展循环农业和食用菌产业提供了动力支持。2024年1月，平庆铁路开工建设，并纳入国家《黄河流域生态保护和高质量发展规划纲要》《"十四五"现代综合交通运输体系发展规划》《"十四五"铁路发展规划》重点项目，对有效破解平庆两市交通瓶颈制约、加强甘肃铁路基础设施建设、完善西部地区路网体系，带来前所未有的发展机遇，也为"三元双向"循环农业发展提供了便捷条件。

四、旺盛的市场需求为"三元双向"循环农业注入了强大动力

近年来，随着居民收入水平的提高和消费观念的转变，以及对食物营养健康、合理膳食结构的关注追求，粮、油、果、菜、肉、蛋、奶及食用菌市场需求呈明显增长态势。首先，粮油果菜保供需求增多。据国家统计局数据，2020年我国苹果消费量约为4308.36万吨，稻谷消费量约为2.07亿吨，小麦消费量约1.25亿吨，玉米消费量约2.89亿吨，大豆消费量约1.12亿吨，油菜籽消费量约1711万吨，蔬菜消费量约5.38亿吨，水果消费量约3亿吨，消费市场需求十分旺盛。其次，肉蛋奶消费市场活跃。据中国肉类协会统计数据，2020年我国猪肉消费量约为4152万吨，牛肉消费量约为884万吨，羊肉消费量约为600万吨，禽肉消费量约为2362万吨，蛋类产量约为3468万吨，市场需求呈持续增长态势。其次，食用菌养生保健需求剧增。食用菌是一种高蛋白、低脂肪和富含维生素食物，较粮食类糖含量更低、较肉类脂肪含量更低，属于绿色保健食品，已成为食物供应链上的重要成员。据测定，食用菌粗蛋白含量平均25%左右，是蔬菜、水果

---

[1] "小时经济圈"：是指以中心城市为核心，在交通通勤时间为1小时左右可覆盖的区域范围。

的2-5倍，含有8种人体必需氨基酸，是唯——种富含维生素D2的非动物性食品。根据中国食用菌协会统计，2023年全国居民人均蔬菜及食用菌消费量为113.6千克，与2020年相比，居民人均蔬菜及食用菌消费量增长了9.9千克。

第四节　科技进步驱动下的"三元双向"循环农业

科技创新始终是农业发展的驱动力，农业强国必然是科技强国。习近平总书记强调，要紧盯世界农业科技前沿，大力提升我国农业科技水平，加快实现高水平农业科技自立自强。党的二十届三中全会对深化科技体制改革作出系统部署，推出一系列激发科技创新活力的重大举措。庆阳市委、市政府正是抓住了这一重大历史机遇，主动适应科技创新应用新形势，大力推动科技成果转化运用，为循环农业高质量发展注入科技力量，夯实了"三元双向"循环农业的实践基础。

一、科技创新成为引领农业发展的主要动力

党的十八大以来，我国农业科技创新取得了一系列新突破，我国农业科技整体水平已然迈入世界第一方阵。农业科技进步贡献率已达63.2%，良种在农业增产中的贡献率超过45%，科技创新引领带动农业高质量发展进程加快，为培育农业新质生产力发展发挥了基础性作用。

加快农业发展方式转变。现阶段，以生物技术和信息技术为特征的新一轮农业科技革命正在孕育新的突破。从生产技术看，科技创新带来了种子培育、种植养殖技术等的革新，优良品种的研发使农作物产量更高、品质更优，先进的种植养殖技术能精准控制环境因素，提高农业生产效率和质量。生物防治技术减少了化学农药的使用，降低对环境的污染。在农业装备领域，现代化的农机具和智能化设备不断涌现。无人机用于农田监测和农药喷洒，节省人力且精准高效。智能灌溉系统根据土壤湿度自动供

水，实现水资源的合理利用。因此，转变农业发展方式的关键在于科技创新。在"三元双向"循环农业格局构建中，庆阳市依靠科技创新的引领驱动，既推动农业产业从二元结构向三元结构转变，又实现了农业生产方式从"传统粗放型"向"集约高效化"转变，有力推动农业绿色高质量发展。

实现农产品高质量供给。中共中央办公厅、国务院办公厅印发《关于进一步强化食品安全全链条监管的意见》提出以"质量兴农"为核心目标，通过构建质量追溯系统，实现从田间到餐桌全链条透明化监管。当前，我国居民食物消费观念结构已经由传统的8：1：1模式（8成粮食、1成肉食、1成蔬菜）向4：3：3模式升级，农产品中低端同质化、高端供应不足的结构性矛盾越来越突出，迫切需要科技支撑农产品质量安全、食品多样化和高品质食物的营养健康，实现农产品向高水平供需平衡的跃升。提高农产品供给能力，必须培优育强优良动植物品种，确保初级农产品的产业链不断延长、质量不断改进、附加值持续增加。"三元双向"循环农业坚持种养菌一体培育，产加销一体打造，既保障了多元化食物供给，又注重农产品延链补链增值，带动农业劳动生产率和全要素生产率不断提高。

推动农业技术标准升级。党的二十大报告明确提出"完善科技创新体系，强化国家战略科技力量"，将标准体系建设上升为保障粮食安全、推动农业高质量发展的基础性工程。农业农村部印发《"十四五"全国农业农村科技发展规划》通过技术攻关、体系重构、机制创新三轨并进，优化50个国家现代农业产业技术体系，推广300项主推技术，推动农业科技从"分散研发"转向"系统赋能"。在科技创新的助力下，农业生产从育种技术的突破，到智能化种植管理系统的应用，再到农产品质量检测技术的升级，每一项科技创新成果都为农业技术标准的提升提供了有力支撑。"三元双向"循环农业通过引入先进的科技手段，通过北斗导航、数字赋能等

精准农业技术，完善农业技术标准体系，更精确地监测和管理农田，减少化肥农药的过量使用和土壤污染，推动农业从"经验种植"向"精准管控"转型，实现土地产出率的系统性跃升。

二、科技创新为种养菌规模化发展提供技术支撑

科技创新是推动产业发展的核心力量，在种养菌领域，它正发挥着至关重要的作用，为种养菌规模化发展提供了坚实的技术支撑。"三元双向"循环农业依靠科技创新培育壮大种养菌产业，将传统农业废弃物变废为宝，实现其在种、养、菌业间的双向循环利用，进而提升庆阳农业产业质效。

推动种植规模化发展。从保障国家粮食安全来看，科技创新通过生物技术培育出高产、抗逆农作物品种，能够有效抵御自然灾害和病虫害的侵袭，稳定粮食产量。基因编辑技术可以精准改良作物的性状，提高其对恶劣环境的适应能力，为保障粮食供应奠定坚实基础。在面源污染防治方面，环保型农药和肥料的研发应用，精准农业技术的推广，减少了对环境的污染，提高了资源利用效率，降低了生产成本。在提升市场竞争力方面，现代农业技术借助卫星遥感、地理信息系统等先进手段，能够对土壤肥力、作物生长状况进行实时监测和精准分析，极大地提高了农产品的品质和产量。在产业融合方面，科技创新通过智能化的农业装备和信息技术，推动了种植与加工、物流、销售等环节的深度融合，提高了产业的附加值和经济效益。"三元双向"循环农业把种植业作为基础支撑，从保障粮食安全到提升市场竞争力，从促进产业融合到实现可持续发展，为种植业的提质扩量注入源源不断的动力。

推动养殖业标准化发展。首先，科技创新是推动养殖业标准化发展的核心引擎，其通过重构生产体系、优化产业链条、提升治理效能，为现代畜牧业高质量发展提供了战略性支撑。在全面推进乡村振兴、加快农业强国建设的时代背景下，标准化养殖、育种与精深加工的技术革新，不仅成

为破解资源约束与生态压力的关键抓手，更是践行大食物观、保障食物安全的政治要求。其次，育种技术的突破筑牢了标准化发展的遗传基础，基因编辑、胚胎移植等生物技术的产业化应用，加速了优良品种的定向选育进程。基于物联网、大数据等数字技术构建的智能化养殖系统，实现了环境参数精准调控、饲喂流程自动化管理、疫病风险实时预警，使传统养殖向"无人值守、全程可控"的标准化模式跃迁。最后，精深加工的技术革新则打通了标准化价值转化的"最后一公里"。超高压灭菌、真空冷冻干燥等食品加工技术的突破，使牛羊肉制品保质期延长3倍以上，货架期损耗率从12%降至3%，显著提升产品附加值与市场半径。这些创新实践与党中央"延伸产业链、提升价值链"的要求深度契合，为构建"三元双向"循环农业的现代畜牧业体系提供了技术范本。

推动菌业多元化发展。在新时代背景下，科技创新正以前所未有的力度重塑菌业发展格局，推动传统产业向智慧化、多元化方向转型升级。现代生物技术突破为菌业发展注入核心动力。液体菌种技术使菌种培养周期缩短30%，物联网监控系统将菌菇生长环境控制精度提升至95%以上。工厂化栽培模式突破季节限制，推动羊肚菌、松茸等高端品种实现周年化生产。科技创新为食用菌品种选育、栽培技术优化和深加工等方面提供了技术支持，通过基因工程技术，优化栽培技术，培育出了具有更高营养价值和药用价值的食用菌新品种，提高了食用菌的产量和品质。全产业链科技创新催生多元业态融合。食用菌深加工提取率从15%提升至45%，催生出菌类保健品、医美原料等30余种衍生产品。菌渣资源化利用技术构建起"菌—肥—粮"生态循环链，为庆阳市发展"三元双向"循环农业提供了方法遵循。

三、科技创新为农业废弃物资源化循环利用提供实现路径

科技创新为农业废弃物资源化利用提供了多种方案，加速了农作物秸秆、果木枝条、畜禽粪便、菌糠菌渣等废弃物的循环利用，显著提升了资

源化利用的效率与效果，是"三元双向"循环农业探索实践的关键环节。

开辟了农作物秸秆和果木枝条综合利用途径。农作物产量一半在籽实，一半在秸秆。长期以来，农作物的籽实被人们视若珍宝，秸秆却被丢弃。随着农业技术的更新迭代，特别是生物技术在农业领域的广泛应用，可以将废弃的果木枝条粉碎发酵后形成肥料，拓宽农作物的肥料来源，不仅可以减少焚烧带来的环境污染，还能有效改良土壤，提高农产品的品质。"三元双向"循环农业将秸秆、果木枝条等资源作为食用菌菌棒原料，机械粉碎枝条，通过木屑配料搅拌、装袋、灭菌、接种、发菌等流程，生产出高品质的食用菌。大力推广生物技术，探索建立的农作物秸秆、果木枝条循环利用模式，年均消纳利用农作物秸秆120万吨、苹果剪枝20万吨以上，形成养殖饲料化与菌棒生产基料化利用的循环格局，捡回了曾被废弃的"另一半农业"。

加快了畜禽粪便资源化利用。现代科技以畜禽粪便堆肥、粪便装填菌类基质等资源化利用模式为核心，通过现代生物工程、智能控制等技术重构物质能量转化路径，使传统废弃物转化为生态生产要素，既解决了群众关心的环境问题，又创造出新型绿色经济价值，为庆阳市在"三元双向"循环农业中加快畜禽粪便肥料化、基料化利用提供了科技支撑。在肥料化技术应用方面，利用秸秆、玉米芯等农作物废料作垫料，吸收清洗后的粪污、水混合物，待其在田间自然降解改善土壤肥力。同时，引培有机肥加工企业，运用好氧堆肥和微生物发酵技术，将畜禽粪便等有机废弃物转化为有机肥料。在基料化运用方面，畜禽粪便富含有机物、氮、磷、钾等营养成分，经堆肥等处理，利用好氧微生物在适宜条件下将大分子有机物分解为小分子糖类、氨基酸等，为食用菌菌棒提供充足氮源，促进菌丝快速生长。

拓宽了菌糠菌渣循环利用方式。现代生物工程技术通过合成生物学改造功能菌株、智能装备优化发酵参数、多组学分析解析物质转化路径，将菌糠菌渣中有机质和缓释氮转化为高活性生物刺激素，重构了菌业废弃物价值链条，使传统"污染源"升华为支撑"三元双向"循环农业的新型生态要素。菌糠菌渣是食用菌生产后的主要废弃物，通常在子实体收获后被丢弃。经测定，菌糠中有机质含量15.66%，含氮量1.274%，且氮释放缓慢，有利于植物吸收，还含有磷、钾及铜、锌、铁等多种微量元素，肥料化、饲料化利用价值高，是"三元双向"循环农业中打通废弃物循环利用的关键纽带，特别是智能传感与物联网技术构建的收储体系，经清选、粉碎、发酵、腐熟等环节，实现菌糠菌渣从分散废弃到集约利用的转变。基于复合微生物菌剂的定向腐解技术，将粗蛋白含量7.2%～9.5%的菌渣转化为适口性提升30%的功能饲料。应用分子模块育种技术开发的木质素降解菌株，使有机肥腐熟周期缩短50%，在果蔬种植中实现化肥替代率超40%，极大地提高饲料适口性与营养吸收能力，降低饲养成本。

四、科技创新为农业绿色发展提供全新方案

农业污染是环境污染的一部分。农业生产中农药、化肥过量施用，秸秆乱烧、地膜乱弃、禽畜粪便乱堆等问题，不仅造成农业面源污染，还影响农产品质量。近年来，庆阳市以推进农业投入品减量化、生产清洁化、废弃物资源化为主攻方向，以模式探索、机制创新、技术集成为重点，加大政策支持，为农业面源污染综合防治提供了新的解决方案。

有力推进源头减量。卫星遥感、物联网、大数据等现代信息技术为加快农业面源污染综合防治、实施全程精细化管理提供了全新方案。通过应用高效施肥、精准施药等技术，持续推进化肥、农药减量增效，建立健全主要农作物氮肥施用定额管理制度，减少化肥、农药使用量。"三元双向"循环农业通过推广全混合日粮、健康标准养殖等绿色养殖技术，改造提升畜禽养殖、节水清粪等设施装备，减少畜禽粪污产生量。通过有序推广全生物降解地膜，地膜科学使用水平显著提高。

有序推进全量利用。加快构建农业废弃物循环利用体系，整县实施畜

禽粪污资源化利用，支持养殖场（户）建设畜禽粪污处理设施，落实"两配套三分离"措施，推进固体粪便轻简化堆肥、液体粪污贮存发酵，促进粪肥就地就近还田利用。"三元双向"循环农业全面推进秸秆综合利用，推广秸秆青贮黄贮技术，支持秸秆回收企业生产食用菌基质、育苗基质等。培育菌糠加工利用型企业，支持企业加工利用菌糠生产饲料、燃料、肥料和垫料，推动农业废弃物肥料化、饲料化、燃料化、基料化、原料化。

有效推进末端治理。科学合理建设农村生活污水收集和处理设施，推行建设费用低、管护简便等污水治理技术，鼓励居住分散地区建设生态处理设施，探索推进生活污水与畜禽粪污、厕污、农产品加工废水等协同治理。健全农村生活垃圾回收利用体系，全域推广"户分类、村组收集、乡镇转运、县区处理"的垃圾收运处理模式，提高生活垃圾转运处置效率，保障农村生活环境整洁。加强农膜回收利用，开展区域回收补贴制度试点，应用推广废旧农膜捡拾机械，减轻农田"白色污染"。庆阳以"三元双向"循环农业为基本路径，整市创建国家农业绿色发展先行区，统筹推进农业绿色发展和农业面源污染防治，加快农村生活垃圾、污水、农膜等综合治理，为农村环境综合整治探索了全新的技术路径。

第三章 发展"三元双向"循环农业的意义

"三元双向"循环农业作为一种创新性的循环农业发展模式，既能够保障粮食安全，提高农业产业综合效益，还可以推动农村能源结构优化，促进农村生态环境改善，区域经济协调发展，对践行绿色发展理念、传承创新农耕文化、加快推进农业现代化具有重大的战略意义和长久的现实意义。

第一节 有利于提升重要农产品保供能力

"三元双向"循环农业凭借资源的高效配置、产业的深度融合以及科技创新的有力驱动，在保障粮食安全、构建多元化食物供给体系的同时，对挖掘有限土地产出效率、降低产业发展成本、提高市场保供能力具有重要的意义。

一、筑牢粮食安全根基

粮食安全是指保证任何人在任何时候能买得到又能买得起维持生存和健康所必需的足够食品。党的十八大以来，以习近平同志为核心的党中央把解决好十几亿人的吃饭问题作为治国理政的头等大事，提出了确保谷物基本自给、口粮绝对安全的新粮食安全观。"三元双向"循环农业将种养菌的废弃物转化为有机肥料，通过测土配方施肥，有效促进有益生物群落的繁殖，增强微生物在土壤内的活动能力，进一步改善土壤结构、增加土壤肥力，实现耕地的可持续利用。在土地资源不可能大幅增加的前提下，庆阳根据不同作物的根系分布和生长周期特点合理搭配，挖掘有限土地的

产出效率，探索推广粮、油、薯、菜、草等多元化复种模式，稳步提高土地复种指数，提高单位面积产量，有效增强了谷物、口粮的保供能力。

二、提高重要农产品供给能力

"三元双向"循环农业通过多级循环利用，将农业废弃物变为其他产业的生产资源，有效打通种植业、养殖业和菌业各产业发展中的堵点。同时，"三元双向"循环农业以工业化的思维推动重要农产品生产，通过废弃物的双向闭环利用，将苹果、肉羊等优势产业与其他产业捆绑起来，以变废为宝的农业资源，互促互进各个产业扩规增量。利用养殖业和菌业产生的有机肥料，不仅能减少化肥使用，还能降低粮食、蔬菜种植成本，提高农产品品质。同时通过将秸秆等废弃物转化为营养丰富、易于消化的优质饲料，将作物秸秆、畜禽粪便等废弃物作为食用菌袋料培养基质，有效降低了生产成本，扩大了产业规模，也极大地增强了肉、蛋、奶、菌的保供能力。

三、构建多元化食物供给体系

党的十八大以来，习近平总书记站在实现中华民族永续发展和保障国家粮食安全的战略高度，从更好满足人民美好生活需要出发，强调"在保护好生态环境前提下，从耕地资源向整个国土资源拓展，从传统农作物和畜禽资源向更丰富的生物资源拓展，向森林、草原、江河湖海要食物，向植物动物微生物要热量、要蛋白，多途径开发食物来源"。党的二十大报告指出，"树立大食物观，发展设施农业，构建多元化食物供给体系。发展乡村特色产业，拓宽农民增收致富渠道"。就食用菌来说，近年来，得益于健康意识的提升以及对食用菌营养价值的广泛认可，人们日常生活中的食用菌消费量持续增长，使得食用菌产业不断发展壮大。如今，食用菌以优质蛋白质、氨基酸和维生素的供应，有助于促进改善人民群众饮食结构，食用菌已成为继粮、油、菜、果之后的"第五大农作物"。发展"三元双向"循环农业，就是把食用菌产业摆在与种植业、养殖业同等重要的位置，加快推进种、养、菌三业之间物质能量转化，调优产业结构比例，形成闭合循环体系，对于构建多元化食物供给体系，多途径开发食物来源，更好满足群众日益多元的食物消费需求具有重要的现实意义。

第二节　有利于提高农业综合效益

"三元双向"循环模式坚持产业链条化、集群化的理念，通过整合种植业、养殖业和菌业，构建起一个相互关联、相互促进的循环体系，可以大幅降低农业生产成本，有利于促进农业产业延链增值。

一、优化完善产业区域布局

"三元双向"循环农业充分考量县域之间不同资源禀赋和产业模式，在"四区四带"产业布局的基础上，鲜明提出了"牛羊猪鸡、果菜菌药"八大主导产业，以全域发展食用菌为纽带，依托不同产业、不同技术、不同模式，推动区域化、集约化、规模化特色产业向优势区聚集。通过区域间合作，使种养基础良好的区域可向农产品加工实力强的区域供应优质原料，加工企业可以为种养优势区提供技术指导和订单支持，实现产业链的延伸与对接，促进了区域间产业的优势互补，进一步推动环县肉羊、镇原肉鸡、西峰生猪、正宁肉牛、庆城和宁县苹果、合水奶山羊、华池菌药合理布局、协同发展。

二、加快推动农业集约化转型

"三元双向"循环农业集产业链、集群化发展理念于一体，其构建的"一县一业"协同发展的产业体系，可以在资源转化利用、链条延伸拓展等方面，产生许多新的投资领域和市场业态，带动农业增加值稳定增长。农业加工业作为链条延伸的重要领域，如苹果、黄花菜、中药材、食用菌、畜禽产品等经过加工，产品价值得到大幅提升，与产业规模化发展形成良性循环。变废为宝的新生资源和农业产品在空间上的流通，又可以带

动农业物流、仓储、冷链运输等行业快速发展，确保农产品能够及时、高效地运输到市场，减少了损耗，保证了品质。农业科技服务为农民提供了技术咨询、培训和推广，帮助农民掌握先进的种植养殖技术，提高了农业生产的科技含量。"三元双向"循环农业对资源高效利用、高效配置的本质特征，对农业产业集约化提出了更高要求，可以进一步推动一二三产业融合发展，形成相关产业协同共生的合作机制。

三、显著提升农产品竞争力

绿色生产、标准化生产和品牌建设是"三元双向"循环农业的内在要求。其中，绿色生产主要运用生物肥料、采用生态种养的方式，能够有效改变传统农业对化肥、农药的过度依赖，使得农产品的品质得到显著提升，更加符合市场对高品质农产品、绿色优质农产品的需求，在产品质量上形成了竞争力。标准化生产建立在对生产过程的严格管理上，相比传统农业生产，减少了生产过程中对物质和能源的消耗，在农产品结构性过剩、产区竞争日益激烈的形势下，不仅有效降低了生产成本，还形成产品的价格优势。品牌化建设是市场经济导向下一切生产活动的内在追求，能够帮助庆阳农产品树立良好的形象，获得消费者的信任和认可，从而在激烈的市场竞争中脱颖而出，进一步增强市场竞争力，为农业生产者带来更高的经济效益。

四、有效增加农民产业收入

当前，在产业规模化发展的进程中，菌业的加入，不仅能够促进种植业、畜牧业的发展，产业本身比较效益明显高于其他经济作物，是带农致富的一个好产业，有力助推了农业增产和农民增收。"三元双向"通过引导农户通过龙头企业带动、农户积极参与，形成一个利益联结机制，极大地拓宽了农民收入渠道。比如，400平方米木耳大棚，可挂袋2万棒，每棒可产干品木耳60~75克，每年可生产3季，每棚年产木耳4.2吨，按60元/千克计算，每棚年产值25万元，每棒成本按3元计（菌棒2元，人工、水费、管理费1元），总成本18万元，每棚年收入7万元。同时，"三元双向"循环农业的规模化、集约化经营，为农民提供了种植养殖技术员、农机操作员、农产品采摘工等就业岗位，新建的农产品加工、电商平台的运营、农产品的运输、物流和配送等企业也提供了大量的加工、包装、质检等工作岗位，这不仅为农民提供了就业机会，还吸引了一部分外出务工人员返乡就业，有效增加了农民工资性收入。

第三节　有利于改善农村生态环境

生态环境是人类生存和发展的根基，如何实现人与自然和谐共生是人类文明发展的基本问题。基于系统发展理论视角，"三元双向"循环农业以农业绿色发展为实践基础，加快推进农业产业结构转型，既能有效降低面源污染，改善农村人居环境，也能推动实现农村生产、生活、生态协调发展，使农业成为人人向往的职业，使农村成为人人向往的乐园。

一、有效降低面源污染

打好农业面源污染防治攻坚战是转变农业发展方式、推进现代农业建设、实现农业可持续发展的内在要求。"三元双向"循环农业基于农业循环经济"3R"原则，利用微生物发酵技术，将种植、养殖、菌业生产过程中产生的废弃物转变为另一个产业的原料和资源，并通过测土配方施肥、有机肥替代化肥、水肥一体化等化肥减量增效技术，可以有效降低农业化工产品对土壤、水体和空气的污染，提高生态系统的自我调节能力，推动农业生态系统平衡健康发展。同时，"三元双向"循环农业对种养菌规模化、集约化生产的内在要求，势必会通过龙头企业、合作社的示范带动，提高缓控释肥、水溶肥、生物有机肥和机械深施肥、种肥同播、有机无机配施等新产品、新技术的推广普及和广泛应用，有效降低农业面源污染。

二、有效改善农村人居环境

在"三元双向"循环农业发展模式中，种植业是生产者、养殖业是消费者、菌业是分解者，将菌业引入到原来种、养业二元循环中，可以通过将农作物秸秆粉碎加工、青贮发酵等方式转化为有机肥料、动物饲料和食用菌袋料，可以将果园修剪下来的弃枝经过粉碎加工制成生物质燃料和食用菌袋料，可以将畜禽粪便经过无害化处理制成优质的有机肥料和食用菌袋料，包括人类的排泄物等，都可以通过这种双向闭合循环的模式进行无害化处理。通过对农作物秸秆、畜禽粪便、菌糠菌渣等废弃物的资源化再利用，直接或间接降低了种养菌三大产业的生产成本，提高了单位面积的生产效率和品质，增加了群众参与"三元双向"循环农业、收集处理农业废弃物的积极性和主动性，从而有效解决长期以来困扰农村人居环境整治的"三堆"问题，使村庄环境更加整洁美观。

三、助力农村基础设施建设

"三元双向"循环农业强调可持续发展。这一模式把良好的生态环境作为最普惠的民生福祉，通过优化产业布局，种养菌绿色循环发展，推进水土气污染治理、"绿水青山"节能增效、生态脆弱区绿色升级、草原与山区绿色发展，有力推动美丽乡村和生态文明建设，提升农村人居环境质量。随着"三元双向"循环农业发展格局的构建形成，"牛羊猪鸡、果菜菌药"等优势特色产业规模逐步扩大，产业链条持续增强，生态环境持续改善，势必为设施农业、观光农业、农村电商、视频直播、冷链物流等农业新产业新业态提供蓬勃发展的空间，吸引大量的社会生态资本到农村兴业建设，助推农村水、电、路、田、网等基础设施大幅提升，实现农业农村同步发展。

第四节　有利于传承创新农耕文化

农耕文化是庆阳千年文明的精神内核，承载着人与自然和谐共生的生态智慧。从农业产业共生理论角度来看，"三元双向"循环农业以"种植—养殖—菌业"三产闭环为核心，通过资源循环利用与产业协同共生，加快废弃物之间的高效利用和循环流动，既精心守护和有效传承着农耕文化的深厚底蕴，又赋予了符合时代需求的崭新活力，构建起传统农耕文明与现代生态理念深度融合的创新体系，为农耕文化的活态传承与创新发展注入强劲动能。

一、传承农耕文化理念

庆阳作为中国农耕文化发祥地之一。千百年来，人们自觉遵循传统农业理念，重视农牧结合，使用农家肥，通过劳动和选择使农业自然生物种群逐渐演变成为劳动对象和收获物，形成了物质和能量闭环流动，传统的农业生态体系，是最早期的循环型农业模式。"三元双向"循环农业赓续了这一注重顺应自然规律、人与自然和谐相处的理念，深度挖掘传统农业"顺天应时、物尽其用"的核心价值，将"秸秆还田、种养结合"等传统经验升华为系统性生态实践，通过强化种植业、养殖业与菌业间的物质能量循环，既能传承发扬传统循环智慧，又以现代科技固化"用地养地结合"的可持续理念，减少了农业对农药和化肥的过度依赖，使敬畏自然、集约利用的农耕文化基因融入现代农业肌理，实现文化精髓的创造性转化。

二、拓展现代农业内涵

农文旅深度融合是重构乡村经济体系、破解传统产业低效循环的重要路径。"三元双向"循环农业高度关注生态环境保护和农业可持续发展，广泛应用现代科学技术和工业化管理办法，盘活利用乡村要素资源，以农耕体验、手工制作、非遗传承、体验采摘等，强化农产品生产与供给功能，使单一的农业向以农业为主的二三产业延伸，催生形成"资源⇄产品⇄废弃物⇄资源"的立体化循环网络，实现了农文旅深度融合的新模式。通过农文旅融合发展，乡村深挖产业特色，激发培育新业态，大力发

展小庭院、小家禽、小手工、小买卖、小作坊，培育壮大特色种养、特色手工、休闲旅游、电商经济、小型旅游业，带动建办农副产品加工、电商销售企业，使农业生产、食品制造、休闲消费形成闭环经济圈，衍生出休闲观光、康养民宿等富有黄土特色、地域文化、乡土气息的新业态，带动餐饮、住宿、导游等服务行业兴起，极大地促进了农民增收。

三、创新现代农业模式

"三元双向"循环农业充分运用现代农业科技，依托庆阳建设全国一体化算力网络国家枢纽节点优势，通过微生物技术、智能传感等现代科技赋能，将传统"精耕细作"理念转化为精准施肥、智慧养殖等数字化实践，推动农耕文化从经验传承转向数据驱动的科学传承。同时，依托产业链延伸培育生态农产品品牌、农业研学基地等新型业态，极大地提高了农业生产的经济效益和市场适应性，逐步改变着对传统农业"靠天吃饭"、粗放式经营等固有方式，创新拓展了无土栽培、立体循环、智慧农业等发展模式，实现了传统农耕文化与现代元素的深度融合。农民作为农业经营的参与者、决策者和受益者，在"三元双向"循环农业的引导下，通过新型农民、农业经营主体、农业专业化服务组织等培育，有助于提高农业经营人员业务素养和农业从业人员收益，在提高农业生产绿色发展水平的同时，引导农民注重培养绿色行为、保护生态环境的自觉性。

第二篇

实践篇 SHI JIAN PIAN

第一章 种植业养殖业菌业一体培育

发展"三元双向"循环农业，种植业是基础支撑，养殖业是效益牵引，菌业是循环纽带。庆阳市在构建"三元双向"循环农业格局中确立了"保粮、扩畜、提果、增菜、养菌、优药"的产业发展思路，以扩规模、增体量，提质效、促发展为目标，突出万亩、万头（只）绿色标准化种养基地建设，集成推广新品种、新技术、新机制、新模式，推动种植、养殖、食用菌三个产业协同发展、联动用力、融合互促。

第一节 做大种植业基础支撑

做大种植业是发展"三元双向"循环农业的基础和前提。在稳定粮食生产的前提下，持续优化调整种植结构，推动粮食、苹果、蔬菜、中药材实现扩规增量、提质发展。

夏粮喜获丰收

一、保障粮食安全，打造新时代"陇东粮仓"

"仓廪实，天下安。"庆阳市坚决扛牢保障粮食安全"国之大者"的政治责任，深入实施"藏粮于地、藏粮于技"战略，实施新一轮粮食产能提升行动，探索创新耕作制度，集成推广旱作农业技术，不断提升粮食综合生产能力，重塑新时代"陇东粮仓"地位，为保障国家粮食安全作出了庆阳贡献。

（一）**优化粮食区域布局**。优化区域布局是提升粮食生产效益、保障粮食安全的重要措施。一方面，立足地域气候特点、农业区划和群众种植习惯，突出稳口粮、稳玉米、扩大豆、扩油料，将全市划分为北部丘陵半干旱区、中南部半湿润区、东部子午岭冷凉阴湿区三个种植区域，以优化农作物品种布局为突破口，北部丘陵半干旱区重点推广中早熟、抗旱品种，中南部半湿润区重点推广中晚熟、高产、抗病、抗倒品种，东部子午岭林缘区重点推广中熟、抗寒品种，分区域推荐主导品种和搭配品种，全面提高粮食作物良种化率。另一方面，在优化品种品质前提下力求扩面增量、稳粮扩油，形成整市全膜玉米、中南部塬区冬小麦、北部山区大豆、马铃薯、小杂粮为主的生产布局，实现战略性主导品种、区域性优势品种和地方性特色品种协调发展。全市粮食播种面积常年稳定在590万亩以上，产量超过140万吨。

庆阳市2021—2024年粮食生产情况

年份	面积（万亩）	产量（万吨）
2021年	580.5	133.6
2022年	590.2	143.6
2023年	593.1	142.9
2024年	596.1	145.1

（二）**加强种植结构管控**。耕地是粮食生产的"命根子"，是保障粮食安全必须严守的红线。坚持"建、管、治"并重的耕地保护原则，严格耕地占补平衡管理，坚决遏制耕地非农化，严格防止耕地非粮化，全力稳定粮食生产面积。以种植结构管控稳定粮食播种面积，明确耕地利用优先序，高标准农田原则上全部用于粮食生产，永久基本农田重点用于粮食生产，一般耕地主要用于粮食生产，确保完成粮食面积和产量任务。以高标准农田建设提升耕地质量，突出陇东旱塬区和北部丘陵山地区，分区施

策，分类建设，通过扩规模、提质量、强管护，累计建成适宜耕作、旱涝保收、高产稳产高标准农田324万亩。以撂荒地整治保障耕地面积，对照"三调"数据，常态化开展偏远贫瘠零星的撂荒地块摸排整治，采取引导群众自耕自种、纳入高标准农田改造、新型经营主体流转、亲友代种和社会化服务组织代管等措施，实现撂荒地全部复垦复耕，有效盘活撂荒耕地资源。

（三）**实施百万亩复种增粮增效工程**。在耕地总量不变的前提下，只有通过提高单位面积产量才能增加效益。为充分利用夏粮油作物收获后光、热、水资源，提高耕地利用率和产出率，破解"一熟有余，两熟不足"传统耕作制度瓶颈制约，庆阳市农业科学研究院牵头在不同区域、不同茬口、不同作物开展多元化复种试验，试验取得显著成效。在试验的基础上，遵循"顺应自然规律、依靠科技创新、突出增粮增效、稳步推广扩大"的原则，启动实施百万亩复种增粮增效工程，统筹利用冬油菜、冬小麦夏收休闲耕地，推广复种粮、油、薯、菜、草等多元化复种模式。每年复种农作物100万亩以上，其中复种粮食作物60万亩、麦后移栽荏20万亩、复种蔬菜10万亩、复种饲草10万亩，提供粮食10万吨以上，有效提高了复种指数和耕地产出率，实现农作物熟制由"一年一熟"向"一年两熟"或"两年三熟"转变，为促进粮食增产、农民增收提供了重要支撑。

（四）**集成旱作增粮技术**。立足旱作雨养农业区生产实际，坚持良种良法配套、农机农艺融合，集成推广应用旱作农业技术，推动粮食综合生产能力实现新提升。在抗旱品种推广方面，坚持新品种自主选育和引进推广相结合，建立良种繁育体系，加快选育推广适应性强、稳定可靠的优良品种，建成良种生产繁育基地5万亩，累计引进粮食作物新品种538个，自主选育小麦、玉米、大豆等主要粮食作物新品种21个，推动粮食品种迭代升级。在旱作技术推广方面，大力推广以全膜双垄沟播、测土配方施肥、病虫害绿色防控为主的旱作农业技术，因地制宜推广应用以少免耕、深松耕为代表的保护性耕作技术，提高土壤抗旱保墒能力，增加农业生产效益。在示范引领方面，坚持抓点示范，以主要粮食作物新品种引种试验、立体复合种植、机械化作业、宽幅匀播、重大病虫害防控等实用技术试验为重点，每年建办粮油高质高效试验点100个以上，做给群众看、带着群众干，以点带面，辐射带动，提高农民群众对新品种、新农艺、新模式的接受程度。

二、加快提档升级，打造苹果产业百亿集群

苹果产业是庆阳的优势主导产业，也是"三元双向"循环农业的支柱产业。自1952年开始有组织的苹果栽培以来，以乔化果园为主的结构亟待升级。全市锚定百亿级产业集群目标，大力实施百万亩优质苹果基地改造提升工程，通过推广矮化密植技术、改造老旧果园、统一生产标准、强化科技赋能，培育壮大"庆阳苹果"品牌影响力，推动苹果产业向集约化、标准化、数字化转型。

庆阳市2021—2024年苹果产业情况

年份	面积（万亩）	产量（万吨）
2021年	133.0	135.0
2022年	133.0	144.0
2023年	133.0	147.2
2024年	133.0	156.7

（一）**全域布局打造核心产业片带**。庆阳具备优质苹果生产的全部7项主要生态指标和6项辅助指标，被誉为全国优质苹果最优产地和最佳适生区。全市充分挖掘可利用土地资源，充分利用山地果园、苗林地腾退及可利用地块，实行整县整乡整村推动，坚持集中连片，打造形成以董志塬核心产业带、中南部塬面提质增效区、北部山地辐射带动区为主的"一核两区"全域发展布局，现有果园面积130万亩以上，年产量达到150万吨以上。成功创建宁县国家级和庆城县省级苹果现代农业产业园，建成全国苹果生产重点县6个、苹果重点生产乡镇69个，建成优质晚熟红富士苹果生

产基地10个、万亩苹果片带25个。

（二）实施百万亩优质苹果基地改造提升工程。庆阳现有果园超百万亩，70%以上的为20世纪90年代栽植的乔化老果园，矮化密植等现代化模式占比不足。为全面解决老旧果园品种老化、管理粗放、效益低下等问题，推动实现"双二百亿"产值品牌目标，庆阳市委、市政府启动实施百万亩优质苹果基地改造提升工程。品种结构优化方面，实施瑞雪单品突围战略，主推瑞雪、瑞阳、瑞香红等新优品种更新栽植，配套引进新优特品种和多种优良砧木，推动果园品种结构优化升级，推广瑞雪新品种7万亩，占全国10%，实现单品规模与品质效益双领先。栽培模式创新方面，采取间伐降密、落头开心、截枝透光等方式，将原有乔化园改造为自由纺锤形、疏散分层形和岩石开心形等树形结构，探索形成宁县"三高五化"[1]模式和庆城县"西农模式"[2]。

（三）建立标准化技术体系。联合省内外农业科研院所，开展青砧砧穗组合、授粉品种筛选、农药减量增效等多项苹果产业关键技术攻关，制定9项业内领先地方标准，形成庆阳苹果生产技术标准体系。在改造技术上，大力推广高接换优、重茬建园、幼园改造等技术，实施果园更新复壮，通过"巧改形、降群体、减枝量"，因地制宜开展重茬建园、高接换优和间伐改造，配套土壤有机质提升，因园适树进行树势培养和精细管理，累计完成老旧果园改造33万亩，有效破解了"人老树老技术老"的瓶颈。在管理技术上，大力推广树体管理、沃土保墒、简化修剪、花果管理、病虫害防治等技术，引入矮化密植和水肥一体化管理技术，建成一批集气候、墒情、虫情监测为一体的智慧果园，实现施肥灌溉、病虫防治、果品套袋等生产环节逐步向轻简化、省力化转型。

---

[1]"三高五化"：是指高定位、高科技、高效益和苗木良种化、栽培矮密化、管理机构化、水肥一体化、产品标准化。

[2]"西农模式"：是指庆城县与西北农林科技大学通过校地合作，推进老果园改造、品种优化、标准化生产及品牌化发展。

（四）提升科技水平。加快苹果产业与科技创新融合发展，通过技术创新与数字赋能双轮并进，推动苹果产业从传统种植向智慧化、标准化跨越。首先，加快产学研协同创新。依托陇东学院成立庆阳市现代苹果工程技术中心，携手西北农林科技大学建立庆城苹果试验站，构建形成"专家包片联乡、专技人员到村指导、专职技术员到户服务"的三级服务体系，通过示范引领、以点带面，科学指导果农开展标准化管理、规范化种植、高效化生产，全面提升果农的生产经营能力和管理水平。其次，实施数字果园示范工程。以宁县苹果生产调度中心为核心，集成物联网、大数据、区块链等数字技术，打造"监测—决策—执行"一体化的全流程数字化管理系统，覆盖生产种植、储藏销售、灾害防控、质量追溯等多个领域，通过布设气候传感器、土壤墒情仪、虫情监测站等智能设备，实时采集环境与果树生长数据，结合AI算法精准分析病虫害风险、需肥需水规律，动态优化管理方案。最后，加强灾害响应预警。健全完善灾害预警与应急响应机制，积极争取各类补贴资金，通过"增施基肥、早春灌水、喷施营养调节剂、果园熏烟"等方式，全面提升果园防灾抗灾能力。大力推广防霜机、防雹网、燃油加热风机等新型设施，在董志塬核心区建成"物联网联动防霜系统"。在苹果主产区布设微型气象站、温湿度传感器等智能监测设备，接入国家气象卫星云图及区域雷达监测系统，建立"72小时霜冻概率预测模型"。在地势低洼果园开挖防霜壕、建设防风林带，形成"智能设备+物理屏障"双重防线，灾害损失率同比下降40%。

三、坚持"三菜"齐抓，打造陕甘宁毗邻地区优质蔬菜供应基地

蔬菜产业是庆阳的优势特色产业，在构建"三元双向"循环农业格局、保障农产品供应和促进农民增收中发挥着重要作用。庆阳依托优越的区位优势、川塬兼有的地貌特点以及光热同季的气候条件，坚持设施蔬菜、高原夏菜和特色蔬菜"三菜"齐抓，打造布局合理、结构适宜、绿色优质的蔬菜产业新格局，在保障市域内"菜篮子"周年供应的基础上，着

力打造陕甘宁毗邻地区蔬菜供应基地。2024年，蔬菜种植面积达到102.1万亩，产量达到112.6万吨。

（一）加快设施蔬菜基地建设。聚焦优布局、扩规模，以中南部塬区和川水灌区为主，坚持新建和改造提升并重，推动设施蔬菜扩量提质。建设区域集中育苗基地，依托新型经营主体，建成集中育苗基地53个，推广应用架床穴盘育苗技术，年育苗能力达到2亿株以上，有效提升了蔬菜栽培质量和经济效益。注重设施改造提升，对中南部塬区和川水灌区18个千亩设施蔬菜生产基地进行维护修缮和配套升级，推广高标准钢骨架多层覆盖塑料大棚，开展大跨度、大容积、厚墙体新型高效日光温室建设，装备水肥一体化、物联网温控等智能化系统，全面提升设施蔬菜生产管理水平。发挥龙头企业引领作用，引培蔬菜龙头企业23家，采取"龙头企业+基地+农户""龙头企业+合作社+基地+农户"合作经营模式，带动发展壮大

庆阳市2021—2024年蔬菜产业情况

蔬菜产业合作社67家，家庭农场21家，培育种植大户711户，建成蔬菜专业乡镇8个、专业村30个，带动农户发展蔬菜产业。累计建成设施蔬菜生产基地52个，钢架拱棚总数达到8.1万座，设施蔬菜生产面积达18万亩。

（二）扩大高原夏菜规模。庆阳市夏秋雨热同季，光照充足、降水丰富，高度适宜发展高原夏菜。与南方高温伏旱气候相比，具有错季上市和填补市场的优势。立足特殊的地理位置、气候条件和产业基础，依托龙头企业和合作社，优化种植品种结构，根据市场需求，推进精细菜、大路菜和保健菜搭配生产，传统茄果类、叶菜类和根菜类蔬菜逐渐向特色蔬菜多

元化方向发展，建设集中连片优质高原夏菜种植基地，不断满足市场对多样化和高品质农产品的需求。创新种植模式与茬口安排，探索推广多种间作套种模式，如"菜粮型""菜菜型""菜经型""菜果型"，实现多茬生产，提高土地利用率和经济效益。高原夏菜面积达到54.5万亩，产量达到64.44万吨，显著提升产业规模和市场竞争力。

（三）**提升特色蔬菜品质**。庆阳是全国面积最大的黄花菜生产基地和白瓜子加工出口基地。为加快黄花菜、白瓜子等特色蔬菜发展，依托龙头企业带动，加大政策扶持补贴，采取"企业+农户+基地"的方式，加快特色蔬菜基地建设，推进规模化发展，黄花菜种植面积稳定在20万亩以上、白瓜子种植面积稳定在10万亩以上。通过引进新优品种，集成推广增施有机肥、滴灌水肥一体化、病虫害绿色防控、机械化应用等先进技术，黄花菜、白瓜子亩均增产10%以上，产量和品质明显提升。加快推进特色蔬菜精深加工，

设施蔬菜生产基地

改进加工工艺，黄花菜在蒸制环节采用先进蒸房设备和工艺，提高干菜率和蒸制质量。白瓜子产业通过整合周边资源，研发系列新产品，提升产品附加值。同时因地制宜引导支持板桥白黄瓜、正宁大葱等独具地域特色蔬菜发展。庆阳黄花菜、板桥白黄瓜、正宁大葱、庆阳白瓜子先后获得国家农产品地理标志认证登记，合水县番茄、芹菜、甘蓝、辣椒，环县和镇原县黄花菜等品种获得绿色蔬菜认证。

四、突出道地种植，打造陇东优质药源基地

庆阳是中国中医药文化的发源地之一，是中华医学元典《黄帝内经》的诞生地，岐黄文化源远流长，道地中药材种质资源丰富，素有

"天然药库"的美誉。坚持"道地化、基地化、集约化、绿色化"发展思路，立足资源优势，壮大经营主体，延伸产业链条，着力打造陇东优质药源基地。

（一）**打造道地药材基地**。充分利用土地资源和多样化气候条件，立足不同地域、不同道地药材品种，引导制定差异化扶持政策，优化中药材种植布局，打造大宗道地、仿野生中药材标准化生产基地。中南部半湿润地区主栽喜湿润气候和肥沃土壤条件的丹参、牛蒡子、地黄、柴胡，东部子午岭沿线区主栽耐阴凉、喜湿润的金银花、黄芩，北部半干旱区主栽抗干旱、耐贫瘠的黄芪、甘草

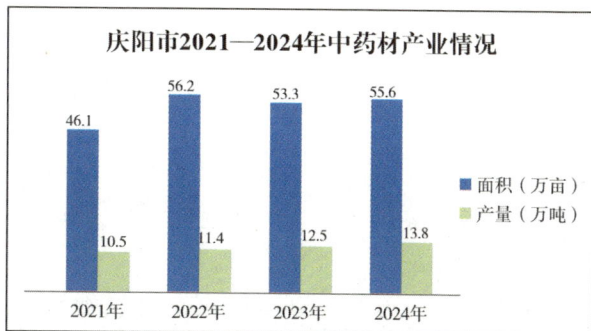

庆阳市2021—2024年中药材产业情况

年份	面积（万亩）	产量（万吨）
2021年	46.1	10.5
2022年	56.2	11.4
2023年	53.3	12.5
2024年	55.6	13.8

等品种，形成各具特色的中药材种植区。加快推进现代化中药材产业园和标准化基地建设，建成华池县中药材省级现代农业产业园，以华池县、镇原县、宁县、庆城县为重点，建成万亩以上标准化种植片带5个、千亩以上基地17个。全市中药材栽种面积达到55.62万亩，产量达到13.84万吨。

（二）**推广绿色生产技术**。围绕绿色道地中药材发展，突出良种良法配套，集成推广绿色生产技术，提高中药材产量，实现节本增效。探索推广新型种植模式，通过林下种植、粮药轮作、果药间作等模式，在保持原有种植规模的同时，有效拓展中药材产业发展空间，提高土地利用率和农民收入。持续扩大种苗繁育，建成20个中药材优质种子种苗繁育基地，年繁育中药材苗木2.4亿株、种子600公斤，确保当地市场种苗有效供应。加强技术推广和农机装备配套，推广塑料大棚集约化精量播种、黑地膜打孔育苗、黑地膜高垄覆盖、水肥一体化、间作套种、病虫害绿色防控、测土配方施肥技术，配套机械平栽、机械采挖、植保无人机使用等机械化装

备，中药材绿色标准化种植水平显著提升，实现药材产量和产品质量双提升。

（三）突出仿野生生态种植。庆阳市野生中药材资源丰富，当地通过政府引导，支持企业开展种质资源保护开发利用，在华池县和宁县建立中药材种质资源圃，对野生柴胡、黄芩、远志、甘草、大黄、枸杞等14种野生品种开展驯化种植，探索出"人种天养、自然生长"的仿野生种植模式，确保中药材的道地性和药效性。华池县通过企业引领、群众参与方式，依托恒烽中药材公司，充分利用山坡梯田地进行生态化管理和仿野生种植黄芪、黄芩、甘草等中药材，种植面积达到2万多亩，不仅保护生态环境，还显著提升

华池县中药材示范基地

药材的品质。其中，黄芩获得地理标志认证，黄芪、黄芩、甘草、柴胡4个品种获得GAP基地认证和有机认证。成功打造"陇东恒烽"仿野生中药材品牌，促进了农民增收和地方经济发展。

第二节　做强养殖业效益牵引

庆阳市地处北方农牧交错地带，境内饲草资源丰富，种草养畜历史悠久，发展养殖业具有得天独厚的优势。坚持把做强养殖业作为提升"三元双向"循环农业的效益牵引，突出集群化发展，持续提高产业规模化程度和集中度，牵引带动配套产业和关联产业不断优化升级，畜禽饲养量稳居甘肃省第一方阵。

一、突出扩群增量，打造高端肉牛生产基地

围绕建设陇东百万头高品质特色红牛产业带，按照"区域化布局、规模化养殖"发展思路，突出早胜牛提纯复壮和西门塔尔、安格斯专门化肉用品种杂交利用，肉牛产业规模持续扩张。

（一）**构建"一区两带三链"格局。**庆阳市立足现有种群分布、发展潜力和方向，构建形成"一区、两带、三链"的产业发展格局。"一区"就是建设早胜牛保种核心区。在宁县、正宁县8个重点乡镇划定早胜牛保种核心区，开展品种选育和提纯复壮，保持早胜牛肉质好、耐粗饲、抗逆性强等优良特性。"两带"就是陇东红牛产业带和高效杂交商品肉牛产业带。分别在宁县、镇原县、正宁县30个重点乡镇引进和推广红牛品种，建设陇东红牛产业带。在镇原县、合水县、庆城县、华池县、环县、西峰区39个重点乡镇，主推生长速度快、产肉性能高的西门塔尔和安格斯肉牛，利用杂交优势开展商品育肥。"三链"即建设宁县早胜牛开发利用产业链，突出早胜牛种质资源保护和开发利用，建设涵盖早胜牛保种、提纯复壮、综合利用及饲草收贮、屠宰加工、疫病防控、物流配送于一体的现代肉牛产业链。建设正宁县红牛生产加工产业链，在早胜牛保种核心区外，引入红安格斯等中小型肉牛品种，通过配合力测定，充分利用杂交优势，配套杂交生产优质高档雪花牛肉，提高产品附加值。建设镇原县杂交肉牛养殖综合服务产业链，利用西门塔尔、安格斯等外引品种或优质冻精，改

2021—2024年肉牛饲养情况

	2021年	2022年	2023年	2024年
饲养量（万头）	56.1	59.0	61.7	61.8
存栏（万头）	36.8	38.7	40.4	38.6
出栏（万头）	19.3	20.3	21.3	23.2

2021—2024年牛肉产量

	2021年	2022年	2023年	2024年
牛肉产量（万吨）	2.1	2.2	2.4	2.7

良本地黄牛，配套杂交生产优质商品肉牛，形成冻配改良、饲料配送、兽医诊疗、技能培训、市场营销等综合服务体系。通过因地制宜优化产业布局，突出特色构建产业链条，打造形成以宁县、镇原县、正宁县为主的肉牛产业重点县，辐射带动其它县区，肉牛饲养规模持续扩大，饲养量达到61.8万头。

（二）推进良种选育扩繁。早胜牛是中国五大黄牛品种之一，属于肉役兼用的优良畜种。为切实加强早胜牛种质资源保护，按照"以保促用、以用带保"的思路，在全市范围内开展早胜牛种质资源普查，筛选建立品种资源数据库，在宁县和正宁县划定核心保护区和缓冲区，组建核心保种群和基础扩繁群，早胜牛种质资源得到有效保护，种群规模进一步扩大。

庆阳早胜牛

在保护地方特色品种的同时，为全面提升肉牛产业市场竞争力，积极引进生长速度快、产肉性能高的西门塔尔、安格斯、海福特等专门化肉用品种，建立良种扩繁场，通过筛选适应庆阳区域养殖的主导品种，推动肉牛品种优化升级。同时还采取"订单回购""投母还犊"等方式，引导千家万户积极参与基础母牛养殖，通过龙头企业与农户的紧密合作，不仅提高农户的参与度和积极性，还有效解决了良种推广的"最后一公里"问题，实现基础母牛快速扩繁增量。通过保种、引种和基础母牛繁育，实现地方品种保护与开发利用良性循环，引进品种纯繁与杂交改良相互促进，为肉牛产业发展提供了种业"芯片"支撑。

（三）**完善产业发展机制**。坚持"政府引导、企业带动、场社示范、农户参与"的原则，按照"农户养殖基础母牛，企业合作社育肥"的产业分工，大力推广以"统一圈舍标准、统一引进良种、统一技术服务、统一疫病防治、统一组织销售、分户经营管理"为主要内容的"五统一分"管理模式。这种管理模式实现了资源要素有效整合，经营主体专业化分工，形成了利益共享、风险共担的市场化发展机制。政府在其中发挥主导作用，通过政策引导和支持，确保良种供应和防疫措施的落实。农户则专注于基础母牛的繁育，利用自家劳动力和饲草资源，扩大种群规模。养殖小区负责"吊架子"，即将断奶犊牛饲养成性成熟的育成牛。场社则承担专业育肥任务，对"架子牛"进行快速育肥。企业负责屠宰分割，加工符合市场需求的牛肉产品。动物防疫机构负责技术指导和疫病防控，确保产业发展安全。为应对肉牛价格下行不利影响，市级出台稳定肉牛产业发展十条措施，指导县区从"见犊补母"、新增能繁母牛、棚圈建设、规模达标、屠宰补助等方面加大产业奖补力度，调动养殖场（户）稳栏扩养积极性。

二、突出集群发展，促进肉羊产业转型升级

立足甘肃省对庆阳建设"陇东南千万只肉羊产业带"的区域定位，庆阳市着眼推动肉羊产业规模化、标准化、产业化发展，采取"区域化布局、科技化育种、组织化联农、品牌化运营"的联动机制，推进肉羊产业由一家一户的传统分散养殖向集群成链的现代集约化养殖转变。

（一）**提升良种供给能力**。庆阳是传统优势牧区，既有适宜本地农户散养的优良地方品种，也有大规模引进适合设施养殖的湖羊品种，还有改良杂交的舍饲专门化肉羊新品种，肉羊产业发展呈现多元化态势。为保障肉羊良种供应能力，政府企业农户一体发力，坚持引种和育种、保护和利用相结合，持续优化肉羊品种结构，增强优良品种保障供给能力。在地方品种保护利用方面，实施陇东黑山羊地方品种种质资源保护利用，采取基因保种、遗传物质保存、活体保种等方式，建立核心种群保种场4个，在保持其肉质鲜美、抗逆性强的基础上，积极开展品种选育提纯，改良其生长速度和产肉性能，实现以保促用。在优良品种扩繁推广方面，经多方考察、充分论证的基础上，引进具有性成熟早、四季发情，产羔率高、繁殖能力强、生长发育快、适合舍饲圈养特点的湖羊品种，依托龙头企业统一调引、合作社集中扩繁，建成湖羊基础母羊繁育场13处，年供种能力达到20万只以上，基本满足全市湖羊繁育供种需求。在舍饲肉羊新品种选育方面，依托中环肉羊制种有限公司，以萨福克、陶赛特等国外肉羊为父本，以湖羊为母本，开展杂交改良，并联合崖州湾国家实验室共建"国字号"肉羊制种基地，加快培育繁殖率高、生长速度快、抗逆性强、肉品质好的"中环肉羊"新品种。同时引进天津奥群牧业公司建设"育繁推一体化产业园"，以澳洲白、杜泊等肉羊为父本、湖羊为母本，培育繁殖能力强、生长速度快、尾脂沉积少、适合规模化舍饲养殖的"奥白肉羊"新品种。通过三种模式同向发力，确保庆阳肉羊产业的品种多样化，有力推动了庆阳肉羊扩量提质，全市能繁母羊存栏稳定在150万只以上。

（二）打造肉（奶）羊产业带。庆阳北部山区地广人稀、饲草充足、气候干燥、隔离条件良好，具有独特的气候资源条件和传统产业发展优势，非常适合打造肉（奶）羊产业规模集群。一方面，依托北部山区地域

优势和农户习惯于种草养羊的传统优势，突出陇东黑山羊、环县滩羊、湖羊等优势特色品种，实行整村整乡整县推进肉羊产业，集中连片打造一批养羊专业乡镇、专业村，推动肉羊

数智羊场

养殖向优势生产区域集聚，全市建成万只羊场24个、羊产业重点乡镇15个、专业村103个，肉羊饲养量达到551.4万只，初步构建形成了以环县、华池县、庆城县、镇原县为核心的肉羊产业黄金带，特别是环县羊存栏稳定在百万只以上。另一方面，加快建设优质奶源基地，依托庆阳伟赫、合水百跃等龙头企业，采取"公司+合作社（养殖场）+农户"的方式，引进纯繁良种奶山羊建基地，建办羊乳加工企业拓链条，带动全市奶山羊存栏9.69万只，打造形成以合水县、环县为核心的奶羊带。

（三）健全联农带农机制。联农带农机制是提升产业水平、促进农民稳定增收的重要牵引。围绕建立健全"带得久、带得稳、带得实"的联农带农机制，庆阳探索形成了"农户分散繁育、合作社集中育肥、龙头企业统一屠宰销售"的肉羊产业发展模式，把农户、合作社和龙头企业三方共同嵌在产业链上。首先，带动农户壮大产业规模，坚持走"小群体大规模"路子，推行农户"1只种公羊+30只基础母羊"起步的自繁自养、滚动发展壮大模式，实现千家万户"发羊财""兴羊业"，把农户带在产业链上。其次，发挥合作社上联企业、下联农户的组织带动优势，为农户提供技术指导、订单收购、信息共享、集中育肥等服务，出栏"同批同质同价"育肥羊，为龙头企业集中交售屠宰育成羊，引领带动肉羊产业发展。再次，依托龙头企业人才、资金、市场、信息的优势，支持企业建办屠宰加工厂，推动农产品向精深加工下游产业延伸，全市建成肉羊屠宰加工企业3家、年屠宰加工能力175万只，建成羊乳制品加工厂4家、年羊乳加工能力30万吨。最后，面对肉羊价格持续下行压力，市级制定出台肉羊产业"拓市场、降成本、稳价格"等十条措施，县区结合实际制定出台"稳栏扩群增养""断奶羔羊和育肥羊双保护价收购""屠宰补助"等产业奖补政策，通过政策性微调控，保农户稳定养殖，保企业稳定生产，保产业稳定发展。

三、突出稳产保供，提升生猪产业发展水平

围绕建设陇东南生猪产业优势区，庆阳市落实生猪稳产保供政策，突出标准化规模养殖基地建设，推进龙头带动、新型经营主体培育和产销衔接，持续提升生猪产业规模化程度和产业集中度，为保障全省猪肉产品供应发挥了积极作用。

（一）保障种源有效供给。庆阳市充分发挥正大集团、东方希望等大型龙头企业种猪生产优势，从国外引进曾祖代原种猪，建设祖代、父母代种猪繁育场，打造高产核心母猪群，增强生猪育种创新能力，提高种源自给率，生猪良种化率达到93%。依托国家生猪良种补贴项目等渠道，完善标准化种公猪站、猪常温人工授精站（点）建设，有效提升优秀种公猪利用效率。立足仔猪就地繁育、就近供应，大力推广以杜洛克为终端父本，以长白、大约克夏杂交猪为母本的"杜长大"三元杂交生产模式，建成规模化种猪场10个，年提供仔猪25万头以上，有力保障优良品种仔猪供给。这种模式生产的商品肉猪生长发育快、品质优良，符合市场需求，能够有效提高养殖户的经济效益。

（二）发展标准化规模养殖。庆阳市依托正大集团15万头生猪全产业链和东方希望200万头现代化生猪养殖循环产业基地建设项目，建成生猪产业信息化管理平台，对生猪养殖全过程实时监控、指导和调度，实现生产管理的数字化和智能化。推行"全进全出"和"猪—沼—肥—体化"生

2021—2024年生猪饲养情况

2021年：126.0　66.3　59.6
2022年：132.9　68.6　64.3
2023年：138.5　68.1　70.4
2024年：139.7　68.9　70.8

饲养量（万头）　存栏（万头）　出栏（万头）

2021—2024年猪肉产量

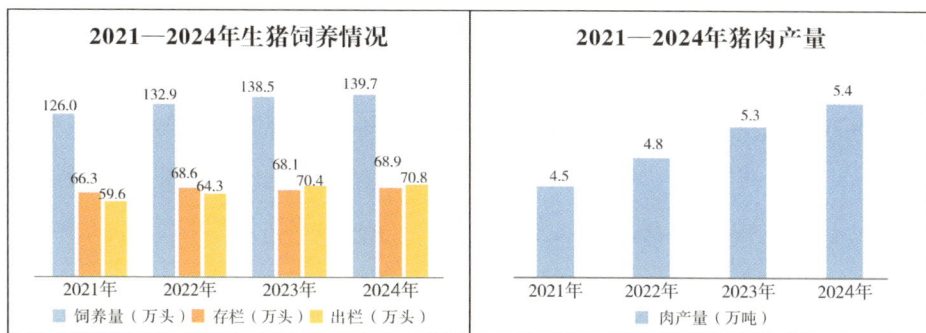

2021年：4.5
2022年：4.8
2023年：5.3
2024年：5.4

肉产量（万吨）

态养殖模式，建成万头育肥场18家，年出栏500头以上规模场295个。这种模式既可提高养殖效率，还能有效解决粪污处理问题，实现资源循环利用和环境保护。坚持"龙头企业引领、合作社组团发展、农户入社多元增收"原则，推动龙头企业与养殖场（户）建立稳定利益共享机制，培育市级以上龙头企业4家。通过引导农户自繁自养，发展养殖大户，稳定养殖规模，存栏50头以上生猪养殖大户达到2500户以上。全市生猪饲养量达到139万头。

（三）促进产业融合发展。 庆阳市优化生猪定点屠宰布局，依托庆阳福润、庆阳正大等屠宰企业建立冷鲜肉品流通和配送体系，建设标准化预冷集配中心、低温分割加工车间，配套冷库、冷藏车等设施设备，生猪产品加工储藏能力和长距离运输能力显著提高，实现了"集中屠宰、品牌经营、冷链运输、冷鲜上市"。利用正大生鲜等知名品牌影响力，布局建设猪肉产品优鲜示范店，推行"中央厨房＋冷链配送＋直营门

生猪数智化养殖场

店"模式，通过线上线下结合促进产加销融合发展，实现从基地到工厂再到餐桌的"一条龙"生产供应服务。抢抓大型生猪产业化龙头企业投资建设的机遇，推行"政府引导打基础、企业参与搞运营"的发展机制，累计投入各类资金超过15亿元，集中打造西峰区省级生猪现代农业产业园。按照区域化、标准化、规模化连片养殖，生产、加工、销售一体化运作模式，推动特色产业项目向园区集聚、经营主体向园区集中，全面提升园区的产业化水平和综合竞争能力，为生猪产业可持续发展注入新动力。

四、突出龙头引领，推动肉鸡产业集群发展

庆阳市以建设西北最大的白羽肉鸡产业基地为目标，引进福建圣农集团，以镇原县为核心区，辐射其他县区，布局实施1.2亿只白羽肉鸡全产业链项目，推动肉鸡产业集群化发展。

（一）推动企业扩产提能。2018年，镇原县引进亚洲第一的白羽肉鸡企业福建圣农集团，成立甘肃圣越农牧发展有限公司，规划投资60亿元建设1.2亿只白羽肉鸡全产业链项目，制定"三步走"战略：第一步，产能恢复阶段（2018—2020年），对原有19个肉鸡场、3个种鸡场、1个孵化场、1个加工厂、1个饲料厂、1个有机肥厂进行升级改造，启动种鸡场、肉鸡场建设，全面恢复3000万只产能。第二步，产能扩张阶段（2021—2022年），建成种鸡场14个、肉鸡场42个，新建孵化场、饲料厂、加工厂、有机肥厂各1个，新增产能9000万，产能达到1.2亿只。第三步，并购上市阶段（2023—2025年），全面释放产能，带动效益倍增，启动"1.2亿+"产能扩建，推动熟食加工厂建设，拓展营销渠道，同步开展企业并购上市。1.2亿只白羽肉鸡产业全面达产运营后，引领带动效应明显，可带动10万个劳动力从事种植养殖、餐饮住宿、交通运输、建筑房产等关联产业，带动冷链物流、宣传包装、电子商务等关联企业入驻产业园集群发展，配套熟食厂建成后，年可实现利润11亿元、创税3亿元。

（二）打造百亿产业集群。以实施特色农产品及食品加工产业链链长

2021—2024年肉鸡饲养情况

年份	饲养量（万羽）	存栏（万羽）	出栏（万羽）
2021年	3562.3	812.3	2750.0
2022年	3771.2	855.8	2915.4
2023年	6223.2	1184.9	5038.2
2024年	8703.0	1109.5	7593.6

2021—2024年鸡肉产量

年份	肉产量（万吨）
2021年	3.5
2022年	3.8
2023年	6.6
2024年	9.9

制为抓手，坚持全链条开发、上下游协同，前中后三端并重、产加销齐抓，倾力打造百亿级肉鸡产业集群。产业链前端，突出建基地扩规模。依托圣越1.2亿只白羽肉鸡全产业链项目，实行"整体规划、统一标准、集中建设"，打造规模化、绿色化、标准化现代肉鸡生产基地，年可饲养父母代种鸡122万套、肉鸡1.2亿只。产业链中端，突出精深加工提效益。一方面扩大多样化初加工，建成肉鸡屠宰加工厂2个，年屠宰能力1.2亿只。另一方面推动精准化深加工，建设年产3.6万吨肉鸡熟食加工厂，实现50%的鸡肉转化为熟食。同时拓展高端化综合利用加工，建设有机肥厂、羽肠粉厂，充分利用鸡粪、羽毛、鸡肠等副产物，生产有机肥和肉骨粉等高蛋白饲料。产业链后端，突出销售物流，促进一二三产融合发展。建成仓储配送中心1处，开展低温贮藏和冷链运输，发展"圣越肉鸡"品牌，与餐饮巨头和大型商超建立战略合作伙伴关系，产品远销海内外。通过集群化打造，形成了"产业集群、龙头引领、技

镇原县白羽肉鸡孵化基地

术集成、要素集聚、保障集合"的现代化肉鸡产业体系。

（三）强化跟踪服务保障。圣越农牧发展有限公司肉鸡饲养量占庆阳市肉鸡饲养量的95%以上，因此服务龙头企业发展就是服务肉鸡产业发展。市、县牢固树立"产业第一、企业为大"的理念，将1.2亿只白羽肉鸡全产业链项目列为省、市重点建设项目，由省、市领导包抓推进，全程跟踪服务，保障企业发展。同时，组建工作专班"三零三式"服务[1]，全程跟踪办理各种手续，及时协调解决各类问题，保障项目建设顺利实施和企业正常生产经营。先后投入"七通一平"配套资金2.6亿元，帮助企业协调稳定用工6000多人，抽调官方兽医30名，开展驻场检疫。庆阳市委、市政府全面落实产业奖补等优惠政策，兑现奖补资金400万元。市直相关部门，积极落实用电、用水、环评、贴息贷款等配套政策，协调供地5196亩、银行贷款18.32亿元，落实减税降费2874.18万元，争取支持肉鸡产业项目资金1900万元。通过强化服务保障，农业农村部批准镇原县创建玉米-肉鸡国家现代农业产业园，认定圣越农牧发展有限公司为国家级农业产业化重点龙头企业。

五、突出草畜配套，保障饲草本土化供应

饲草是现代畜牧业发展的物质基础和重要支撑。庆阳市按照草畜一体化发展思路，坚持多元主体培育，调优粮饲结构，全面推行市场机械化作业，提高牧草收割效率，实行"按质论价、优草优价"，健全饲草收储网络体系，优化草业市场机制，努力保障牛羊饲草料本土化供应。

（一）打造优质牧草片带。扩大以紫花苜蓿为主的多年生牧草和甜高粱、燕麦、饲用玉米等一年生牧草种植面积，逐步把粮经二元结构调整为粮经饲三元结构。形成以环县、镇原县、庆城县、华池县为主的紫花苜蓿种植带，种植面积100万亩。以环县、镇原县为主的燕麦、甜高粱等一年

---

[1] "三零三式"服务：是指提供办事零障碍、服务零距离、企业零跑路，贴心式、帮办式、保姆式服务。

生牧草种植带，种植面积50万亩。以环县、华池县、庆城县、镇原县、宁县等牛羊养殖重点县为主的青贮玉米种植带，种植面积50万亩。积极开展秋后复种，提高土地利用率，复种甜高粱、燕麦、禾草等饲草10万亩。2024年，人工种草面积达到521万亩，其中：多年生苜蓿留存面积349万亩，甜高粱、燕麦、饲用玉米等一年生牧草172万亩。年产青干草100万吨，青贮草331万吨，可以有效解决牛羊产业发展饲草需求。

（二）**开展收储加工利用**。支持规模养殖场、小区、养殖专业村建设永久性青贮窖池、堆贮场、储草棚等基础设施。实行草产业机械购置定额补贴，农机补贴、财政二次补贴共补贴70%，企业、合作社或个人承担30%。大型机械由龙头企业采购，以租赁形式交由乡镇政府管理，由乡镇与龙头企业签订租赁合同，成立收割服务队或农机合作社，收割集中连片商品草。小型机械由企业、乡镇合作社或个人自行购置，解决小地块收割问题。推广"青贮银行"、青贮合作社、自贮、代贮等收贮模式，加大玉米全株青贮、秸秆黄贮和揉丝微贮技术推广。通过农机社会化服务，形成种植、收割、翻晒、打捆、运输、收贮一条龙全程机械化作业模式。

（三）**推广全混合配方日粮**。加强与兰州大学、甘肃农业大学、甘肃省农科院、中科院畜牧兽研所等科研院所对接，根据饲草品种分布，测定饲草营养成分，区分牛、羊不同生产阶段营养要求，研发推广全混合日粮配方技术。同时配套推广"分圈养""分灶吃"养殖模式，引导养殖场户由传统粗放圈养向科学精准饲养转变。建立26个全日粮加工点，向养殖场户代发饲料物化补贴，生产配送全混合日粮8万吨以上。

第三节　做优菌业循环纽带

食用菌是一项集高效、循环、低碳、环保为一体的有较高科技含量的优势特色产业。庆阳市坚持把食用菌产业作为构建"三元双向"循环农业

格局的关键纽带，突出扩基地、育龙头、延链条、促循环、建机制等关键
环节，全力推动食用菌产业发展。

一、因势利导优化区域布局

庆阳是食用菌产业适宜发展区域，从20世纪80年代开始群众就有自发
养菌的传统。2021年以来，庆阳市围绕构建"三元双向"循环农业发展格
局，以市场化为导向，以龙头企业为引领，大力推动食用菌产业发展。通
过举办节会、邀请专家讲座、外出考察等多种形式，持续优化食用菌产业
区域布局和品种结构，先后优选香菇、木耳、平菇为主栽品种，双孢菇、
羊肚菌等为补充品种。香菇、木耳、平菇三大品类产量占比达到92.7%，其
他菌类占比7.3%。通过三年的发展，目前初步形成以西峰区、华池县、庆
城县、合水县主产木耳、香菇等木腐菌，宁县主产双孢菇，镇原县、正宁
县主产平菇等草腐菌的区域布局。这一布局不仅充分利用各县区自然资源
优势，还促进产业集约化和专业化发展，增强了产品市场竞争力。

二、壮大主体强化带动能力

龙头企业、合作社、专业大户是食用菌产业发展的中坚力量。庆阳市
通过招引龙头企业，带动本地合作组织和生产户发展不断壮大，支持产业
形成立体式多元化发展模式。在龙头企业引培上，采取"走出去、请进
来"的办法，围绕菌种选育、菌棒生产、规模化种植、精深加工、保鲜储
藏、冷链运输、菌渣利用等环节，积极对接国内食用菌龙头企业，大力开
展宣传推介和招商引资，引领带动食用菌产业高质量发展。先后赴福建、
广东、天津、北京、江苏、湖北、陕西等省市开展上门招商，邀请国内知
名企业赴庆考察交流，共商合作大计。累计签约食用菌产业合作项目40
个，签约金额38.5亿元，引培食用菌生产加工企业29个。在菌业合作社壮
大上，采取党支部引领、能人领办、大学生联办等方式，有效整合农户资
源、提升生产技术、增强市场竞争力，累计培育食用菌合作社35个。在生
产大户培育上。坚持龙头引领、合作社组织，带动一般农户发展食用菌产

业。累计建成家庭农场11个，发展普通食用菌农户500多个，专业户经营规模不断壮大，经济效益非常显著。

三、全链开发扩大产业规模

食用菌产业是助农增收的朝阳产业，庆阳市从食用菌产业起步发展阶段，就树立工业化思维、推行全产业链开发，通过落实招商引资、项目扶持、资金奖补、贷款贴息等有效措施，支持经营主体建基地、扩规模、延链条，推动食用菌产业快速发展。在产业链前端，突出农业废弃物收储、基料加工和菌棒生产，布局建设农作物秸秆、果木枝条、收储加工体系，建成菌棒加工经营主体15家，年生产菌棒2亿棒以上，其中包括9条自动化生产线和6条合作社小作坊生产线，有效保障菌棒供应。在产业链中端，突出基地建设、菌种培养和养菌出菇，累计建成食用菌标准化生产基地42个、设施大棚

合水县食用菌实验基地

4167个，覆盖面积达4622亩，推动食用菌产业迅速成势。在产业链后端，突出包装储运、精深加工、冷链物流、品牌营销、有机肥生产和饲料加工等环节，实现食用菌产业延链增效。同时支持企业在食用菌基地配套建设贮藏库，配置相应的预冷设施和冷链物流配送车辆，保障食用菌产品储运质量。2024年，食用菌产量达到4.06万吨，总产值达到9.2亿元。通过全链条开发和政策支持，食用菌产业不仅在规模上实现快速扩张，还在经济效益和社会效益上取得显著提升。

四、完善体系畅通循环利用

食用菌产业是"三元双向"循环农业的纽带。健全农业废弃资源循环

利用体系，推进农业废弃资源高效利用，是形成闭合循环的关键环节。为此，庆阳市加快构建农业废弃物回收利用体系，按照"县有回收企业、乡镇有回收站、村有回收点"要求，建办农业废弃物回收利用公司13个，培育饲草料生产加工企业29个、合作社86个，建成有机肥加工企业18个、菌棒生产主体15个。通过肥料化、饲料化、基料化、燃料化等多种方式，实现农业废弃物高效利用，资源化利用率总体达到85%以上。积极配套社会化服务组织，围绕农作物秸秆和果木废弃枝条收集、菌棒生产、养菌出菇、市场销售、冷链物流、菌渣处理等食用菌生产关键环节，在规模化食用菌生产基地核心区域，建立菌渣回收处理加工中心，采取以旧换新、补贴扶持等方式，构建企业愿意收、农户愿意交的循环利用畅通长效机制。打造农业废弃物资源化利用典型案例，在西峰区后官寨镇建成生物质颗粒燃料加工生产线，在宁县焦村镇建成源之生畜禽粪污区域处理中心，在庆城县高楼镇建成菌糠菌渣生产有机肥生产线。这些项目不仅实现菌糠菌渣高效转化和资源化利用，还为当地农民提供新的增收途径，促进了农村经济发展。

五、健全机制带动农民增收

食用菌产业的持续健康发展，关键在于建立科学合理的利益联结机制，激发农户内生发展动力，实现提质增量与带农增收并重。创新联农带农的有效机制，按照"龙头企业管两端、中间生产交给群众干"思路，积极探索"龙头企业+基地+农户""龙头企业+合作社+基地+农户"合作经营模式，实行订单种植、保护价收购等方式，引导农户通过资金入股、土地流转或进厂务工等方式参与食用菌产业发展。大力推广"借棒还菇""企业统一建棚，农户返租经营"等经营方式，推动食用菌产业发展逐步向千家万户延伸，既迅速扩大食用菌产业规模，又保障经营主体利益，还带动广大菌农增收，实现三方共赢。西峰区司官寨村采取企业管前端、群众管中端、集体管末端的"三端三管"模式，带动6个村民小组210户群众

养菌增收。华池县采取"龙头企业+基地+合作社+农户"模式，通过土地流转、资金入股、劳务协作、保底分红等方式，带动农户分享更多产业收益。合水县、庆城县、正宁县、镇原县、环县采取借棒还菇、订单生产、保底收购等方式，带动农户发展食用菌产业。同时菌棒加工、鲜菇采摘、物流搬运等环节还提供了较多的就业岗位，吸纳附近农户人均年务工收入1.5万元以上。

（本章撰写人员：庆阳市农业信息中心王心汗，庆阳市畜牧水产技术推广中心杨焕祥，庆阳市农业生态环境保护站王茜，庆阳市农业技术推广中心王彪、李艳。）

第二章　政策项目科技一体支撑

发展"三元双向"循环农业,政策是方向引领,项目是落地载体,科技是核心驱动,关键在于要素集成、保障集合、服务集势。近年来,庆阳市坚持把政策优先向循环农业倾斜、项目优先向循环农业聚焦、科技优先向循环农业配置,以真金白银支撑农业转型、推动绿色发展走深走实。

第一节　构建健全完善的农业政策体系

农业发展的质量和效益不仅关系到农民群众的"米袋子""菜篮子""果盘子",也关系到千家万户的"钱袋子"。在具体工作实践中,庆阳市围绕创新推广"三元双向"循环农业发展模式,在契合国家宏观政策导向的前提下,完善产业配套政策,加大资金扶持力度,强化要素保障服务,形成了体系健全、功能完善的现代农业政策体系。

一、宏观政策的演进与发展

随着国家经济社会的发展,经济增长与生态环保之间的矛盾不断加深,带动农业发展理念由单纯追求产量增长向注重质量提升,再到强调生态环保和绿色循环发展的加快转变。党的十八届五中全会首次提出绿色发展理念,要求将绿色转化为经济,并贯穿于农业发展的始终。党的十九大将生态文明建设和绿色发展提升到了前所未有的战略高度,明确提出构建绿色循环经济体系,推动经济高质量发展。甘肃省抢抓政策机遇,从2018年启动实施循环农业产业发展专项行动,提出加大循环农业项目的资金投入,支持农村三产融合发展、田园综合体建设和农产品冷链物流建设等支撑政策,推动

循环农业快速发展。到2021年,甘肃省发展成为全国绿色种养循环农业试点省份之一,迎来了新的发展机遇,进入了绿色循环农业发展的新阶段。

在全国、全省大力发展绿色循环农业的大背景下,庆阳市不甘人后、主动创新,积极探索发展符合市情农情实际且富有地域特色的"三元双向"循环农业。从2022年起,庆阳市委连续3年一号文件对发展"三元双向"循环农业作出安排部署,配套出台一系列扶持政策,强调树立绿色发展理念,推进种植业绿色化、养殖业集群化、菌业工厂化及农业废弃物资源利用高效化,构建种养菌双向循环互促的现代生态低碳农业发展体系,并大力推进模式创新和实践应用。2023年11月,庆阳"三元双向"循环农业发展模式成功入选第二批全国农业绿色发展典型案例、中国改革2023年度地方全面深化改革典型案例,整市获批创建国家农业绿色发展先行区。2024年1月随即印发《庆阳市创建国家农业绿色发展先行区实施方案》,提出把构建"三元双向"循环农业体系作为先行区创建的特色和核心,并以此为总揽升级拓展集区域大循环、产业中循环、农户微循环为一体的黄土旱塬绿色农业发展新路径,力争到2035年全面建成资源节约、环境友好、生态保育的现代循环农业系统,让绿色成为庆阳农业的鲜明底色。

二、产业政策的配套与助力

庆阳市突出"全市一盘棋、一县一特色"产业布局,研究制定"牛羊猪鸡、果菜菌药"主导产业发展规划及实施方案,持续加大政策扶持力度和措施保障强度,加快构建以种植业为基础、养殖业为牵引、菌业为纽带的"三元双向"循环农业发展格局,全力推动农业优势特色产业提质增效、转型升级。

(一)种植业政策。在稳定粮食生产、确保粮食安全的基础上,围绕苹果、瓜菜、中药材等种植产业,强化政策引导,夯实农业发展基础。

粮食生产方面,每年出台《庆阳市稳定粮食生产行动方案》,从供种保障、科技支撑、农田建设、撂荒地整治、机械耕作、防灾减灾、延链加工等各个方面,提出一揽子支持粮食生产的政策措施,全力稳面积、保总产。同时,结合旱作雨养农业实际,配套制定《庆阳市粮油等主要作物大面积单产提升行动实施方案(2023—2030年)》《庆阳市小麦绿色化玉米循环化和马铃薯产业化发展实施方案》《庆阳市百万亩复种增粮增效工程实施方案》,深入实施粮油作物大面积单产提升行动,大力推广多元化复种套种模式,不断提单产、增效益,实现地方抓粮担责尽义、农民种粮挣钱得利。

苹果产业方面,先后实施百万亩优质苹果基地改造提升工程、苹果产业提质增效行动,大力支持老旧果园改造,积极推广瑞阳、瑞雪等新优品种,健全完善苹果标准化生产体系。加力实施苹果品牌培育"聚合力、云上行、走一线、大拓展、庆阳行、大晋级、大提升、大培育"八大行动,多渠道、多维度、全方位提升"庆阳苹果"的品牌知名度、影响力和市场占有率,带动苹果产业提档升级。

蔬菜产业方面,坚持把设施蔬菜作为庆阳农业经济新的增长点,先后制定《庆阳市蔬菜产业发展规划》《庆阳市设施蔬菜产业发展推进工作方案》《庆阳市蔬菜产业提质增效方案》,从基地建设、设施大棚建设改造、种苗繁育、保鲜库建设、智能控制设备配套、产销对接等多个环节给予项目支持和资金扶持,引导社会资本有序投入,稳步扩大设施蔬菜、高原夏菜、特色蔬菜的产业规模,着力打造陕甘宁毗邻地区区域性中心城市的重要蔬菜生产供应基地。

中药材产业方面,出台《庆阳市中药材产业标准化种植指导意见》《庆阳市中药材产业提质增效方案》,重点做优育种育苗、做大种植基地、做强初加工和精深加工、做活购销市场,推进标准化生产、品质提升和品牌培优,推动中药材产业绿色发展,打造具有区域影响力的庆阳中药材知名品牌和陇东道地药源基地。

(二)**养殖业政策**。围绕牛羊产业集群化发展,研究出台《庆阳市肉羊、肉牛、饲草产业发展实施方案》,以万头(只)规模化养殖基地建设为目标,明确标准化养殖场建设、饲草种植、专业乡(村)打造等方面支持政策,推动肉羊、肉牛产业加快发展。实施养殖业牵引带动战略,制定印发《以养殖业为牵引带动农业产业结构优化升级实施方案》《牛羊猪鸡产业提质增效方

案》,以发展标准化规模养殖和畜产品精深加工为方向,大力发展节地高效型设施畜牧养殖,加快提升畜牧养殖集约化水平。

（三）**菌业政策**。为发展壮大食用菌产业,出台《庆阳市食用菌产业发展实施方案》,以引进培育菌业经营主体、建设产业试验点、创建绿色标准化生产基地为主要内容,分类明确产业扶持政策及发展步骤。立足破解产业发展瓶颈制约,先后出台《庆阳市食用菌产业推进措施》《庆阳市食用菌产业提质增效方案》,从良种繁育、标准化生产基地建设、新型经营主体培育、市场营销、品牌培育、科技服务等关键环节,明确支持政策举措,加快推进食用菌产业扩规拓面、升级发展。

三、政策资金的倾斜与扶持

产业发展离不开政策扶持,政策落地更需要资金的有力保障。庆阳市坚持把加大资金投入作为发展"三元双向"循环农业的"源头活水",统筹利用财政投入、金融信贷、农业保险等组合手段,有效破解产业发展资金瓶颈和经营主体融资难题。

（一）**财政投入方面**。用活用好财政衔接推进乡村振兴补助资金、涉农整合资金、土地增减挂钩资金、地方政府债券资金、土地出让收益等现有财政资金,年度到县的财政衔接推进乡村振兴资金60%以上用于支持乡村产业发展。在各级政府财政吃紧的情况下,市级财政每年安排2.02亿元专项资金,加大对特色产业的支持力度,各县区也出台并落实相应配套政策。逐年提高土地出让收入用于农业农村比例,重点强化土地出让收入与预算支农投入统筹使用,50%以上土地出让收益用于农业农村领域。落实国家农产品加工企业进项税额抵扣、农产品初加工企业所得税优惠、符合条件的加工设备进口环节增值税抵扣等政策。

（二）**金融信贷方面**。严格落实中国银保监会等部门《关于深入扎实做好过渡期脱贫人口小额信贷工作的通知》(银保监发〔2021〕6号)精神,在5年过渡期内,对建档立卡脱贫人口按需发放5万元以下的财政全额贴息贷款,用于支持发展"三元双向"循环农业。持续加强与银行等金融机构合作,支持金融机构开发"惠农e贷""极速贷"等金融产品。研究出台《庆阳市财政扶持农业产业发展贷款贴息办法》,市、县区财政每年安排不少于1亿元的农业产业发展资金,以贷款贴息形式,采取"应贷应贴""即贷即贴"方式,支持新型农业经营主体发展特色产业,加快破解新型农业经营主体"融资难"的问题。全面落实农业保险政策,支持保险机构开发推广新型保险产品,优化定损理赔程序,充分发挥农业保险兜底保障作用。

(三)奖补扶持方面。坚持因地制宜、因县施策,通过统筹整合涉农资金、有效衔接资金、东西部协作资金、一般性地方债券和各类帮扶资金,制定出台一系列奖补政策,各县区也根据主导产业实际出台配套政策,牵引带动农产品精深加工、转化增值,推动特色产业延链增效。

专栏　　　庆阳农业优势特色产业奖补政策	
西峰区	**养殖业** 对新建生猪规模化养殖场(户),建筑面积在1441~2880平方米,存栏规模在1651~3300头之间的,在配套水、电、路设施外,每平方米奖补150元。建筑面积在2881平方米以上,存栏规模在3300头以上的,在配套水、电、路设施外,每平方米奖补170元。 **瓜菜产业** 对从事大棚蔬菜及甜瓜种植的,给予一次性奖补。合作社、家庭农场和农户每棚奖补1000元,脱贫户及监测户每棚奖补2000元,新建设施大棚且正常生产经营的,农户每棚奖补1万元,脱贫户及监测户每棚奖补1.2万元。企业、合作社及农户在西峰区肖金蔬菜育苗基地购买辣椒、番茄、黄瓜种苗,且在区内栽植的平畦种苗每株奖补0.1元、穴盘种苗每株奖补0.25元。 **苹果产业** 栽植树龄10年以上,面积5亩以上,亩产不足1000斤的低效果园。通过高接换优、嫁接等方式进行改造的,每亩奖补2000元。间伐改造,每亩奖补3000元。全园换优,每亩奖补4000元。重茬栽植每亩奖补5000元。 **食用菌产业** 新建黑木耳、香菇设施大棚且正常生产经营的,给予一次性奖补。农户每棚奖补3.5万元,脱贫户及监测户每棚奖补5万元。
庆城县	**肉牛产业** 每户新增能繁母牛5头及以上,每新增能繁母牛1头,按照3000元给予奖补。新建屠宰能力达到1万头以上的屠宰场,总投资达到2000万元以上,按投资额的10%给予奖补,最高不超过200万元。 **肉羊产业** 新增奥白基础母羊1只补助600元、种公羊1只补助1000元。依托庆城县越冬饲草料储备补助项目,对肉羊存栏量较大的经营主体调运储备越冬饲草料,每吨补助180元。

庆城县	**苹果产业** 苹果基地巩固提升，每亩补助1000元。采取"隔株间伐""隔行间伐+高接换优"或全园嫁接等方式改造果园的，每亩补助300元。
	瓜菜菌产业 订单辣椒种植户按照每亩种苗300元、地膜100元标准进行奖补。种植白瓜子1亩以上的农户、10亩以上合作社每亩补助100元。种植户种植的香菇、木耳、平菇每个菌棒补助1元。

宁县	**蔬菜产业** 露地蔬菜产业规模达到2亩以上，按400元/亩的标准进行奖补。大棚蔬菜产业规模达到2座以上（每座0.5亩以上），按5000元/座的标准进行奖补。
	中药材产业 种植柴胡、黄芩、丹参、黄芪、党参、牛籽、香紫、大黄、甘草等中药材产业，规模达到6亩以上，按800元/亩的标准进行奖补。
	林果产业 在山沟地发展的林果产业，产业规模达到2亩以上，按照1000元/每亩进行奖补。
	养殖业 能繁母猪达到2头以上（含2头），按1000元/头标准进行奖补，育肥猪达到5头以上（含5头），按500元/头标准进行奖补。牛（基础母牛）产业规模达到2头以上（含2头），按5000元/头标准进行奖补。肉羊（母羊、奶山羊）产业规模达到5只以上（含5只），按800元/只标准进行奖补。新建养殖圈舍15平方米（含15平方米）以上的，按3000元/座标准进行奖补。

镇原县	**肉牛产业** 对养殖5头以上规模户新建的标准牛棚，每平方米补贴资金100元。对每头产犊母牛奖补1000元。养殖场（户）将达到屠宰标准的育成牛交售给县内屠宰企业屠宰加工的，每头牛给予养殖场（户）奖补1000元、屠宰企业奖补200元。新建3000头以上规模肉牛养殖专业村，一次性奖补乡镇100万元。
	肉羊产业 对基础母羊存栏30只以上的养羊场（户）新建的标准化养殖棚舍，棚圈面积达到50平方米以上，每只羊饲养面积达到1.5平方米以上，验收合格后每平方米奖补100元。
	生猪产业 对新建、改扩建存栏生猪200头或年出栏500头以上生猪规模养殖场，每个奖补7万元。对新建猪棚100平方米以上，存栏生猪50头以上的，每平方米猪棚奖补100元。
	饲草产业 对全县牛羊养殖场（户）收贮的全株青贮和优质干苜蓿予以每吨补助50元，对专业饲草收贮经营主体收贮的全株青贮和优质干苜蓿予以每吨补助30元。
	瓜菜产业 订单辣椒种植，每亩补助种苗300元、叶面肥25元、地膜7千克。集中连片新建日光温室且达到建设标准的新建项目，每标准棚按照总造价超过13.5万元给予每平方米100元的资金扶持，总造价低于13.5万元的给予总造价40%的资金扶持。
	食用菌产业 种植食用菌的经营主体，每个菌棒补助1元，连片栽培5亩及以上羊肚菌、双孢菇的每亩补助1000元，单个经营主体最高不超过10万元。
	苹果产业 对增施有机肥，改良土壤结构，提升果园肥力的果园，重点补助有机肥，按照500元/亩的标准予以奖补。对全园高接换优的果园，重点补助接穗、人工费和产量损失，按照4000元/亩的标准予以奖补。
	中药材产业 对农户新种植面积1～10亩的每亩补助300元，11～20亩的每亩补助400元，20亩以上的每亩补助500元。

环县

　　肉羊产业 脱贫户、专业村一般农户调引湖羊怀孕母羊、条子羊分别给予1050元/只、800元/只扶持。养羊专业户购买饲草料收贮加工机械,按照购买价格70%予以扶持。对提标扩群达标的典型富裕户、乡村振兴示范户、乙类家庭农场、甲类家庭农场分别给予2万元、3万元、5万元、10万元的物化扶持。合作社和养殖大户每培育达标1户养羊致富能手,奖励1000元。鼓励开展二元杂交,从县内有资质的企社调引杂交一代公羊的,给予每只1500元的扶持。

　　中药材产业 对黄芪、黄芩、柴胡等优势药材种苗繁育基地,按1000元/亩标准落实补助。对栽植中药材的龙头企业、合作社、家庭农场、种植户等经营主体,当年新建中药材标准化示范基地面积达到200亩,一次性奖励1万元。

　　小杂粮产业 对小杂粮生产龙头企业、合作社等经营主体当年示范推广的绿色种植基地,面积达到500亩,一次性奖励2万元。

　　食用菌产业 重点补助食用菌生产企业、合作社、家庭农场和种植大户当年投入生产的菌棒,按照先建设、再验收、后补助的方式和1元/棒的补助标准落实兑付补助资金。

　　苹果产业 高接换优补助,按照2000元/亩的标准进行补助。科技示范点建设补助,建设成本8000元/亩,按照农场自筹6500元/亩、政府1500元/亩补助。

　　瓜菜产业 对当年引进的辣椒新品种试验示范种植,按签订订单种植面积,落实400元/亩种苗补助。

华池县

　　小杂粮产业 鼓励合作社等经营主体引进种植新优粮食作物品种,集中连片种植面积达到500亩以上、带动周边农户20户以上的,种植大户集中连片种植面积达到100亩以上、带动周边农户10户以上的,根据不同品种每亩奖补100~300元。

　　中药材产业 合作社等经营主体采取保价收购、产品代销等方式,发展绿色标准化示范基地,种植面积达到1000亩以上,带动周边农户50户以上的,每亩奖补600元。

　　食用菌产业 经营主体带动农户50户以上的,菌棒奖补香菇1.2元/棒,黑木耳0.8元/棒。

　　蔬菜产业 经营主体发展高原夏菜(露地蔬菜)种植面积1000亩以上,带动周边农户50户以上的,每亩奖补1000元。

　　养殖业龙头企业 采取订单种养、托养托管、保护价收购、按股分红、吸纳就业、技术服务指导等方式,带动农户200户以上的,基础设施建设和畜牧养殖机械购置按不高于总投资的30%给予补助。

　　产业链建设 采取土地流转、订单收购、吸纳就业等方式,带动农户达到50户以上的经营主体,新建具有华池特色产业链延伸的生产线,按不高于总投资的30%给予奖补。

合水县

奶羊产业 新(扩)建养殖场(户)提供调引羊只的检疫合格证明、购羊合同等证明材料,经乡村初验、由相关部门联合验收合格,乡村落地监管后,对一般户引进羊只每只补助1000元,对"三类户"引进羊只每只补助1500元。

苹果产业 重茬地建矮化密植园的农户,按4500元/亩标准进行补助,以瑞雪品种建园的按5000元/亩补助。全园嫁接换优果园,重点补助接穗、人工费和产量损失,乔化园按3000元/亩标准进行奖补、矮化园按3500元/亩标准进行奖补,乔化园嫁接瑞雪按3500元/亩标准进行奖补、矮化园嫁接瑞雪按4000元/亩标准进行奖补。

食用菌产业 对企业、合作社、家庭农场、种植大户新建的标准食用菌大棚,每座补助2万元。对新引培的企业、合作社、种植大户,每个香菇菌棒补助1.5元,其他菌棒每个补助1元,羊肚菌、姬松茸等地栽食用菌每亩补助2000元。

瓜菜产业 对于种植设施或露地白黄瓜的农户,经验收后每座(每亩)补助300元。蔬菜专业村和重点村集中连片种植高原夏菜100亩以上的,经实地验收确认后,每亩补助有机肥200千克。

肉牛产业 2022—2023年合作社、家庭农场、养殖场(户)通过自行融资的方式,在县外自购安格斯和三代以上西门塔尔良种肉牛,经实地验收后,按1000元/头的标准落实补助资金。

牧草产业 2024年草业公司种植100亩以上、养殖合作社(场)种植50亩以上、养殖户种植10亩以上紫花苜蓿,每亩补助200元。

正宁县

苹果产业 经营主体种植苹果园100亩以上,并与当地农户通过务工就业、果园托管等方式建立联农带农机制,对其果园高接换优、防雹网建设、滴渗管铺设按当年市场价格的30%给予奖补。

肉牛产业 支持经营主体带动社员发展肉牛养殖产业,按照每产一头牛犊给社员奖补2000元标准给予奖补。

中药材产业 合作社等经营主体通过订单种植、保价收购、土地入股等方式建立联农带农机制,发展绿色标准化种植示范基地,种植面积1000亩以上,带动当地农户50户以上,按每亩200元标准给予奖补。

食用菌产业 采取"公司+合作社+基地+农户"和订单生产、产品代销等方式建立联农带农机制,带农户发展食用菌产业30户以上的,菌棒奖补香菇等1元/棒,黑木耳0.5元/棒。

四、保障要素的整合与优化

庆阳市统筹土地、水利、道路等生产要素，通过资源的高效优化配置，持续推动"三元双向"循环农业稳步发展。

（一）**用地保障方面**。在符合国土空间规划的前提下，将通过村庄整治和闲置宅基地复垦新增的农村集体建设用地优先用于农产品加工物流园建设。新编县乡级国土空间规划安排不少于10%的建设用地指标，重点保障乡村产业发展。县域内新增建设用地指标优先用于龙头企业等新型农业经营主体开展仓储保鲜、农产品加工、休闲农业等配套设施建设。龙头企业所用生产设施、附属设施用地，符合国家和省有关设施农用地规定的，按农用地管理。

（二）**水利供给方面**。在不突破地区用水总量控制指标的前提下，优先安排优势特色产业规模化标准化生产基地、规模化畜禽养殖场及现代农业产业园、加工物流园的用水指标。实施"百库千池"水利工程，充分利用市域水库、调蓄水池、高标准农田项目大口窖等配套建设灌溉渠系，有效补充农业灌溉水源。实施百万亩高标准农田节水补充灌溉工程，依托"一纵三横、百库千池"水网建设体系，建成一批"设施完善、节水高效、管理科学、生态良好"的现代化灌区，设施农业用水保障能力逐年提高，高效节水农业加快发展。

（三）**用电保障方面**。对龙头企业在农村建设的保鲜仓储设施用电、农产品初加工用电实行农业生产用电价格政策。纳入特色农户及食品加工产业链的链主骨干企业，全电量纳入直购电交易给予支持，通过市场化交易降低企业用电成本。全面执行新的目录销售电价表，切实保障农业供电安全。加大农网投资力度，全覆盖提升农网技术标准和装备水平，全方位服务保障乡村建设、产业发展、乡村旅游、农民消费升级等用电需求。

第二节　实施支撑有力的农业重大项目

庆阳市抢抓国家惠农强农政策机遇，紧扣支持发展绿色产业和循环农业投资导向，主动加强项目谋划储备，积极争取实施一批农业绿色发展重大项目，不断扩大绿色标准化种养基地规模，延伸产业链条，促进废弃物循环利用，有效增强"三元双向"循环农业发展后劲。

一、农业项目的谋划储备和争取实施

庆阳市始终把项目建设作为加快农业农村发展的"主引擎"，深入学习领会国家最新发展战略和一揽子增量政策内容，前瞻把准着力重点和发力方向，对标把好农业重大项目的谋划、储备、争取、实施"四个关口"，抓实做好汇报衔接、跟进对接、签约落地、投产上马等各环节工作，项目建设的质量和效益逐年攀升。

（一）**精准对接中省投资导向。**紧盯国家政策和中央、省级财政支持的稳产保供、科技创新、设施农业、智慧农业、绿色农业、产业融合、乡村建设、乡村治理等重点领域，坚持"谋划一批、开工一批、建设一批、投产一批"的思路，成立项目工作专班，指导各县区加强农业项目谋划储备，研究制定项目意向建议方案，编制项目可研报告和初设方案，建立健全重点项目储备库，并实施动态管理，定期评估梳理，及时递补新生项目。在提高项目前期工作质量的基础上，持续加大项目衔接争取力度，让更多农业重大项目纳入中省"盘子"，围绕入库项目抓好落地实施，有力支撑农业农村高质量发展。

（二）**用好先行区创建支持政策。**抢抓整市创建国家农业绿色发展先行区的政策机遇，先后谋划储备标准化基地建设、农业废弃物资源化利用、农产品加工物流提升等10大工程40多个重大项目，分年度争取实施粮油单产提升、设施农业奖补、现代寒旱农业发展等扩基地、增规模项

镇原县粪污处理加工有机肥

目，国家现代农业产业园、国家农业产业强镇、特色产业发展及农产品精深加工等延链条、提产值项目，高标准农田建设、乡村建设及"和美乡村"创建、农村人环境整治等夯基础、补短板项目，环县和合水县重点流域农业面源污染治理、宁县西峰区和镇原县畜禽粪污资源化利用整县推进、西峰区和宁县绿色种养生态循环农业等建体系、促循环项目，示范带动庆阳农业发展全面绿色转型。

（三）**大力开展农业招商引资**。坚持把招商引资作为推动"三元双向"循环农业高质高效发展的重要抓手。聚焦种养菌产前、产中、产后全链开发，坚持"引大引强引头部"和"走出去、请进来"相结合，持续健全"一个产业一套班子、一套链条方案、一套扶持政策、一套专家团队、一批链主和骨干企业、一套考核体系"的"六个一"工作机制，建立包括龙头企业目标库和项目储备库、市县招商引资推介册、优惠政策清单和商会清单的"两库两册两清单"，先后谋划储备镇原县马铃薯速冻薯条加工和预制菜产业园、合水县万吨果汁生产加工、宁县中药材精深加工等重点招商引资项目，精准对接招引落地。全市2023—2024年农业和农产品招商引资投资额均在 100 亿元以上，受到省政府的肯定和表彰，为"三元双向"循环农业稳步发展注入强劲动力。

二、农业项目的全周期管理

项目建设能否取得成效，从严监管是重中之重。庆阳市着眼农业重大项目建设的事前、事中、事后三个阶段，持续强化项目运行、资金使用的

全流程监督管理，不断提高项目建设的规范化水平。

（一）事前做好项目计划管理。将产业发展作为支持重点，建立健全巩固拓展脱贫攻坚成果同乡村振兴有效衔接项目库市级联审机制，把项目资金投向领域、禁止入库的"负面清单"和联农带农机制作为审核重点，加强项目入库审查，做实做细项目计划，从源头上提高项目库质量，切实解决"钱等项目"的问题，确保项目安排精准、资金使用规范。严格执行工程建设项目法人责任制、招投标制、监理制、合同制，公开招标流程，接受社会监督。

（二）事中强化项目跟进监管。建立健全农业农村重大项目包抓责任制和"月调度、季通报、半年总结、年终考核"制度，制定重点项目包抓清单，专班推进项目建设，完善项目管理机制。适时开展重点项目检查抽查，及时协调解决项目实施中的困难和问题，确保按期建成投产。围绕强化项目资金管理，制定印发《庆阳市农业农村项目资金管理办法》，明确重大项目管理分工、论证申报、备案批复、实施管理、资金监管、竣工验收、绩效评价等关键环节的实操规程，有效规范项目和资金管理，堵塞主管及监管漏洞，保障项目建设质量。

（三）事后严格项目竣工验收。坚持"谁验收、谁签字、谁负责"的原则，依据国家、省政府有关规定组织开展项目竣工验收，督促项目实施单位、县级农业农村部门做好项目自验和初验。在此基础上，及时组织专家组围绕项目工期、投资决策、财务审查、工程质量等开展市级验收，对验收不合格的项目，书面责成项目实施单位限期整改，整改完成后重新验收，确保农业项目建一个、成一个。

三、农业项目经营风险的防范化解

要保证项目发挥效益，建后管护是重要一环。在农业项目建设中，关键在于持续强化带农经营主体日常监管，扎实推进帮扶项目资产规范管理，推动帮扶产业高质量发展，让各类风险隐患消灭在萌芽状态。

（一）**加强带农入股经营主体监管**。坚持到户产业扶持资金"五挂钩、五不准"原则，即坚持与"一户一策"挂钩，与农民意愿挂钩，与真种真养挂钩，与见钱见物挂钩，与奖勤罚懒挂钩。不准优亲厚友，不准挤占、贪污、挪用，不准虚报冒领，不准层层加码、搭车收费，不准吃拿卡要。严格落实联农带农要求和达标奖补办法，确保扶持资金真正用于产业发展，达到农户有带动、产业有提升的目的。建立健全"市级联县包抓、县区包乡监管、乡镇主责主体"的"一对一"带农主体包抓机制，总结推广环县"退股还羊、社带户养"模式，加快构建"农户分散繁育、合作社保价回收和集中育肥、龙头企业统一屠宰销售"的新型联农带农机制，灵活运用规范提升、资产处置、司法追偿等方式，主动防范化解经营风险。

（二）**分类提升经营性帮扶产业**。对脱贫攻坚以来安排的经营性帮扶产业项目，根据产业发展水平、经营管理状况、项目资产收益、联农带农效果、产业发展前景等进行综合评估，按照"巩固一批、升级一批、盘活一批、调整一批"的要求，分类制定实施方案，有序推进规范处置，促进产业良性发展。全市 2013 年以来的经营性帮扶产业项目中，已巩固完善 2327 个、提升发展 634 个、盘活利用 131 个、调整优化 76 个，有效盘活和调整低效闲置、落后停滞项目，确保经营性项目持续发挥效益。

（三）**规范帮扶项目资产管理**。紧盯"确权、运营、收益、管护、监督"等关键环节，按照"谁管项目、谁用资金、谁负主责"的原则，坚持上下联动、部门协同，建立健全县级帮扶项目资产台账、行业部门分类台账、乡村明细台账，形成产权归属明晰、管护主体职责明确、利益分配机制合理、运行管理规范的帮扶项目资产管理长效机制。充分发挥项目乡镇、受益村组、驻村工作队作用，强化项目日常管护巡查，及时维护工程运营设施。对公益性资产，由相应的产权主体通过开发公益性岗位、购买服务、指派专人等方式进行管护，推动公益性资产持续发挥效益。对经营性资产，由村委会、村集体经济组织等相应的经营主体负责运营管护，科

学编制资产运营方案，推动经营性资产保值增效。对确权到农户或其他经营主体的帮扶资产，由其自主管理和运营，确保建成项目能够正常运行且发挥应有效益。

第三节 加强驱动互促的农业科技创新

农业的根本出路在于农业现代化，现代化的关键在于农业科技创新。庆阳市坚持把加强农业科技创新作为推动农业产业转型升级、促进"三元双向"循环农业闭环发展的有力抓手，聚焦新品种引进选育、新技术推广应用、新装备引进研发，持续放大良种良法配套、农机农艺融合的驱动效应，加快培育农业新质生产力，助推乡村全面振兴。

一、新品种的引进选育

新品种是农业的"芯片"，其质量好坏直接关系到农作物产量的高低，是主要种养业增产减损的重要抓手。庆阳市结合产业发展实际，在种质资源保护的基础上，围绕加强粮油、畜禽、食用菌、苹果等新优品种的引进选育和推广应用，着力优化品种布局，完善良繁体系，进一步夯实发展"三元双向"循环农业的种业支撑。

（一）**种质保护加强**。制定出台《庆阳市种业振兴实施方案》，完成农作物种质资源征集和水产养殖种质资源基本情况普查，推进畜禽遗传资源遗传材料采集、制作及国家基因库保存入库，开展农作物种质资源鉴定，形成农作物、畜禽、水产种质资源状况普查总结报告和种类名录，完成畜禽品种精准鉴定、样品采集、性能测定等工作。推进农作物种质资源圃、畜禽资源保种场建设，建成市级农作物种质资源短期保存库1个、收集农作物种质资源3320份。建立国家级畜禽核心育种场2个、畜禽保种场6个、市级以上种畜禽场50个，为优质农业种质资源的保护、开发奠定了基础。

（二）粮油品种更新。引种方面，全市每年引进粮油作物新品种100个以上，通过新品种观察试验、品比试验、区域试验，筛选出适宜庆阳气候条件和栽培管理水平的抗逆性强、产量高、品质优良的品种。育种方面，依托甘肃省农科院、陇东学院、庆阳市农科院等科研院校，通过常规育种、杂交育种、辐射育种等多种手段选育出适宜庆阳不同区域栽培的高产优质新品种，全市通过审定冬小麦新品种4个（陇鉴115、陇鉴116、陇鉴117、陇育13号）、玉米新品种6个（庆科玉1号、庆科玉9号、庆科糯660、庆科糯6号、庆科糯265号、庆甜糯12号）、大豆新品种2个（庆科豆1号、庆科豆6号）。制种方面，先后建立种子生产繁育基地18处，年繁育冬小麦良种2.74万亩，年生产能力550万千克。良种推广方面，每年发布主要农作物品种布局指导意见，引导良种向优势区域集中，全市主要粮食作物良种覆盖率持续稳定在99%以上，农作物的抗寒、抗旱、抗病虫害等抗逆性显著提高，有效保障粮油作物持续稳产增产。

（三）畜禽品种培育。在肉牛产业上，建立良种扩繁场6处，主要引进适应性强的西门塔尔、安格斯、夏洛莱等国外优良品种，与本地肉牛进行杂交改良，有效解决本地肉牛产肉率不高、生长速度慢的难题。在肉羊产业上，引进便于舍饲养殖且产羔率高、生长快、产肉快的湖羊助力产业增收，引进天津奥群牧业建成现代化肉羊"育繁推"一体化产业园，甘肃庆环制种公司与崖州湾国家实验室肉羊育种中心在基因编辑等技术领域合作，开展舍饲专门化肉羊新品种"奥白肉羊""中环肉羊"选育，破解了庆阳肉羊舍饲养殖没有专用优良品种的问题。在生猪产业上，建成曾祖代种猪场1处、千头种猪繁育场9处，主要引进大约克夏、长白猪、杜洛克猪开展三元配套杂交组合，逐步解决本地生猪生长速度慢、饲料转化率低、胴体瘦肉率不高的问题，全市生猪良种化率达到93%。在肉鸡产业上，引进圣泽901、AA、艾维茵等饲料转化率高、生长发育快、适应性能强、肉用性能优良品种，打破白羽肉鸡种鸡长期依赖国外进口、数量价格受制于

人的局面。

（四）**菌种研发选育**。菌种引进选育是食用菌产业发展的基础所在。菌种引进方面，筛选引进适合庆阳生产的平菇新品种7个（650、969、德丰1号、高产8129、灰美2号、美丰3号、早丰9号）、香菇新品种5个（七河9号、808、卓越10号、CCL10、新科66）、榆黄蘑新品种1个（榆黄K8）、黑木耳新品种1个（黑优2号）、羊肚菌新品牌2个（六妹、七妹）。菌种选育方面，依托科研和企事业单位专业技术力量，支持企业加快推进食用菌菌种研发选育，全市现有菌种生产选育企业6家（庆阳晶晶生物、西峰欣盛创优、庆阳双升、庆阳智赢达、合水乐菇园、正宁合万家），累计选育并完成栽培试验的食用菌母种5个（庆阳双升成功试验3个黑木耳品种，庆阳智赢达、欣盛创优各成功试验1个香菇品种），均已具备新品种申报条件。加大液体菌种推广应用，支持庆阳晶晶生物、正宁合万家、合水乐菇园、西峰欣盛创优等菌棒加工龙头企业发挥菌种生产效率高、养菌时间短、接种成本低、适合工厂规模化生产的优势条件，因地制宜选用液体菌种开展木耳、羊肚菌和平菇液体菌种繁育，极大提高菌棒接种效率。

（五）**苹果新优品种推广**。联合西北农林科技大学共建甘肃庆城苹果试验站，构建起集品种选育、技术研发、成果转化和人才培训于一体的苹果产业创新平台，重点推广具有自主知识产权的"瑞阳""瑞雪""瑞香红"等国审新品种，其中晚熟黄绿色品种"瑞雪"填补了西北地区优质晚熟苹果品种空白。支持庆阳居立果业有限公司，建成苹果脱毒苗木组培实验室和现代化苹果脱毒苗木繁育基地，年生产矮化脱毒苗木100万株。全市新优品种推广面积突破16万亩，早中晚熟品种比例优化至15：25：60，品种结构更趋合理，为苹果产业提质发展奠定坚实基础。

二、新技术的推广应用

新技术是农业发展的第一推动力，其水平高低很大程度上决定着农业现代化的进程。庆阳市近年集成推广和广泛应用旱作农业、清洁养殖、果菜绿色生产等一批寒旱农业技术，持续提升农业生产的质量和效益，不断增强发展"三元双向"循环农业的技术保障。

（一）**旱作农业技术**。立足庆阳雨养农业实际，重点推广以全膜双垄集雨沟播为主的地膜覆盖技术，以深松耕、少免耕为主的保护性耕作技术，以测土配方施肥、秸秆还田为主的耕地地力提升技术，以生态调控、物理防治与统防统治相结合的病虫害绿色防控技术，以打窖拦蓄、集雨补灌为主的节水灌溉技术等旱作农业技术，有效改变雨养农业区靠天吃饭的历史难题。全市每年推广全膜双垄沟播300万亩、测土配方施肥730万亩以上，为确保粮食年产量达140万吨以上提供有力的技术支撑。

（二）**清洁养殖技术**。在饲草料生产方面，推广低蛋白日粮、全混合日粮、全株青贮等牛羊养殖技术，实现精准饲喂，缩短养殖周期。在畜禽粪污综合利用方面，推广适宜舍饲规模养殖的畜禽品种、高架网床养殖、机械自动清粪、粪污密闭处理等健康养殖技术，全市每年畜禽粪污利用量900万吨以上，畜禽粪污综合利用率稳定在83%以上。

（三）**果菜绿色生产技术**。在苹果产业上，围绕老旧果园改造，研究制定技术标准9项，大力推广间伐降密、高接换优、长枝靠接等技术。围绕果园提质增效，积极推广庆阳居立果业有限公司探索总结的脱毒自根砧矮化密植、水肥一体化管理、优质轻简化栽培等绿色标准化生产技术，有效降低生产成本，推动苹果产业扩规模、增产量、提品质。在蔬菜生产上，重点推广集约化育苗、水肥精准调配、无土基质栽培、连栋钢架大棚、大跨度日光温室、智能化温湿调控等高效生产技术，有效解决生产方式相对粗放、现代管理技术应用不够的问题，促进菜苗本土化生产和蔬菜稳产保供、助农增收。

三、新装备的引进研发

随着农业生产规模的不断扩大、作业要求的日益严苛，新装备的智能化、绿色化、高效化升级成为迫切需求。庆阳市坚持新装备引进与研发相结合，特别是大力实施农机装备补短板行动，促进农业生产方式从以传统人力、畜力为主向全程机械化转变，把农民群众从繁重体力劳动中解放出来，有效提高农业劳动生产率。

（一）**新装备引进**。围绕粮食种植，加大新型机械装备引进推广力度，加快新型农机装备技术集成基地建设，引进北斗定位无人驾驶拖拉机，实现一次性覆膜、起垄、播种、压土，播种均匀、高效省时。农作物病虫害防控中，引进植保飞防无人机、自走式喷雾机、高效常温烟雾机等，节省劳动成本，减少农药使用量，农药利用率不断提高。设施农业中，引进膜下滴灌、微灌、滴渗灌等节水生产设备，水资源利用率显著提高。马铃薯种植中，引进全程机械化起垄、播种、收获机械，实现整地、播种、植保、收获的全过程机械化，作业效率大幅提高，且播深一致、出苗整齐。围绕苹果生产，引进推广应用防雹网、防霜机等设施设备，全市累计搭建果园防雹网3.74万亩，安装大型防霜机188台，果园防灾减灾能力得到提升。畜禽养殖中，引进推广饲喂机器人、机械自动清粪设备、大型青贮打捆包膜一体机等，特色养殖机械化水平进一步提升。食用菌生产中，引进国内最先进的全自动菌棒生产、灭菌、接种设备生产线，菌业自动化生产水平明显提高。

（二）**新装备研发**。针对近年庆阳农业生产新模式、新技术的推广应用对新型农机装备的迫切需求，持续强化产学研联合攻关能力，依托陇东学院、庆阳布谷鸟机械制造有限公司、庆阳啃山牛收割科技发展有限公司、庆阳前进机械制造有限公司等，先后研发气吸式大豆玉米精量播种机、具有"窄幅""低茬""防缠绕""低损收割"功能的大豆割晒机、葫芦籽瓜取籽机等先进适用农机，已在农业生产中大面积推广应用，有效减轻农民劳动强度，助推特色产业快速发展。

第四节　打造德技并重的农业人才梯队

人才是发展"三元双向"循环农业的第一资源。庆阳市持续健全农业科技人才的"引、育、用"工作机制，特别是将"管"贯穿人才工作始终，为推动农业农村高质量发展夯实人才保障。

一、畅通引才渠道

庆阳市委、市政府高度重视人才引进工作，先后出台《庆阳市"十四五"期间人才发展规划》《关于加强新时代人才培养引进工作的实施意见》《庆阳市乡村振兴人才培育"百千万"计划实施方案》《庆阳市鼓励支持农业科技人员服务基层若干措施》《庆阳市千名农业科技人员下基层强服务行动实施方案》等一系列指导性文件，有序推动人才工作各项部署落到实处。围绕发展"三元双向"循环农业的人才需求，坚持"缺什么、引什么"的原则，市县联动进一步优化人才引进工作机制。创新人才引进措施，在人才编制上，按照"严控总量、统筹使用，有减有增、动态平衡，保证重点、服务发展"的要求，建立"人才周转池"，破解编制限制。在引进高层次或特殊人才上，按照"一事一议"的原则，单位有空编直接办理聘用手续，单位满编的先办理聘用手续后，在系统内或全市统筹调剂，并落实陇原人才服务卡制度。分类优化引才条件，在引才标准上，按照市县不同层级分行业分别确定，对急需紧缺专业放宽到全日制二本及以上学历。在引才方式上，市直行业主管部门、各县区人才综合管理部门在政策框架范围内，自主制定、发布人才引进计划，探索建立"不求所有但求所用、不求常在但求常来"的柔性机制，邀请各类专家教授通过顾问指导、兼职、技术咨询、讲学、项目合作、联合研发等方式为庆阳发展汇智聚力，切实简化引才流程，在工作程序上，实行"事后备案"，打通引才堵

点。在政策优惠上，新引进人员在执行同级事业单位人员工资标准的同时，一年试用期满后，对博士研究生给予20万元住房补贴和2万元安置费，对"双一流"大学急需紧缺专业全日制硕士研究生（本科毕业"双一流"大学）给予10万元住房补贴和2万元安置费，实现引才与留才的双赢。

二、拓展育才路径

庆阳市坚持把能力素质提升作为育才的"主抓手"，按照"分层分类、重点培养、梯次储备"的原则，制定育才计划，创新育才方式，为推动农业农村发展培养更多高素质人才。

（一）创新实践载体。加强农业农村年轻干部学研提升，引导深入基层一线开展专题调研，年轻干部研究解决问题能力明显增强。组织副高以上职称专业技术人员通过录制视频讲座、撰发科普文章等方式，强化农业科技宣传。选派干部到基层挂职锻炼、驻村帮扶，引导年轻干部在社会治理、乡村振兴等基层一线岗位墩苗历练，持续增长才干。每年通过公务员网络培训、专业技术人员继续教育和线上知识更新等培训，不断提升"三农"干部专业能力。

（二）项目靶向培育。全市先后实施省级重点人才和陇原青年英才项目6个、农业科技创新项目120个、下派农业科技特派员58人、"三区"人才140人，培养农业科技干部1500多人。依托乡村振兴人才培育"百千万"计划、耕耘者计划、乡村产业振兴带头人"头雁"培训项目，采取"理论+实践"、以实践教学为主的方式，累计培育高素质农民41008人、合作社理事长4380人、乡村振兴管理

食用菌产业人才培育

人才 300 人、乡村产业带头人 171 人，评审认定农民职称 2465 人，引导"田秀才""土专家"更好服务特色产业发展。实施农村实用人才学历提升计划，实行送教下乡、农学结合和弹性学制，累计培育中专以上学历 164 人，激发各类人才投身乡村助力发展。

（三）**企校协同培育**。针对农业产业发展急需专业，依托陇原之光培养计划，每年选派专业技术人员到省属高校、中央在甘有关高校、科研院所、事业单位及国有企业开展联合培养。鼓励支持机关事业在职干部加强学习提高素质，1 名专业技术干部通过在职教育攻读博士、4 名专业技术干部取得硕士学历，11 名专业技术干部考取执业兽医资格证书，2 人取得国家资格证书。采取"走出去请进来"的方式，加强与省内外高校和科研院所的交流合作，利用高校院所的科研优势、人才优势，强化科技培训和业务指导，为产业发展提供有力科技支撑。

（四）**专家结对带徒**。充分发挥省市领军人才、省优专家、正高级专业技术职称高层次人才的示范引领作用，采取结对帮带的方式，手把手培养专业技术人才。至 2024 年底，全市农业农村系统 1597 名农业科技人员中，专业技术职称达到正高 25 人、副高 238 人、中级 496 人、助理及技术员 840 人，享受国务院政府特殊津贴 1 人、省优专家 2 人、省高层次人才 1 人、省第二层次领军人才 2 人、市领军人才 8 人、陇原青年英才 2 人，农业科技人才梯队基本形成。

三、搭建用才平台

"三元双向"循环农业能否不断取得新成效，关键是要把人才配置到产业链、循环链上，促使人才与产业同频共振、并向发力。

（一）**引导科技人才下沉服务**。庆阳市创新开展千名农业科技人员下基层强服务行动，先后出台《农业科技人员服务基层一线管理办法》《庆阳市农业科技人员职称评聘暂行办法》《农业科技人员享受农业有毒有害津贴和畜牧卫生津贴发放办法》《农业科技人员绩效工资分配制度》等制

度办法并推进落实，对聘期内考核不合格的实行延聘或高职低聘，对在服务基层和平时工作中表现突出的兑现考察调研、学习培训、项目申报、评先选优、职称申报、提拔使用"六个优先"政策，打破农业科技人员"一聘定终身"的局面，坚决纠改"唯论文、唯职称、唯学历、唯奖项"的倾向。每年选派1000名左右的农业科技人员，通过下派蹲点、兼职创新、离岗创业等方式，下沉基层一线开展技术指导服务。按照"一个主导产业、一个专家团队"的思路，组建由省市领军人才、省优专家、正高级职称、陇原青年英才等高层次专家为主的八大产业专家指导团队，结合产业需要和农时季节，开展农业生产关键环节技术培训和指导服务。围绕农业科技试验点建设，确定技术包抓单位，由市、县、乡农业科技人员组建技术服务团队，开展决策咨询、项目实施、技术推广、业务培训、人才培养等技术服务。探索试验大豆玉米带状复合种植、复种马铃薯、复种高原夏菜、麦后移栽紫苏等多元化复种套种模式，不断提高农业综合效益。

（二）**柔引知名专家协同服务**。庆阳市通过产业化龙头企业、科研试验站、科技人才项目合作等方式，柔性引进国内外高层次专家，开展肉羊、苹果、食用菌等科研攻关，全市农业科技水平明显提升。肉羊产业上，依托甘肃庆环肉羊制种有限公司，引进澳大利亚、英国、法国、美国等32名国际专家组建"国际队"，利用国家乡村振兴科技特派团引入国内顶尖的9个科研院所63名国内权威专家组建"国家队"，选派庆阳市农科院和市县畜牧技术推广部门技术骨干组建"地方队"，服务肉羊全产业链开发。苹果产业上，聘任西北农林科技大学赵政阳等14人为庆阳现代苹果产业体系专家，庆城县与西北农林科技大学合作组建技术核心团队，合力推进苹果产业发展。食用菌产业上，加强与西北农林科技大学、甘肃农业大学、山东寿光蔬菜基地知名专家教授的技术交流合作，持续培养大量骨干人才服务食用菌产业发展。

（三）**带动实用人才发挥作用**。庆阳市积极引导有一定销售能力、生产加工技术、资金和有拓展能力的社会能人组建产业协会，鼓励和支持本乡本土大学生、退役军人和回乡创业人员领办合作社、家庭农场等新型农业经营主体，特别是环县实施"大学生养羊千人计划"，通过组建大学生养羊协会，吸引1000多名大学生回乡当"羊倌"，实现弥补人才短板与带农增收致富的有机统一。同时，利用农闲时节，分批组织种养大户、致富带头人到周边县区、乡镇考察学习，推动农业实用技术扩大应用。通过小额担保贷款、争取扶持资金等多种形式，对农村实用人才在创办企业和合作社等方面予以政策及资金扶持。充分发挥典型引领作用，通过广播、党务村务公开栏、党员大会等途径，大力宣传农村实用人才创业致富的先进事迹和成功经验，不断激发广大农民群众的内生动力。

　　（本章撰写人员：庆阳市农业技术推广中心孙彪、庆阳市农业信息中心刘立龙、刘宏霞、包维哲，庆阳市种子管理站徐龙龙。）

第三章　加工品牌营销一体打造

习近平总书记在2022年中央农村工作会议上强调："向一二三产业融合发展要效益，强龙头、补链条、兴业态、树品牌，推动乡村产业全链条升级，增强市场竞争力和可持续发展能力。"打破传统农业产业边界，一二三产融合发展已成为推动农业现代化的重要路径。庆阳市以乡村产业主体培育和平台载体建设为抓手，加工提质、品牌增值、营销增效一体推进和协同发展，推动"三元双向"循环农业延链增值、提档升级。

第一节　注重全链开发　提高农产品精深加工水平

农产品加工联结工农、沟通城乡，是乡村产业的主体力量、国民经济活动的重要组成部分。我国农产品加工业已进入高质量转型升级阶段，位于工业经济营收的第一位，对促进农业增效、农民增收发挥了重要作用。庆阳市立足发展基础，把农产品加工作为种养菌产业延链增值、推动"三元双向"循环互促的关键环节，坚持企业带动、园区集聚，统筹推进初加工、精深加工、综合利用加工集群发展，生产更多营养安全、美味健康、方便实惠的农业加工品，提升产品附加值和产业效益。

一、坚持龙头带动，着力提升加工水平

庆阳市围绕主导产业开发和延链增值，依托链主企业和骨干企业，发展多样化初加工、精准化精加工、高端化深加工，着力提升全市农产品精深加工水平。

肉（奶）牛产业。支持正宁顶旺、鑫乐农牧、新静原等企业改进升级

冷冻、屠宰、分割生产工艺，开发精细分割肉、调理肉制品、熟肉制品等特色牛肉产品，配套完善冷链仓储、产品包装等设施设备，提升生产加工能力，提高牛肉产品品质。扶持陇牛乳业等优化牛奶产品加工工艺，加大发酵乳、配方奶粉、特色乳饮料等产品研发生产。全市现有市级以上肉牛产业龙头企业6家，牛乳加工企业2家，牛乳年加工能力45万吨。

肉（奶）羊产业。 支持中盛农牧、伟赫乳业、百跃羊乳、嘉仕乳业等企业改造加工生产线，突出冷鲜、精细分割肉以及调理肉制品、中西式肉制品、熟肉制品等产品，提升精深加工水平。全市现有市级以上肉（奶）羊产业龙头企业9家，肉羊年屠宰加工能力超200万只，羊乳制品加工能力30万吨。

生猪产业。 招引正大集团、东方希望等龙头企业，支持福润、宗瑞等企业提质改造生产线，发展精细分割肉、熟肉制品等，提升屠宰加工能力，推进生猪产品多元化开发、多层次利用。全市现有市级以上生猪产业龙头企业6家，年屠宰加工能力120万头。

肉鸡产业。 实施甘肃圣越农牧发展有限公司1.2亿羽白羽肉鸡全产业链项目，建设3.6万吨熟食加工厂，发展油炸、蒸烤、蒸煮等鸡肉制品加工生产线6条，研发生产科技含量和附加值高的鸡肉系列产品。扶持嘉谷禾等企业开展饲料加工、有机肥生产，延伸产业链条。

苹果产业。 依托居立、庆新、金诚果蔬等龙头企业，持续提升采后拣选、分级包装、储藏保鲜能力，扶持恒瑞康、宁州长城果汁等企业发展果汁、果醋、果酒、果酱、果干、苹果脆片等精深加工产品，支持金牛公司扩大苹果干、苹果脆片等休闲食品生产，加大苹果系列新产品开发力度。全市建成苹果自动分拣线11条，年商品化处理能力95万吨；建成果汁、果酱生产线5条，年加工苹果35万吨，生产浓缩果汁、果脆等产品6万吨。

蔬菜产业。 立足提升田头预冷、清洗分级、初选包装、冷链储运等商品化处理能力，支持聚广利、智赢达等企业更新工艺、增置设备、扩能增

产，发展净菜和预制菜加工。全市现有蔬菜加工企业4家，年加工能力15.5万吨。

中药材产业。支持恒烽中药材、康盛源药业等企业研发膳食品、保健食品、养生食品、新型中医药品等产品。全市现有中药材加工企业9家，年加工能力9.45万吨。

食用菌产业。依托庆阳晶晶生物、甘农蘑力等企业，引进菌种研发、菌棒生产及休闲零食、调理制品等食用菌制品技术，着力发展菌类旅游食品、养生食品、高端保健食品等新产品。全市引培食用菌企业29家，年加工能力4万吨。

二、聚焦园区建设，着力培育产业集群

产业集群是现代农业发展的重要形式，其能有效整合生产要素、市场要素，打通全产业链，推动农业走向规模化、产业化和现代化。庆阳市坚持以农业园区平台建设为抓手，建设一批产业特色鲜明、要素高度聚集、设施装备先进、科技支撑有力、生产方式绿色的现代农业产业"新高地"，引领带动农产品精深加工做大做强。

（一）打造产业园区。产业园区是推动农业高质量发展、促进农民持续增收的重要平台载体。为统筹推进产业园区建设，制定《庆阳市现代农业产业园创建实施方案》，开展国家、省、市、县四级现代农业产业园联创和国家农业产业强镇建设，突出加工物流园建设，引导农产品加工业向产业园集中，构建以国家级为龙头、省级为骨干、市县级为基础的产业园体系。全市建设国家现代农业产业园2个、省级现代农业产业园5个，全国农业产业强镇4个，打造东西部协作共建产业园8个。充分发挥园区产业集聚、主体集中、要素集约作用，引进先进生产要素和技术模式，创新农业社会化服务路径，统筹合理布局生产、加工、物流、研发等功能板块，推动产业链纵向延伸、产业间横向拓展。通过持续建设，环县获批国家级农业现代化示范区和全国农业产业链典型县，环县羊羔肉被列入全省

"甘味"肉羊产业集群，镇原县、宁县、正宁县被列入"甘味"平凉红牛产业集群，西峰区、庆城县列入苹果产业集群。

（二）**补齐加工短板**。围绕园区功能定位，支持园内企业加强与国内外高等院校和科研院所合作，搭建产业研发中心、工作站、实验室等科创协作平台，提升技术集成、机械装备和科技研发水平，有效弥补产业链加工环节短板弱项，带动全市农产品加工水平实现跃升。宁县苹果现代农业产业园入驻农业企业20家，建成果汁、果酱生产线5条，年加工苹果32万吨，生产浓缩果汁、果脆等产品5万吨，农产品加工业产值27.35亿元。镇原县玉米肉鸡现代农业产业园建成屠宰加工厂2个，年加工肉鸡能力1.2亿羽，圣越3.6万吨熟食加工厂年可实现销售收入5亿元。环县肉羊现代农业产业园建成羊肉预制菜加工生产线，日生产羊肉串5万串、带骨羊肉约6000斤，年消耗原料1000吨，实现产值18.7亿元。西峰区生猪现代农业产业园建成30万头生猪屠宰加工及食品加工生产线1条，农产品加工业产值18.66亿元。

（三）**健全物流体系**。为加快推动现代流通体系高质量发展，出台《庆阳市现代流通体系发展规划》，围绕打造陕甘宁毗邻地区区域性中心城市，建设"2+4+1"对外链接通道，着力构建"中心集聚、两翼带动、六极辐射、多点支撑、末端畅通"的现代流通网络，推进"1+2+7综合物流园区"和"3+X专业物流园区"布局建设，形成新型"通道+网络+园区"的现代流通体系新格局。聚焦农产品产地"最先一公里"集货、储运需求，大力实施农产品产地冷藏保鲜设施建设项目，扶持引导农业龙头企业、产地批发市场和农民专业合作社建设各类中小型冷藏保鲜设施，畅通鲜活农产品末端冷链循环。全市冷藏保鲜设施贮藏能力达到70万吨，其中果蔬冷库贮藏能力58.88万吨、肉类冷库贮藏能力11.33万吨，有效保障了农产品的冷藏和保鲜能力。

三、持续精准招商，推动产业全链发展

招商引资是经济发展的源头活水，是推动高质量发展的战略工程。庆

阳市坚持把招商引资作为构建"三元双向"循环农业格局的重要引擎，树立"以招商引资论英雄、以项目建设论成败"的鲜明导向，深入实施"引大引强引头部"行动和"优化营商环境攻坚突破年"行动，全员出击"招"、优化服务"落"，形成了自上而下、各负其责的全员招商格局，以特色农产品及食品加工产业链招商引资大突破助推"三元双向"循环农业发展动能大提升。

（一）**优化招商机制**。市委、市政府成立主要领导任双组长的招商引资工作领导小组，出台目标责任、考核奖惩、落地服务等一揽子政策措施，建立"红黑榜"制度，按月考核排名，以强有力的目标引领和责任倒逼，推动全市大招商、招大商。农业农村部门围绕发展"三元双向"循环农业，推行"领导包抓+专班推进+全员参与"模式，紧盯"项目签约率""落地转化率"等核心指标，从政策宣传、洽谈对接、协调服务、定期调度、考评通报等方面积极推进，确保取得实效。

（二）**拓宽招商渠道**。聚焦重点区域、重点项目和目标企业，市、县区组建招商小分队，分区域、分产业采取登门拜访、实地考察、座谈推介等方式主动出击，精准发力。积极参加省、市各类招商引资活动，在福州、深圳、天津、西安等地举办农业专场招商推介会，成功举办津企庆阳行、食用菌企业庆阳行、肉牛产业招商引资推介会、中国苹果年会暨庆阳苹果品牌推介等活动，邀请山东水发集团、福建圣农集团等中国500强企业和粮农集团等800多家企业来庆考察调研、洽谈合作。市、县每年累计开展农业"走出去请进来"招商活动110次以上，累计招引落地各类农业项目393个，完成到位资金366亿元。

（三）**强化服务保障**。为抓促招商项目落地，组建招商引资促进中心和项目落地办，确定19个市直部门业务主办科长为手续办理专员，履行项目落地首接责任、协办责任和督办责任。聘请一批退出领导岗位、工作经验丰富的干部为落地专员，全过程保姆式服务，最大限度解决项目落地问题。全面强化要素保障，将项目建设涉及的19个方面61项要素具体化、程序化，农林牧渔等一般类项目压缩为139天，项目落地周期减少三分之一以上，用电用气用能用地保障水平大幅提升。对农业重大招商引资项目、重大节会签约项目，建立"一个项目、一套班子、一抓到底"包抓机制，全流程帮办项目备案、公司注册、用地审批等事项，闭环式服务保障招商项目快落地、快建设、快投产、快见效。

第二节　突出特色优势　打造"甘味"庆阳农产品品牌

品牌化是农业现代化的核心竞争力和重要标志，品牌强则农业强。农产品品牌建设是引领农业发展的重要驱动力，对于提高农产品附加值、增强市场竞争力、促进增收具有积极作用。庆阳市立足资源禀赋，突出产品品质和特色优势，顺应市场需求变化，精准定位品牌目标，持之以恒加力培育，"甘味"庆阳农产品品牌影响力和市场竞争力显著提升。

一、加快"甘味"庆阳农产品品牌培育

"甘味"品牌既是为全省优质农产品增值服务的共享平台，也是促进陇原乡村振兴的重要驱动、带动农民增收的重要抓手。庆阳市以"甘味"品牌建设为统揽，理思路、建体系，育主体、塑形象，强宣传、增效益，全方位发力、各层级联动、多要素配合，持续提升"甘味"庆阳农产品品牌影响力和知名度，引领推动"三元双向"循环农业发展。

（一）完善发展思路。围绕"甘味"庆阳农产品品牌培育，按照"政府推动、部门联动、企业主动、社会促动"的工作思路，先后出台《"甘味"庆阳农产品品牌培育行动实施方案》《庆阳苹果品牌培育提升实施方案》等系列文件，建立农业农村部门牵头抓总，商务、市场监管、宣传、文旅、科技等相关部门协同配合，行业协会和社会力量积极支持，新型经营主体广泛参与的工作推进机制。市级财政每年列支2000万元专项资金，

开展"甘味"品牌打造、宣传推介和市场拓展等工作。建立品牌分级、产品分类机制，全市整合资源重点打造"庆阳苹果""环县羊羔肉"2个区域公用品牌。各县区结合实际，选择1个具有特色优势的品类，打造合水白黄瓜、镇原辣椒酱等8个"一县一品""甘味"企业商标品牌。

（二）**培育品牌主体**。围绕"牛羊猪鸡、果菜菌药"八大优势特色产业，坚持内培和外引两手抓，引进福建圣农、正大集团等行业头部企业，培育壮大伟赫乳业、金诚果蔬、居立果业等品牌企业，打造品牌主体雁阵。充分发挥企业主体作用，积极调动各类资源，用好用活财政、金融、税收等各项支持政策，支持引导企业等经营主体加快商标注册、专利申请，积极申报认定"甘味"品牌，规范生产行为，高效对接市场，构建主导产业区域公用品牌全覆盖、企业商标品牌全面发展、"三品一标"[1]产品扩量提质的品牌格局。全市共有庆阳苹果、环县羊羔肉、庆阳早胜牛、庆阳黄花菜、庆阳白瓜子、庆阳小米6个区域公用品牌和中盛环有、麦上客、陇东恒烽等40个企业商标品牌入选"甘味"农产品品牌目录，75家品牌主体认证"三品一标"产品100个。

（三）**构建品牌体系**。建立区域公用品牌为统领、企业商标品牌为主体、产品品牌为支撑的品牌体系，推进各类品牌互认互促、共享共创。坚持传承与创新相结合，深入挖掘庆阳农耕文明孕育的生产、生活、生态、文化功能和历史价值，系统总结庆阳农产品品质特点和生产特性，组织开展品牌征集、评价认定和培育保护等活动，塑造庆阳品牌特色，讲好庆阳品牌故事。聘请国内顶尖团队策划设计，以"瑞雪突围，打造中国苹果新贵"为主题，统一苹果包装和宣传版面，谋划实施"庆阳苹果"培育提升八项活动（品牌培育聚合力、庆阳苹果云上行、巡回推介走一线、市场体系大拓展、知名果商庆阳行、行业影响大晋级、果品质量大提升、品牌文

---

[1] "三品一标"：指发展绿色、有机、地理标志和达标合格农产品的统称。

化大培育），做靓唱响"庆阳福地，天赐瑞果"。"环县羊羔肉"持续开展银西高铁冠名、奥运冠军进校园推介、举办羊肉美食节等十大宣传活动，入选2024年农业农村部品牌精品培育计划。"庆阳苹果""环县羊羔肉"列入国家体育总局训练局运动员备战保障产品和国家地理产品标志百强榜，品牌价值分别为62.61亿元、53.51亿元。

（四）**强化宣传推介**。建立完善"互认互宣、上下联动、同步推进、全媒覆盖、多维传播、共享共创"的宣传推广机制，全面运用各类媒体渠道和平台，加大宣传推广。制作《"甘味"庆阳农产品品牌目录》和宣传片，在《陇东报》开辟庆阳苹果专栏，充分利用掌中庆阳、庆阳网、微信公众号、抖音号等平台，以"主播+果农生产生活"方式制作微电影、短视频，衔接本地网红代言，构建融媒宣传矩阵。利用市区广场及机关单位显示屏滚动播放庆阳苹果宣传广告，在庆阳机场、高铁站、高速沿线等交通要道和公园、过街天桥、公交车、出租车等人流密集场所采用广告牌、登机牌、LED显示屏、宣传栏及灯饰街景等方式，广泛宣传"庆阳苹果"等"甘味"品牌。

（五）**加强质量管控**。遵循质量产出来、安全管出来的原则，持续加强农产品生产安全、质量管理、品牌培育标准体系建设，实现产前、产中、产后各环节标准化管理，为品牌创建提供有力支撑。落实农产品质量安全属地管理责任，创建全域绿色农产品生产基地，组织科研院所、龙头企业、高等院校等制定农业生产地方标准117项，构建农产品质量网格化监管体系。推行承诺达标合格证制度，完善农产品质量安全追溯管理平台，将所有"三品一标"产品认证主体全部纳入国家追溯平台监管，不断强化投入品管理、生产档案、产品检测、产地准出、质量追溯等全程质量管理，产前抓农业投入品监管、产中抓农业标准化生产、产后抓质量追溯，实现了农产品从"产"到"销"全过程质量控制。全市每年开展农产品质量安全监测1500次以上，合格率均达到100%。

二、强化"甘味"庆阳农产品品牌监管

品牌监管是维护品牌形象、保护品牌权益、提升品牌信任度和消费忠诚度的关键举措。庆阳市强化政府属地管理责任、部门监管责任和企业主体责任落实，建立品牌监测和质量安全监管机制，落实管控措施，全力维护品牌公信力和质量安全。

（一）**加强品牌授权管理**。建立"甘味"庆阳农产品品牌目录制度和标识授权制度，通过授权、连锁、加盟等多种方式，建立统一规范的"甘味"农产品体系，严格执行准入退出，定期开展监测评价，定期向社会公布推广。对产品质量安全等方面出现监测不合格者，及时从"甘味"农产品品牌目录中退出，不允许其在产品及其包装、广告宣传继续使用"甘味"农产品品牌标识。

（二）**规范"甘味"品牌标识**。对进入"甘味"品牌名录的区域公用品牌和企业商标品牌实行统一产品包装，按照"国家地理标志+甘味标识+区域公用品牌商标+企业品牌商标"的要求规范商标使用，切实提高包装辨识率和品牌认知度。加大品牌管理保护，严厉打击仿冒和伪劣产品，严厉查处商标侵权、虚假注册、恶意抢注、非法使用标识等违法行为，维护品牌企业的合法权益。

（三）**建立品牌诚信体系**。品牌诚信的本质是长期积累的信任资产。市政府落实属地管理责任和生产经营主体责任，不断加强对行业协会组织的激励和约束，从企业价值观、行为准则、透明沟通、客户维护、危机管理等多个方面，引导主体树立品牌意识，建立品牌诚信体系，逐步赢得市场和消费者信赖。

第三节　聚焦助农增收　完善"甘味"农产品营销体系

农产品市场营销是加快推动"三元双向"循环农业提质增效、助力农民变现增收的关键一环。庆阳市坚持以市场需求为导向，积极承接落实全省"甘味出陇""甘味出海"行动，实施农文旅融合发展"百千万"工程，以产定销，以销促产，线下线上双向发力，全力推动全市农特产品优质优价、产销两旺，助力农民群众增收致富。

一、实施"甘味出陇出海"，拓展线下营销渠道

庆阳市大力实施"甘味出陇""甘味出海"行动，建立与大宗市场等消费端实时对接机制，依托龙头企业、行业协会带动，多渠道拓展销售，多方引流消费，扩大产品订单规模，推进"甘味"庆阳农产品由树品牌向拓市场转变。

（一）布设展销窗口。借助全省百城千店活动，组织重点营销企业，巩固80处庆阳农产品直销点（档口、专柜）销售规模，指导各县区每年在北京、上海、深圳等一线城市和省会城市增设直营店2家以上。在兰州设立"甘味"庆阳农产品直营店，按照证件齐全、包装标准、标签规范、供应充足、产品可追溯的要求，引导居立、中庆、中盛、伟赫等18家企业供货126个单品进店销售。依托东西部对口协作帮扶，在天津市设立庆阳农产品直销专柜5个。聚焦"甘味"市场体系建设"三个覆盖"要求，对接市内高铁站、机场、高速服务区，布设"甘味"农产品专柜18个，市区商圈等人口密集区域设立"甘味"门店27个，4A级景区设立"甘味"专区8个。

（二）开展专场促销。开展多方式、多层次推介展销活动，千方百计开拓销售市场。每年举办庆阳苹果商贸洽谈会、农民丰收节、庆阳苹果品牌推介暨金秋促销大会等多场农产品产销对接活动，邀请国内外终端市场采购商、大型连锁超市等来庆考察交流、对接洽谈。每年组织参加"甘味入粤""甘味入湘""甘味入辽""甘味入津""甘味入鲁"等活动10次以上，充分利用兰洽会、农交会、广交会、中博会等全国性、区域性商贸节会平台，设置"甘味"农产品展区，开展"庆阳苹果""环县羊羔肉"等

专场推介促销活动。支持引导农产品营销企业与市内及天津市机关食堂、高校院所、大型商超等精准对接，每年定向采购庆阳苹果、小杂粮、肉制品等农特产品15亿元以上。

（三）开拓境外市场。抢抓"一带一路"倡仪，出台《用好"一带一路"最大机遇着力推动庆阳外贸高质量发展实施方案》，支持企业加强农产品质量标准体系建设，提升产品竞争力，积极开展国际认证，拓展进出口增量。鼓励支持中盛、庆新、智赢达等外贸企业加快在蒙古、尼泊尔等"一带一路"共建城市，围绕鲜苹果、羊肉、鸡肉、籽仁等"单品"，自建、共建、租赁海外仓，开展仓储、展示、签单、物流等服务，完善海内外国际营销体系。组织金牛、嘉辉、庆新等企业赴泰国、韩国、日本、新加坡等国家参加食品博览会、商贸推介会等活动，拓展国际市场。举办2024中国（庆阳）—马来西亚文化周活动，邀请阿联酋迪拜商贸团、新西兰乐淇公司等来庆考察，洽谈签约。全市共有20多种农产品出口36个国家和地区，实现年出口额近3亿元。庆阳苹果出口越南、缅甸、马来西亚、泰国等东南亚国家和俄罗斯等欧洲市场，果汁出口美国、日本和俄罗斯。香菇出口日本、韩国等国家。鸡肉制品通过了ISO9001和HACCP体系认证，产品出口蒙古、俄罗斯等国家。

（四）强化服务保障。定期调度掌握全市农产品价格、销售趋势，研判分析农产品市场需求、供给形势，在"两微一端"、农业农村局网站公开发布，指导经营主体和农户做好农产品销售。协调交通运输部门，畅通市内县际农产品流通渠道，有效确保鲜活农产品"绿色通道"政策应享尽享。组织县区及企业与邮政、顺丰、圆通等16家快递公司签订农产品快递物流协议，打通农产品出村进城上行"最后一公里"，有效降低农产品运输成本约30%～50%、快递运营成本约30%。加快农产品仓储冷链物流设施设备建设，打造产地与销地衔接、运输与仓配一体、物流与产业融合的冷链物流服务体系，有效提升全市农特产品跨季节、跨区域运输供应能力。

二、创新运用电商平台，深化拓展线上营销

以电子商务和直播带货为主的网络销售已成为现代农产品销售的主渠道之一。庆阳市紧抓国家"互联网+"和"东数西算"战略机遇，发挥数算优势，创新运用电商平台和网络技术，建机制、搭平台、强培训、优服务，呈现出农村电商蓬勃兴起、电商平台多元发展、网络销售稳定增长的良好态势。

（一）**加强政策支持**。围绕电商物流体系建设，市政府出台《关于加快电子商务产业发展的实施意见》《关于促进农村电子商务加快发展的实施意见》等政策性文件，实施国家电子商务进农村综合示范、省级电商产业示范基地以及电商产业园融合聚集区、新业态电商企业培育、电商直播基地、AI智能数字直播等项目，持续完善县乡村三级快递物流配送体系，实现了"县有中心、乡有站、村有点"的三级物流配送体系全覆盖。启动实施农文旅融合发展"百千万"工程，借鉴环县庄子峁经验，以田间地头为布景、以绿色生态为卖点，把手机作为新农具、直播作为新农活、农民作为新农人，利用3年左右时间，在全市培育1000个在抖音、快手等数字媒体平台具有较大影响力的网络直播账号，每个示范村培养粉丝在1000人以上的电商直播团队或主播账号10个以上，年直播带货销售额突破200万元，提升网络对农村经济的带动力和贡献度。

（二）**强化业务培训**。为提升电商人才培育，以企业主播、网红达人、返乡大学生、退伍军人等自主创业群体为重点，分层次、分类别举办提高班、实操班等各种类型的电商培训班，构建了功能齐全、支撑有力、能够满足不同创业需求的电商人才培训体系。先后邀请国内知名电商专家，采取"以赛带训、专项培训、入户培训"等方式，以农民专业合作社、留守农民、网红村播等为对象，围绕短视频制作、直播技巧、仪容仪表等方面开展培训，帮助他们树立信心、增长见识、发展产业、直播带货，培育了一批"新农人"。全市年均开展电商业务培训5000余人，促进

了农民收入和农村消费"双提升"。

（三）用好平台载体。发挥农业产业云、甘肃瑞果云平台优势，用足用好"百强主播·打call甘味"、革命老区对口合作交流会、香包节及招商推介会等活动载体，持续加强与拼多多、惠农网、淘宝、天猫等大型电商平台合作，组织陇之航、正宁金牛等企业开辟网店和地方特色馆，开展网络直播带货活动，引导40家企业入驻"832"消费帮扶平台、抖音、快手等主流网销平台，开展"双11""双12"等网上促销活动，设立营销窗口，打造精品旗舰店，开展直播带货活动。招引头部电商企业京东集团，建成京东（甘肃）数字经济产业园，开展企业陪跑孵化、电商人才培训、农特产品上行沙龙等活动，举办"甘肃庆阳·陇上好物"第六届双品网购节，组织开展"全市农特产品网络销售节"等活动，邀请网红大咖、地方名人开展网络直播带货，助力庆阳农产品保供促销。全市在全国性第三方大平台注册农产品销售网店2341家，农产品年网络销售额15亿元以上，水果、蔬菜、牛羊肉销售量占比达78%。环县电商产业园探索形成了"六统一"[1]电商发展模式，入选"全国农村直播电商优秀案例"。庆城县建成"庆州壹品"社区团购自营平台，上架产品8大类294个单品，开通配送线路23条，配送驿站850个，实现了15个乡镇全覆盖，运营成效逐步显现。

（本章撰写人员：庆阳市农业信息中心黄浩钰，庆阳市农业生态环境保护站范希德，庆阳市农业科学研究院杨文辉、苏敏。）

---

[1]"六统一"：是指合作社统一订单、企业统一加工、"环乡人"统一品牌、网货中心统一包装、溯源体系统一监管、物流体系统一配送。

第四章 政府企业农户一体发力

农业产业不同于工业生产，企业的龙头带动、千家万户农户的参与、政府的引导缺一不可。在"三元双向"循环农业体系构建中，庆阳市集成政府、企业、农户三方面的力量和关联要素，发挥政府政策引导、资金支持和过程监管的职能作用，利用企业技术、资金和市场渠道优势，引导农户深度融入"三元双向"循环农业，使三者协同发力，实现农业资源在系统内的高效循环利用。

第一节 政府扶持引导

政府在农业绿色循环发展中扮演着至关重要的角色，既是政策制定者、资源协调者，也是市场引导者、服务提供者。庆阳市紧盯"三元双向"循环农业发展全过程，明方向、建机制、出政策、强服务，推动产业双向互促、迭代升级。

一、明晰发展路径

庆阳市委、市政府主动顺应农业绿色发展导向，立足打造全国农业绿色发展先行区功能定位，在充分调查研究、听取各方面意见建议基础上，结合全市资源禀赋和产业发展现状，明确提出了"做大总量、提高质量、科技支撑、龙头引领，资源集约节约利用，种养菌'三元双向'循环、全产业链绿色发展"的发展思路和构建"区域大循环、产业中循环、农户微循环"的农业废弃物循环利用格局，确定了"全市一盘棋、一县一特色"的产业发展布局和"保粮、扩畜、提果、增菜、养菌、优药"的发展目

标，进一步明晰了产业发展方向和路径，引导支持农业产业走绿色循环可持续的发展路子。着眼构建"三元双向"循环农业体系和创建国家农业绿色发展先行区，配套制定了稳定粮食生产、特色产业提质增效、"三元双向"循环农业体系建设等一系列政策文件，实施百万亩复种增粮增效、百万亩优质苹果基地改造、农文旅融合发展"百千万"、设施农业提质增效等重大工程，基本形成了决策文件管方向、规划安排管长远、行动方案管落实的"三元双向"循环农业政策体系，为"三元双向"循环农业的各项重点任务落实落细提供了有力支撑。

二、健全工作机制

产业的核心是效益，出路在于产业化。产业化首先是规模化，没有规模就称不上产业。庆阳市委、市政府高度重视农业产业规模化发展，强化政府资源配置，以绿色标准化种养基地建设为抓手，启动实施现代寒旱农业三年倍增行动计划，成立三年倍增行动工作专班，由市委、市政府主要领导任组长，发改、财政、农业农村等部门为成员，分产业成立包抓专责组，加力推进产业规模不断壮大。在壮大产业规模的基础上，顺应产业绿色发展导向，成立市委、市政府主要领导任双组长的国家农业绿色发展先行区创建领导小组，形成联席会议定期调度、专班推进的闭环管理体系。在推进"三元双向"循环农业发展过程中，聚焦"牛羊猪鸡、果菜菌药"8大优势特色产业，建立"一个产业一套班子、一套实施方案、一套扶持政策、一套专家团队、一批龙头企业、一套考核体系"的"六个一"工作推进机制，各县区也建立了相应的产业推进工作机制，推动政策、项目、资金、资源等要素聚合，全链条发展壮大特色产业。同时，健全市、县、乡三级领导干部重大农业项目包抓责任制，定期调度进展，及时纾困解难，以项目集群建设促进"三元双向"循环农业加快发展。

三、强化服务引导

庆阳市结合产业发展实际，成立庆阳市苹果产销协会、食用菌产销协会和食用菌、肉羊、苹果产业技术研究院，支持产销协会和研究院开展服务指导、市场营销、品牌培育和技术研发，通过产销协会和技术研究院引导龙头企业、经营主体和广大农户发展"三元双向"循环农业。开展"服务型效能型"机关创建、"千名干部帮千企""放管服"提速增效等行动，落实惠企便民措施，开通农业企业注册、农业项目审批等绿色通道，下大力气解决涉企政策落实不到位、政务服务不规范、行政审批不高效等难题，切实帮助各类经营主体解决融资难、用地难、用工难等实际困难，不断增强市场主体的活力和创造力。发挥政府职能，加强基础设施建设、科技支撑服务、引育人才、品牌打造推广、金融服务支持等方面服务保障，全方位助力产业提质、企业发展、农民增收。

第二节　企业示范带动

企业是连接政府政策与农户生产的关键纽带，也是推动技术创新、拓展市场和产业升级的中坚力量。庆阳市充分发挥龙头企业的带动引领作用，引导企业在壮大自身实力的基础上，通过市场化运作、资本投入和技术赋能等措施，整合资源、提升效率，引领带动"三元双向"循环农业高质量发展。

一、强化企业培育

庆阳市把龙头企业作为产业发展的主引擎，着力打造农业全产业链，构建现代农业产业体系。立足产业发展短板，紧盯行业领军企业、链主企业和骨干企业，坚持"外引"和"内培"相结合，实施农业产业化龙头企业引培提升行动，重点招引培育蔬菜和食用菌产业化龙头企业，巩固提升苹果和畜禽产业龙头企业，发展壮大本地中药材产业龙头企业，分级分类打造龙头企业梯次发展队伍。在龙头企业招引方面，以牛羊猪鸡熟食加工和副产品开发利用、苹果自动化分拣包装和精深加工、设施蔬菜规模种植

和加工为重点，引进山东水发集团、福建圣农集团等中国500强企业和聚广利、智赢达等一批在延链补链强链中发挥引领作用的头部企业，招引成立甘农蘑力、庆阳晶晶生物等食用菌产业龙头企业29家，带动农业特色产业加速发展。在骨干企业培育方面，采取兼并重组、技术升级、设备改进等方式，重点培育中盛、圣越、居立等一批链主骨干企业，以庆新、金诚果蔬、百跃羊乳等产业细分领域骨干企业为主，带动育种、生产、仓储、科研、加工流通、电商服务等产业链上下游企业配套，产加销协同发展。全市累计引进农业产业化龙头企业389家，其中市级以上重点龙头企业99家，实现业业都有龙头企业带动目标。

二、拓展产业链条

随着绿色循环农业扶持政策的叠加释放，农业产业龙头企业积极延伸和整合农业产业链，主动发展绿色循环农业，推动全市农业向更高层次迈进。在生产环节，龙头企业凭借其强大的资金、技术和市场优势，建立示范基地，创新绿色生产模式，应用先进生产技术，组织农户按照绿色标准规范化生产，不仅提高了农产品的质量和产量，同时也促进了农业绿色发展。在加工环节，龙头企业不断加大投入，积极开展精深加工，将初级农产品转化为高附加值的产品，提高了农产品附加值和市场竞争力。在品牌建设环节，龙头企业高度重视品牌建设与推广，积极申请有机食品、绿色食品、无公害农产品等认证，自主培育企业商标品牌，并运用直播带货、短视频、品鉴会等多种渠道进行品牌推广，吸引消费者关注，不断增强企业的知名度和产品的市场竞争力。在销售环节，龙头企业除了运用农贸市场、超市等传统销售手段，还积极拓展电商平台，开展线上销售，直接将苹果、羊羔肉等优质农产品送到消费者手中，减少了中间环节，提高了销售效率。在物流环节，龙头企业积极优化物流配送路线，降低物流成本，提高物流效率，同时采用先进冷藏设备和运输技术，保证了农产品新鲜度和品质。

三、推动技术创新

技术创新与应用对企业发展具有重要作用，企业只有不断运用和创新技术，提高生产效率和产品质量，增强市场竞争力，才能在农业绿色循环发展中占据领先地位，实现自身发展。在"三元双向"循环农业政策支持引导下，一大批企业加大科研投入，致力研发和应用农业智能化生产、农业废弃物加工利用、菌棒生产、新品种培育等技术，为"三元双向"循环农业可持续发展注入了强大动力。庆阳居立农业发展有限责任公司致力苹果矮化栽植技术研究，建成国内领先的矮化自根砧脱毒苗木繁育基地，通过"组培快繁+微嫁接脱毒"技术体系实现年产标准化种苗100万株，加快推进矮化密植果园在全市推广。庆城苹果试验示范站积极开展苹果关键技术联合攻关和新品种选育推广，培育了色香味俱佳的瑞雪、瑞阳、瑞香红"三瑞"苹果，有力推进苹果新优品种更新换代。庆环肉羊制种有限公司联合崖州湾国家实验室等科研团队创新并推广"五个一"生产技术和"三级二元"杂交技术，每年授配湖羊基础母羊5.74万只，解决了全市舍饲养殖没有专用优良品种的难题。宁县甘农蘑力农业发展有限公司致力研发农作物秸秆、畜禽粪便和菌糠菌渣加工应用技术，不仅解决了废弃物处理难题，还降低了农业生产成本，为全市发展"三元双向"循环农业提供了典范。

四、带农助农增收

龙头企业一头连着农民、一头连着市场，是产业发展升级和农民就业增收的带动者。庆阳市顺应农业产业组织化、市场化发展新要求，遵循龙头企业引领、合作社跟进、农户受益的原则，强化政策引导，以市场化机制创新联农带农方式，引导小农户融入现代农业，增强产业增收后劲。在联农带农模式创新上，立足产业基地打造和标准化生产，突出农户主体作用，建立"龙头企业+合作社+农户""龙头企业+农户""合作社+农户"等农业生产模式，构建形成龙头企业为引领、家庭农户经营为基础、合作

与联合为纽带、社会化服务为支撑的立体式复合型现代农业经营体系，助力企业健康发展、合作社规范经营、农户长效增收。在畜牧产业上，面对市场价格持续下行压力，市政府及时出台稳定牛羊产业发展十条措施，落实"稳栏扩养""见犊补母"、产业奖补等扶持政策，引导龙头企业联合农民合作社、家庭农场和专业大户等经营主体，积极开展多元合作，推行"农户分散繁育、合作社保价回收和集中育肥、龙头企业统一屠宰销售"的新型带农机制，稳定牛羊产业，带动农户增收。在食用菌产业上，推行"龙头企业管两端、中间生产群众干"的经营方式，探索推广"企业借棒、农户还菇""企业统一建棚、农户返租经营""企业统一供棒、订单保价收菇、农户建棚养菌"等新型生产模式，带动农户通过发展特色产业，进一步拓宽增收渠道。

第三节　农户广泛参与

农户作为农业生产的主体，其参与程度直接影响产业规模、质量和可持续性。受传统生产观念束缚，"三元双向"循环农业伊始，靠天吃饭、精耕细作、经验传承等传统耕作观念让农户对高投入的绿色生产模式接受度较低。面对这些难题，庆阳市认真分析研究，采取培训指导、利益联结、示范带动等多种措施，不断提升农户参与发展"三元双向"循环农业的意愿和能力。在全市"三元双向"循环农业发展过程中，探索形成了以下六类农户参与主要模式，吸引更多农户参与到产业化体系建设中来，有效推动"三元双向"循环农业高质高效发展。

一、"龙头企业＋合作经济组织＋农户"利益共同体模式

农产品生产、储藏、加工、运销等农业龙头企业以合作经济组织为中介，与农户通过合同契约、出租经营、出资参股等方式结合在一起，形成产供销一体化利益共同体。这一模式不仅可以让农户规避市场价格波动带

来的损失，还让农户从单纯的生产者转变为产业参与者与受益者，提高了农户参与发展绿色循环农业的积极性和主动性，促进了产业规模化、标准化生产和产业化经营。甘肃嘉谷禾农业发展有限公司采用"公司+合作社+农户"的方式，统一订单、统一品种、统一农资、统一机械收购，先后流转土地4670亩，建立玉米种植基地，同时与5个合作社签订长期合作订单，直接带动农户530余户，每年带动人均净收益达到5000元以上。

二、"龙头企业+农户"模式

农户通过土地、劳动力、农产品等资源，直接或间接与企业建立产销、雇佣、承包等关系，开展或参与生产经营，形成"风险共担、利益共享"的联结机制。在发展过程中，主要形成了三类特色发展路径：一是引导具备农业生产经验和能力的农户将土地经营权流转给企业，并转化为产业工人，获得一定的劳务报酬，实现"租金+薪金"双收益。二是农户通过签约、合资、入股等方式与企业在生产、销售等方面实现合作，接受企业监督和管理，并将农产品按约定价格销售给农业企业。三是农户以承租经营或雇工形式再次承包企业流转后的土地，扩大农户原有生产规模，并接受企业技术指导和生产服务，实现双方共赢。目前，全市62家龙头企业通过三类模式吸纳农户入股资金3.97亿元，带动4.22万户嵌入产业链，累计分红2.05亿元。

三、"合作社+农户"模式

农户加入农业合作社后，由合作社整合相关生产要素，为农户提供必要的农业生产服务，主要形成了以下三类典型路径：一是农户直接加入农民专业合作社，通过非强制契约，与合作社在生产、销售、资金和劳务等方面开展合作。二是农户通过土地入股加入由村党支部或者村集体组织主导成立的农业合作社，土地流转出去的农户获得年终分红，其他农户可根据自己的生产条件承包土地发展农业生产，合作社通过统一采购农资、提供技术指导、建立农产品交易市场、开展资金互助等方式解决农户生产、

销售、资金等方面的一系列问题，帮助农户发展生产。三是农户通过资金入股等方式加入与农业企业联结的农业合作社，合作社作为企业的生产基地，统一管理、指导农户开展生产。全市363家合作社通过土地、资金、技术入股等方式联结农户2.59万户，整合到户资金2.37亿元，累计兑付农户分红资金2.06亿元。

四、"家庭农场或专业大户"模式

农户通过土地流转、成为劳动雇工等方式开展或参与适度规模生产经营，具体来看，主要有以下三种路径：一是部分农户通过土地流转扩大种植规模，或者扩栏增加养殖规模，结合自身生产条件成立家庭农场或发展成为种养大户，实现由小农户向规模经营主体的蜕变。华池县元城镇群众高喜民通过流转承包地、开垦撂荒地500多亩，购置整套农业机械，建立了一个将种植养殖贯通起来的家庭农场，通过规模经营产生了较好的效益。二是农户由于外出打工、体弱多病等原因，将承包地流转给家庭农场或专业大户，获得固定租金收益。全市累计流转土地134.2万亩，占承包地总面积的31%，惠及农户近36万户。三是具备一定生产经验和能力的中老年农户将土地流转后，成为家庭农场或专业大户的劳动雇工，获得一定的劳务报酬。目前，全市发展家庭农场6453个，种养大户2419户，提供季节性岗位5.2万个，带动户均净收益达到2万元以上。

五、"入股＋分红"股份合作经营模式

农户以土地、技术、劳动力等资源入股企业，成为企业股份的拥有者，参与企业股息和红利的分配，形成"资金共筹、利益共享、风险共担"的利益共同体。农户由农民变成了股民，在产业收益中按照约定比例进行分红，将优势资源转变成实际资产，实现土地入股分红和务工劳务"双收入"。正宁县正兴现代农业发展有限公司采用"企业+村集体+农户"的模式，与全县10个乡镇55个行政村签订村集体经济入股协议，按照年6%的分红收益率，每年为村集体分红202万元。中盛农牧集团推行"饲草

种植入股+育肥羊代养"模式，引导农户将5000亩撂荒地流转至合作社，按亩折股，合作社统一种植青贮玉米，企业以每吨400元收购。同时，农户可"零成本"认领湖羊基础母羊（企业提供羔羊、技术），育肥后企业按每只300元分红，带动农民持续增收。

六、"休闲农业＋农户"农文旅融合发展模式

庆阳市以现代农业生产和农户多种方式参与为基础，通过开展生态观光、体验采摘、科普研学、小吃餐饮、特色民宿、休闲康养等多个业态，创新拓展"农业+"多元融合方式，打造农文旅融合发展产业体系，推动乡村产业全链升级。环县庄子峁按照以农为本、以文为魂、以旅为媒的思路，成立以乡村"五小产业"和乡村旅游融合发展为主的庄子峁生态农庄，让一个穷山峁摇身一变成为乡村振兴的"模范村"，村民通过土地入股分红、民宿经营、手工艺品销售等渠道，人均收入从2018年6000元跃升至2024年2.21万元，较甘肃省农村人均收入高近万元。华池县南梁镇整合红色遗址与生态农场，建设"红军食堂""小米认耕园"，推出"重走长征路"农耕体验项目，年带动农特产品销售1200万元。目前，全市培育农文旅融合示范村58个，建成休闲农业园区72个，开发特色文旅商品180余种，2024年乡村旅游综合收入达22.8亿元，带动9.2万农户年均增收2.2万元。

（本章撰写人员：庆阳市种子管理站郑泽珺，庆阳市防返贫监测中心冯安宁，庆阳市农业生态环境保护站时宝胜，庆阳市农业信息中心褚娜娜。）

第五章　区域产业主体一体循环

　　围绕构建"区域大循环、产业中循环、农户微循环""三元双向"循环农业新体系,庆阳市高度关注种植业、养殖业、菌业与废弃物处理的紧密合作,通过不同农业副产品或废弃物相互利用,建立物质和能量循环利用链条,加快推动农业资源在县区之间、产业之间、主体之间双向互促、循环利用,达到提高资源利用率、降低生产成本的目标,进而形成资源共享、协同发展和互利共赢的格局。

第一节　立足资源禀赋　构建区域大循环

　　庆阳境内山、川、塬兼有,沟、峁、梁相间,农业产业分布具有明显的区域特色,所产生的农业废弃物分布不均,呈现区域化差异特征,全市农业废弃物主要包括农作物秸秆、畜禽粪便、果木弃枝和菌糠菌渣。农作物秸秆主要集中在宁县、镇原县、环县等产粮大县。果木弃枝主要集中在西峰区、庆城县、宁县等苹果主产区。环县是百万只肉羊产业大县,镇原县是西北最大的白羽肉鸡产业基地,每年产生大量的畜禽粪便。"三元双向"循环农业,主要是立足庆阳农业"一县一业"产业布局,通过培育绿色经营主体、打造特色产业集聚平台、健全资源循环利用体系等方式,推动各类农业废弃物资源优化配置和循环利用,打通不同县域、不同产业之间的物质、能量、要素流动壁垒,形成整个市域范围内的区域大循环格局,实现了农业资源互融互促、高效利用、协调发展。

一、产业园区全链循环

　　主要是在地方规划的一定区域内,以构建循环产业链为核心,通过不同龙头企业的相关产业将各自生产要素充分整合,致力于研究、生产、开发、培育、营销等,推动农业资源在区域内良性循环、互促发展,构建一条完整的园区循环产业链。庆阳市现已建成国家级现代农业产业园2个、省级现代农业产业园5个,都已形成一定规模的园区循环产业链。镇原县玉米肉鸡、环县肉羊、西峰区生猪、合水奶山羊产业园,都形成了集规模养殖、屠宰加工、终端销售、废弃物综合利用等为一体的全产业链,以市域内玉米作为饲料开展规模化养殖,产生的畜禽粪便加工生产有机肥,为全市粮油、中南部塬区苹果、川水灌区蔬菜等农产品生产提供了优质肥料。宁县和庆城县苹果产业园,既利用养殖业畜禽粪便加工的有机肥提升地力,又提供果木弃枝用于生产食用菌袋料和生物质燃料,形成"种植—养殖—食用菌"循环产业链。

二、资源利用闭合循环

主要是在农业生产过程中将其产生的废弃物进行无害化处理和循环再利用,并与生态环境保护相结合的一种农业循环经济发展形式。主要利用方式是将农作物秸秆作为养殖业的饲料或者沼气原料的再利用,将畜禽粪污作为农作物的有机肥料或者沼气原料的再利用,将食用菌菌渣菌糠作为农作物的有机肥料或者蔬菜育苗基质的再利用等。围绕产业发展,庆阳市建成肉羊、肉牛、生猪、肉鸡养殖带,既可以利用市域内农作物秸秆作为饲草来源,也可以将产生的大量畜禽粪便作为有机肥,用于种植业生产,实现废弃物在市域内循环利用。粮食生产区和苹果产业带产生的农作物秸秆和果木弃枝既可作为畜禽饲料,也可作为食用菌袋料。培育壮大的食用菌生产基地,消纳了一部分作物秸秆、果木弃枝和畜禽粪便,促进了废弃资源的闭合循环利用。

三、产业融合互促循环

主要是集生态农业、特色产业、乡村旅游、研学体验、休闲康养等为一体,从种粮养殖、产品加工、商品销售,到开饭馆提供地道美食,实现三个产业的贯通,并在各个环节融入农耕文明、饮食习俗等文化元素,由此形成产

业融合发展的新形式。以环县庄子峁村为例,打破原有产业边界,先后建成8个小作坊、3个养殖中心、8个产业基地,利用种菜、养鸡、养黑山羊等传统农事生产,吸引游客既体验耕作、喂养、采摘等农耕乐趣,打通城市乡村地域循环,推动乡村产业与城市产业互为补充,走出一条以农促旅、以旅兴农、以文塑旅、以旅彰文的融合发展新路子。

四、生态修复绿色循环

主要是将现代循环经济与农业技术作用于传统粗放型农业,使遭到损坏的农业生态系统得到修复,形成较好的物质能量循环体系,实现人与自然的协调与可持续发展。庆阳是典型的雨养农业区,随着规模化农业生产的发展,给农业生态环境带来较大压力。利用农作物秸秆、畜禽粪便、菌渣菌糠等农业废弃物资源,积极探索生态恢复型发展的机制模式,通过高标准农田建设、中低产田改造等方式,采用机械深松耕、轮作休耕、测土配方施肥、秸秆还田、增施有机肥等措施,提高土壤养分,改善耕地质量,实现在农业生产中资源循环再利用与防治生态环境污染的双重目标。

第二节 坚持绿色理念 构建产业中循环

"三元双向"产业中循环,就是运用现代高效种养技术手段,推动农业资源在种植业、养殖业、菌业三个产业之间双向循环、相互转化。具体来说,就是种植业产生的秸秆、枝条等可以转化为养殖业的饲料和菌业的袋料,养殖业产生的粪便可以转化成种植业的肥料和菌业的袋料,菌业产生的废料经过分解处理后又可以回到种养业作为肥料和饲料,形成一个以种植业为基础、养殖业为牵引、菌业为循环纽带的"三元双向"循环圈。

一、"种植+养殖"循环模式

主要是以饲料、有机肥利用为纽带,统筹规划养殖场与种植基地布局,将养殖业产生的废弃物通过好氧发酵等技术手段,生产有机肥用于绿色粮

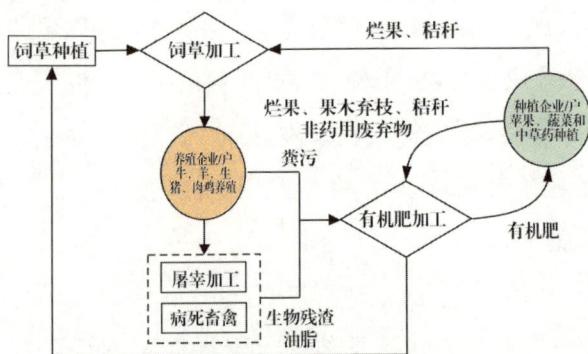

"种植+养殖"循环模式图

油、苹果、蔬菜、中药材等特色产业种植,将种植业产生的秸秆、果木弃枝、尾菜等用于生产有机肥,并与饲草种植结合生产加工饲料的循化农业模式。循环利用方式主要包括"种植（玉米、饲草等）—养殖（牛羊猪鸡等）—有机肥—种植（玉米、饲草等）""种植（农作物秸秆）—养殖（畜禽粪便）—有机肥—种植（苹果、蔬菜等）"等,推动农业资源在种植、养殖产业之间相互转化、高效利用。例如,环县在发展草、羊产业过程中,累计留存紫花苜蓿100万亩,年种植饲用玉米、甜高粱、燕麦等一年生牧草90万亩,加工青干草60万吨、青贮草80万吨,发展肉羊产业,探索形成"种草—饲草收储（贮）—养羊"的利用方式;西峰区生猪存栏20万头,年产粪污50万吨,采取粪水一体还田、厌氧处理、肥料利用等方式,为10万亩蔬菜和8万亩果园提供有机肥,实现"养猪—有机肥—种植"的循环利用。

二、"养殖+菌业"循环模式

主要是以有机肥、基料利用为纽带,将养殖业产业的畜禽粪便用于双孢菇、羊肚菌等食用菌栽培基料,为食用菌提供生产所需各种营养物质。将食用菌种植产生的菌渣菌糠,既可

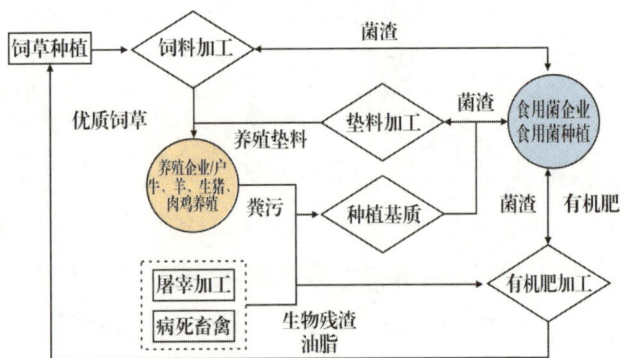

"养殖+食用菌"循环模式图

以通过粉碎、发酵、添加等方式生产饲料,也可以生产有机肥用于饲草种植,还可以用于养殖垫料等的循环农业模式。循环利用方式主要包括"养殖（畜禽粪便）—菌棒—有机肥—饲草料—养殖（牛羊猪鸡等）""食用菌—有机肥—饲草料—养殖"等,实现农业资源在养殖业、菌业之间循环利用。例如,宁县甘农蘑力公司以鸡粪、小麦秸秆为主要原料,利用隧道发酵技术生产双孢菇基料,实现"畜禽粪便—基料—食用菌"的循环利用。

三、"种植+菌业"循环模式

主要是以基料为纽带,将种植产生的农作物秸秆、果木弃枝、尾菜等通过加工生产食用菌栽培基质的循环农业模式,利用食用菌产生的菌渣菌糠生产有机肥,用于农业种植。循环利用方式主要包括"种植（农作物秸秆、果木弃枝等加工菌棒）—菌业—菌渣菌糠（加工有机肥）—种植（苹果、蔬菜、中药材）""菌业—菌渣菌糠

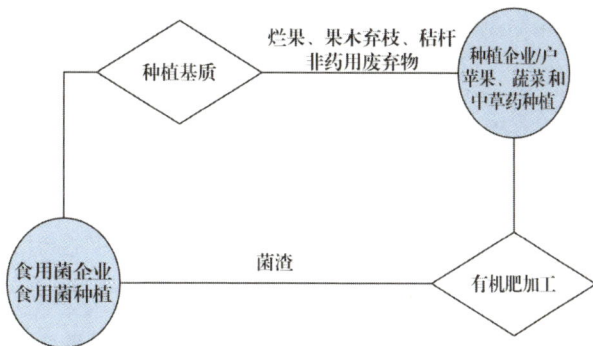

"种植+食用菌"循环模式图

（加工有机肥）—种植"等,实现农业资源在种植业、菌业之间循环利用。例如,庆城县鹏旭农业科技公司,建成苹果木屑基料化加工生产线,就近取"材"生产香菇菌棒,每年消纳果木枝条 4000 余吨,生产香菇菌棒 400 余万棒,实现菌棒基料本地化;高楼镇雷家岘子村建成有机肥加工厂,利用大量的菌渣菌糠和秸秆,加入畜禽粪便,通过堆沤、发酵,每年生产有机肥 5000 多吨,实现菌渣菌糠的肥料化利用。

四、"种植+养殖+菌业"循环模式

主要是以农业废弃物利用为纽带,贯通种植、养殖、菌业三个产业,将种植业产生的农作物秸秆、果木弃枝既可以转化为菌业的袋料,也可以作为养

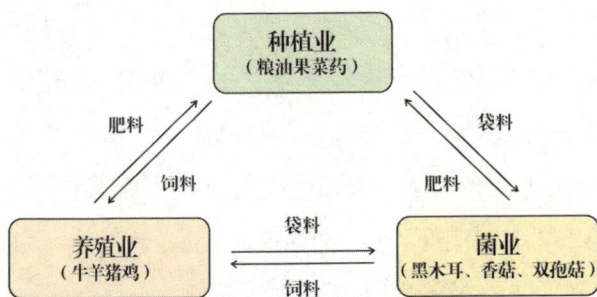

"种植+养殖+菌业"循环模式图

殖业的饲料,还可以生产生物质燃料,推动农作物秸秆的基料化、饲料化、燃料化利用。将养殖业产生的畜禽粪便作为种植业的肥料、菌业的袋料,推动畜禽粪便的肥料化、基料化利用。将菌业产生的菌渣菌糠可以作为养殖业的饲料、种植业的肥料和生物质燃料,推动菌渣菌糠的饲料化、肥料化、燃料化利用的循环农业模式。循环利用方式主要包括"养殖—畜禽粪便—有机肥—种植—菌棒—养殖""种植—菌棒—养殖—有机肥—种植""食用菌—种植—养殖—食用菌",实现农业废弃物资源在种养菌产业之间循环利用。例如,镇原县平泉镇"三元双向"循环农业产业园,集中连片规模化种植玉米40多万亩,收获后的玉米由饲料加工企业生产肉鸡饲料,玉米秸秆送至饲料厂加工牛羊养殖饲草,利用有机肥厂将养殖粪便加工有机肥,每年处理畜禽粪污45万吨以上,生产有机肥15万吨。同时,利用秸秆、畜禽粪便生产菌棒,发展食用菌产业,菌渣菌糠发酵后还田,补充土壤有机质,发展绿色种植,实现种植、养殖、菌业一体培育、循环发展。

第三节 突出节本增效 构建农户微循环

农户是农村生活、农业生产的基本单元。"三元双向"农户微循环,就是以农户为单位,结合小庭院、小家禽、小手工、小买卖和小作坊的"五小产业"培育,利用农户自家的耕地、庭院将种植业、养殖业、菌业相结合,大力推广绿色种养技术,构建"种植业—养殖业—菌业—家庭生活"的物质能量闭环系统,减少废弃物排放,提升资源循环再利用率,提高以农户为单位的农业

经济效益。

一、以农作物秸秆为纽带的循环模式

主要是农户利用农作物秸秆,作为牛羊养殖饲草发展适度规模养殖,构建起相对较为独立的种养微循环形式。主要循环利用方式是农户利用自家耕地种植小麦、玉米、谷类、杂粮等农作物,产生的农作物秸秆采取粉碎、柔丝打包、黄贮等方式加工处理后,作为肉牛、肉羊等牲畜养殖的饲料来源,养殖产生的粪便经堆肥发酵处理后还田,发展绿色种植,形成"种植—秸秆—养殖—有机肥—种植"的农业资源循环利用模式。例如,正宁县在发展肉牛产业过程中,引导农户利用种植玉米产生的秸秆,生产加工饲料,同时将肉牛养殖产生的畜禽粪便,采取堆肥处理后生产农家肥,直接还田培肥地力,提高玉米等作物产量。

二、以畜禽粪便为纽带的循环模式

主要是以畜禽粪污资源化利用为关键纽带,农户畜禽养殖所产生的粪便生产有机肥,有两种循环利用方式。一是堆肥还田。农户通过发展家庭养殖业,产生的畜禽粪便采取堆肥发酵方式生产农家肥,作为粮油生产、饲草种植的肥料来源,种植业产生的农作物秸秆又可成为养殖业的饲草料,形成"养殖—农家肥—种植"的循环利用模式。二是沼气化利用。在规模养殖场配套建设沼气工程,集中处理畜禽粪污,生产沼气既可以用于养殖场发电照明、增光补暖,产生的沼渣和沼液为周边农户发展绿色果蔬提供优质肥料,形成"养殖—沼渣沼液—种植"的循环利用模式。例如,宁县众合种养农民专业合作社采取规模化沼气工程集中处理畜禽粪污,在获取生物质能的同时,实现养殖粪污、残次果品的再利用处理,产生的沼气可满足合作社生活炊事、养殖场区取暖、发电等能源需求,沼渣沼液可用于果树施肥,实现综合利用。

三、以菌渣菌糠为纽带的循环模式

主要是利用生产黑木耳、香菇、双孢菇等产生的菌渣菌糠,依托有机肥企业生产有机肥,为发展粮油生产、苹果种植、设施蔬菜等提供肥料或育苗基质,种植业产生的农作物秸秆、果木弃枝又可以作为食用菌袋料来源,实现"菌渣菌糠—有机肥—种植—食用菌""菌渣菌糠—育苗基质"等循环利用。例如,合水县西华池镇师家庄食用菌生产基地,利用果树残枝、玉米秸秆,年加工菌棒85万棒、生产食用菌1700吨,实现种植业废弃资源向菌业的循环利用;华池县悦乐镇鸭洼村采取"菌菜轮作"方式,前茬种植平菇,菌渣菌糠经处理后还田,后茬定植蔬菜,实现菌菜轮作、合理换茬,有效提高了土地利用率和产出率;华池县将香菇生产后菌棒残渣中丰富的菌丝资源,添加到饲料中饲喂土鸡,为土鸡补充活体动物蛋白,剩余饲料堆肥处理后还田增肥,实现菌渣菌糠的饲料化和肥料化利用。

四、以生物质燃料为纽带的循环模式

主要是以农作物秸秆、菌渣菌糠为纽带,生产生物质燃料,有两种利用方式。一是农作物秸秆燃料化。利用家庭种植产生的农作物秸秆,依托生物质燃料企业,采取固化成型方式生产生物质颗粒,提供农户取暖,实现"农作物秸秆—生物质颗粒—燃料"的循环利用。二是菌渣燃料化利用。利用太阳能光伏板下闲置的土地发展食用菌产业,依托生物质燃料企业生产生物质颗粒,为农户取暖提供原料,实现"菌渣—生物质颗粒—燃料"的循环利用,推动农业废弃物燃料化利用,减少农业面源污染。例如,合水县再生环境能源科技公司,在各乡镇建立枯枝、秸秆等农林废弃物回收点,年收购农林废弃物15万吨以上,采取粉碎、烘干、挤压等工艺制作新型清洁绿色环保燃料,生产生物质燃料8万吨以上,可节约标准煤4万吨,既实现了农业废弃物的资源化利用,又改善了农户的生活品质。

(本章撰写人员:庆阳市农业技术推广中心范宏伟,庆阳市动物疫病预防控制中心石尚贤,庆阳市农业信息中心王颖、李佩阳。)

第二篇

技术篇 JI SHU PIAN

第一章　绿色高效种植技术

庆阳市为传统旱作雨养农业区，粮食作物以小麦、玉米、小杂粮为主，油料作物以油菜、胡麻为主。推广旱作农业生产、复种增粮增效、病虫害绿色防控、果蔬高效栽培等集成技术模式，积极推动良田、良种、良机、良法、良制"五良"融合，夯实新时代"陇东粮仓"大基础，有利于充分推动现代农业强市建设，构建多元化食物供给体系。

第一节　粮油作物种植技术

庆阳市总结推广以玉米全膜双垄沟播、小麦精量半精量播种、大豆玉米带状复合种植、测土配方施肥、深松耕等旱作农业技术，进一步增强旱作农业生产能力，实现由被动抗旱向主动防旱升级跨越。

一、玉米全膜双垄沟播技术

玉米全膜双垄沟播技术是集覆膜抑蒸、垄沟集雨、沟垄种植为一体的水分高效利用的旱作农业技术，具有减少土壤水分蒸发、保墒增墒显著、提高雨水利用率等特点，已成为庆阳市玉米生产主推技术之一。

（一）播前准备

1.选地整地。选择地势平坦、土层深厚、土质疏松、肥力中等偏上、坡度在15°以下的地块。前茬作物收获后及时深耕灭茬，深耕25～30cm，耕后及时耙糖保墒。覆膜前旋耕，使地面平整、无根茬、无土疙瘩。

2.合理施肥。结合旋耕每亩施农家肥3000～5000kg、尿素25～30kg、过磷酸钙40～50kg、硫酸钾15～20kg、硫酸锌2～3kg或玉米专用肥60kg。

3.**土壤处理**。覆膜前每亩用2%联苯·噻虫胺颗粒剂1.5～2kg，或0.5%阿维菌素颗粒剂2～3kg，与细沙混合均匀后撒施，防治地下害虫。用50%乙草胺乳油100g兑水50kg全地面喷施防治杂草。

4.**起垄覆膜**。选用厚度不小于0.01mm、宽120cm的地膜。镇原县、环县等北部县区以秋覆膜为主，其他县区以顶凌覆膜为主。秋覆膜在前茬作物收获后、土壤封冻前抢墒覆膜。顶凌覆膜在早春2月下旬至3月上旬，土壤表层开始解冻时覆膜。按大垄宽70cm、高10cm，小垄宽40cm、高15cm的标准，利用机械一次性完成起垄覆膜。发现地膜破损时，用细土盖严，防止大风揭膜。

5.**品种选择**。选用高产、抗旱、抗病、抗倒伏的品种。中南部川塬区选用中晚熟品种，北部丘陵半干旱区选用中熟品种，东部子午岭冷凉阴湿区以中熟品种为主。

表1-1　全膜双垄沟播玉米栽培品种

品　种	区　域		
	中南部塬区	北部丘陵半干旱区	东部子午岭冷凉阴湿区
主　栽	翔玉218、玉惠丰188、宁单19号、龙生968、强盛199、铁391、东单1902、庆科玉9号	玉研1807、强盛339、瑞普909、迪卡159、东单808、先玉1321、中地159、庆科玉1号	东单1902、龙生888、金穗1203、龙生19号、玉龙7899
搭　配	雄玉581、瑞普909、先玉1483、先玉1620、庆丰源9号	龙生19号、大丰14号、纵横836、恒丰728	东单808、强盛339、先玉1620、先玉1321、粒隆927

(二) 适时播种

1.**播种时间**。当地温稳定在10℃以上时为适宜播期。中南部川塬区在

4月中下旬播种，北部丘陵半干旱区及东部子午岭冷凉阴湿区在4月下旬至5月上旬播种。

2.**播种方法**。采用机械或人工点播的方法，将种子破膜穴播在沟内，播深3～5cm。

3.**合理密植**。中南部川塬区亩保苗4500～5000株，北部丘陵半干旱区亩保苗3500～4000株，东部子午岭冷凉阴湿区亩保苗4000～4500株，水肥条件较好的地块可适当加大种植密度。

（三）田间管理

1.**苗期管理**。苗期及时破除膜面板结土壤进行放苗、补苗，3叶期间苗、5叶期定苗，定苗后至拔节期间及时去除分蘖，大喇叭口期追施尿素每亩15～20kg。

2.**病虫害防控**。瘤黑粉病用三唑类药物进行种子包衣，减轻危害。玉米抽雄前，用25%丙环唑乳油1000～1500倍液喷雾防治。早春可结合玉米螟防治，及时处理玉米秸秆，清除病瘤并带出田间销毁。大小斑病用75%百菌清可湿性粉剂，或80%代森猛锌可湿性粉剂500倍液喷雾防治，每亩用药液50～75kg，隔7～10天喷药1次，共防治2～3次。玉米螟用4%高氯甲维盐微乳剂1000～1500倍液喷雾防治。粘虫用2.5%溴氰菊酯乳油，或20%速灭杀丁乳油1500～2000倍液喷雾防治。

（四）适期收获

当玉米苞叶干枯，籽粒乳线消失、基部出现黑层时及时收获。果穗收获后通风晾晒，防止雨淋受潮导致籽粒霉变。待水分含量降至14%以下后脱粒贮藏或销售。

二、小麦精量半精量播种技术

小麦精量半精量播种技术是通过改大播量为精准播量、改常规机播为宽幅匀播，以改善群体结构，达到穗足、穗大、粒多、粒重、降本、高产目标的技术。

（一）播前准备

1.整地施肥。深耕25～30cm，耕后及时耙糖保墒。结合整地每亩施腐熟农家肥3000～5000kg，尿素15～20kg、过磷酸钙40～50kg、硫酸钾8～12kg。

2.选用良种。选用高产稳产、综合性状好的小麦品种。

表1-2　小麦精量半精量播种栽培品种

品　种	区　域			
	南部塬区及川台区	中部山塬区	北部半干旱山区	东部子午岭林缘区
主　栽	铜麦6号、陇育10号、陇鉴110、普冰151、兰航选122	陇育5号、宁麦5号、陇鉴115、陇育13号	宁麦13号、陇育13号、陇育4号、陇鉴115、环冬4号	宁麦9号、陇育5号、陇育8号、陇育10号、陇鉴116
搭　配	晋麦79、长7080、陇麦479、陇鉴116、陇鉴117、兰天133、兰大211、陇原235、陇紫麦2号	陇鉴110、陇鉴116、陇育9号、兰天134、灵选6号、陇紫麦1号	宁麦9号、陇育9号、陇紫麦1号、陇鉴110、环冬1号	长6359、陇鉴110、晋麦79号、陇鉴117

（二）适期播种

1.播期。结合土壤墒情，在9月中旬至10月上旬适期播种。

2.播量。每亩12.5kg左右，晚播适当增加播种量。

3.播种。采用机械条播，播深3～5cm，行距15～20cm。

（三）田间管理

1.适时追肥。返青期，楼播尿素每亩10～15kg。孕穗至抽穗期，结合降雨撒施尿素每亩3～5kg。扬花至灌浆期，叶面喷施磷酸二氢钾和微肥。

2.生长调节。越冬前，每亩用吨田宝30mL兑水叶面喷施。在拔节初期，对群体大、长势过旺的地块，每亩用矮壮素或壮丰安50～100g兑水喷

施，或用吨田宝30mL兑水叶面喷施。扬花灌浆期，每亩用0.3%的磷酸二氢钾溶液，或用吨田宝30mL兑水叶面喷施。

3.病虫草害防治。条锈病及白粉病发病初期，每亩用430g/L戊唑醇悬浮剂30mL，或430g/L戊唑醇悬浮剂20mL+30%丙硫菌唑可分散油性悬浮剂20mL，或15%三唑酮可湿性粉剂80~100g，兑水叶面喷雾防治。红蜘蛛发生初期，每亩用2.5%联苯菊酯乳油50mL，或2%阿维菌素乳油20mL，兑水叶面喷雾防治。蚜虫每亩用50%抗蚜威可湿性粉剂10~15g，兑水叶面喷雾防治。双子叶杂草每亩用2，4-D丁酯乳油50mL，兑水叶面喷雾防除。野燕麦每亩用3%世玛油悬剂20mL+表面活性剂60mL，兑水叶面喷雾防治。

（四）适期收获

成熟后及时用机械收获、晾晒，当水分含量降至13%以下，清选后进行贮藏或销售。

三、大豆玉米带状复合种植技术

大豆玉米带状复合种植技术是一种充分利用光热资源和土地空间，实现大豆、玉米协同高产的种植模式。庆阳于2022年开始推广大豆玉米带状复合种植技术，年种植面积10万亩以上，实现了"一季双收"高效生产。

（一）选地施肥

1.选地。选择地势平坦、土层深厚、土质疏松、肥力中等偏上、坡度小于15°的地块。避免大豆和玉米迎茬、重茬种植。

2.整地。前茬作物收获后，及时深耕灭茬，耕深25~30cm，耕后及时耙耱保墒，确保地面平整，无根茬、无土疙瘩。

3.施肥。结合整地，玉米带每亩施用高氮配方三元复合肥25-15-5（N-P$_2$O$_5$-K$_2$O）50~60kg。大豆带每亩施用低氮配方三元复合肥7-13-5（N-P$_2$O$_5$-K$_2$O）10~15kg。

或亩施尿素5kg、磷酸二铵20kg做底肥，玉米拔节期亩追施尿素15~20kg、喇叭口期亩追施尿素10~15kg，或于拔节期一次性亩追施45%缓控释氮肥30kg。

4.土壤消毒。地下害虫危害严重的地块，亩用0.5%阿维菌素颗粒剂2-3kg，或2%联苯·噻虫胺颗粒剂1.5-2kg，与细沙混合均匀后撒施。

（二）起垄覆膜

在秋季前茬作物收获后，或翌年土壤消冻后，使用全膜双垄沟播农机一次性完成起垄、铺膜、膜边覆土及垄沟打孔作业。大垄宽70cm、高10cm，小垄宽40cm、高15cm。覆膜后每隔10m沿垄面横向压土腰带，避免风吹损地膜。

（三）种子准备

1.品种选择。大豆选择耐阴耐密、抗旱、抗倒伏、有限或亚有限结荚习性的高产品种。玉米选择株型紧凑或半紧凑、株高适中、耐密植、抗旱抗倒伏、宜机收的高产品种。

表1-3　大豆玉米带状复合种植推荐品种

品　种	区　域		
	北部丘陵半干旱区	中南部山塬区	东部子午岭林缘区
玉米	金穗1203、玉源7879、庆科玉1号	国瑞188、先玉335、玉源7879	金穗1203、龙生19
大豆	齐黄34、中黄35、铁豆62、庆科豆6号	齐黄34、陇黄2号，庆科豆6号	齐黄34、中黄13、开豆18

2.种子处理。每10kg大豆种子选用11%氟环·咯·精甲悬浮剂20～40mL，或62.5g/L精甲·咯菌腈悬浮种衣剂30～40mL，兑水50～100mL混合均匀，调成浆状药液后，与大豆种子充分搅拌至药液均匀分布到种子表面，阴干后即可播种。

（四）播种

1.播种期。当5cm土层温度不小于10℃时进行播种。玉米4月下旬播

种，大豆4月下旬～5月上旬播种。大豆玉米可在5月上旬同期播种，也可分期播种。

2.播种方法。大豆播深3～4cm，玉米播深4～5cm。采用气吸式精量播种机或2BYDZ-5型电动自走式一体化大豆玉米播种机等进行播种。若先收获

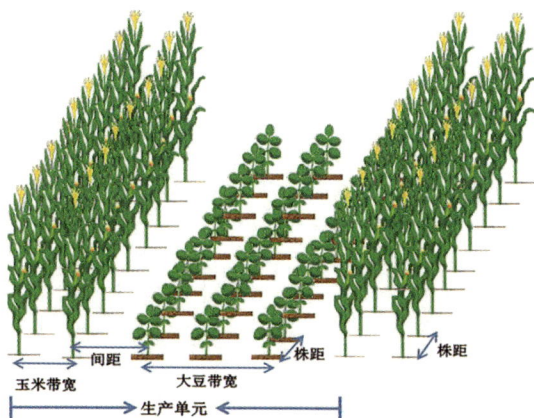

大豆玉米带状复合种植示意图

大豆，在地头种植5m宽大豆带，若先收获玉米，在地头种植5m宽玉米带，以便机械操作。

（五）模式选择

以"4+4、3+2、2+4"（大豆行数＋玉米行数）栽培模式为主，搭配"2+2×2"或"3+2×2"（大豆行数＋玉米行数每穴双株）栽培模式，合理规划选用适宜模式。

表1-4　大豆玉米带状复合种植区域模式

名　称	区　域		
	北部丘陵半干旱区	东部子午岭林缘区	中南部地区
模　式	3+2	4+4、2+4	4+4、3+2
亩株数	玉米亩保苗3000～3300株、大豆亩保苗5000～8000株	玉米亩保苗3500～4000株、大豆亩保苗5000～7000株	玉米亩保苗3700～4500株、大豆亩保苗7000～10000株

（六）田间管理

1.杂草防除。采取"封定结合"策略封闭除草，每亩可选用96%精异丙

甲草胺乳油50～80mL+15%噻吩磺隆可湿性粉剂8～10g，均匀喷雾地表。在起垄后、覆膜前施用。

表1-5　大豆玉米带状复合种植全生育期病虫害药剂防治

时期	主要病虫害	防治方法
播种期	虫害：地老虎、玉米螟、红蜘蛛、蚜虫等	选用包衣的玉米种子防治地下害虫，亩用采用20%虫酰肼悬浮剂25～35mL，或20%克百威乳油200～250mL均匀喷施
播种期	病害：玉米立枯病、猝倒病及纹枯病，大豆根腐病	玉米选用包衣种子预防病害，大豆采用2%戊唑醇悬浮种衣剂包衣（药种比1:120～1:180），或精甲•咯菌腈霜灵悬浮剂18～25g拌种100kg，防治大豆根腐病等土传病害
玉米大喇叭口至收获期　　大豆苗期至开花期	虫害：玉米螟、高隆象，大豆点蜂缘蝽、斜纹夜蛾、豆秆黑潜蝇等	亩用4%高氯•甲维盐微乳剂30～50mL，或1.8%阿维菌素乳油60～100mL，或10%氟虫双酰胺•阿维菌素30～40mL，或30%乙酰甲胺磷乳油120～240mL，在田间虫口密度达5%时，每次间隔7～10天，连续喷施1～2次
	病害：玉米纹枯病、穗腐病、叶斑病，大豆根腐病、细菌性叶斑病、病毒病等	亩用70%甲基硫菌灵可湿性粉剂40～80g，或25%三唑酮可湿性粉剂100g，或12.5%烯唑醇可湿性粉剂40g，均配合5%井冈霉素水剂5～7.5g叶面喷雾，间隔10天左右，连续喷施1～2次
大豆结荚期至成熟期	虫害：豆荚螟、斜纹夜蛾等	亩用4%高氯•甲维盐微乳剂30～50mL，或1.8%阿维菌素乳油60～100mL，或10%氟虫双酰胺•阿维菌素30～40mL，或30%乙酰甲胺磷乳油120～240mL，在田间虫口密度达5%时，连续喷施1～2次，每次间隔7～10天
	病害：细菌性叶斑病、病毒病、荚腐病	亩用70%甲基硫菌灵可湿性粉剂40～80g防治细菌性叶斑病，用25%氰烯菌酯悬浮剂80～100mL防治荚腐病，用2%宁南霉素水剂30～40mL防治病毒病，于病害发生初期均匀喷施，连续喷1～2次，间隔7～10天。

2.**控旺管理。**根据大豆长势，在大豆分枝期至初花期，每亩选用5%烯效唑可湿性粉剂25～50g进行茎叶喷施，控制旺长。

3.**病虫害防治。**以"一喷多促"为主。大豆病害主要有病毒病、根腐病、细菌性叶斑病等，虫害主要有蚜虫、豆荚螟等。玉米病害主要有叶斑病、纹枯病等，虫害主要有玉米螟、高隆象、斜纹夜蛾等。

（七）适期收获

玉米苞叶干枯、籽粒乳线消失、基部出现黑层时，选用4YZL-2H型自走履带式玉米收割机，或4YZP-4K自走式玉米收获机及时收获。大豆在90%叶片脱落豆粒归圆时，选用4LZ-1.0型大豆联合收割

表1-6 庆阳市主要农作物施肥量

作物	目标产量（千克/亩）	化肥施用量（千克/亩）			基肥配方及用量
		N	P$_2$O$_5$	K$_2$O	
冬小麦	<200	6～8	4～5		氮磷钾比例为13-16-2、15-18-3,三元复合肥或相近配方,每亩配方肥用量30～60kg
	200～400	8～12	5～6	1	
	>400	12～15	7～8	1～2	
玉米	<750	12～15	5～7	2～3	氮磷钾比例为17-22-12、23-12-7,三元复合肥或相近配方,每亩配方肥用量30～60kg
	750～900	15～18	7～8	3～5	
	>900	18～20	8～10	5～6	
马铃薯	<2000	8～10	4～6	5～8	氮磷钾比例为18-15-15、15-13-14,三元复合肥或相近配方,每亩配方肥用量30～60kg
	2000～3000	10～12	6～8	8～10	
	>3000	12～15	8～10	10～12	
油菜	<100	5～6	3～4	1～2	氮磷钾比例为16-8-4、16-8-6,三元复合肥或相近配方,每亩配方肥用量20～30kg,每亩配施硫酸锌1kg、硼砂1kg
	100～200	6～8	4～5	2～3	
	>200	8～10	5～7	3～4	

注：冬小麦、玉米、马铃薯、油菜底肥每亩增施腐熟农家肥1000～1500kg,或商品有机肥100～200kg。N、P$_2$O$_5$、K$_2$O施用量为折纯量。

机，或4LLD-1.7自走式大豆联合收割机等机具进行机收。

四、测土配方施肥技术

测土配方施肥技术是以土壤养分检测为基础，结合作物需肥规律和目标产量，制定个性化的施肥方案，以达到提高肥料利用率、减少浪费、保护环境，促进作物生长和提高产量品质。

第二节　复种增粮增效技术

庆阳市7至9月夏粮油收获后处于休闲期，光、热、水资源丰富，具有优越的复种气候条件。市委、市政府启动实施百万亩复种增粮增效工程，统筹利用冬油菜、冬小麦夏收休闲耕地，推广复种粮、油、薯、菜、草等多元化模式。经不断探索实践，形成了复种马铃薯、麦后移栽紫苏、杂粮、其他作物等复种技术，总结出"一年两熟"或"两年三熟"耕作制度。

一、马铃薯复种技术

在冬油菜、冬小麦收获后的耕地空闲期，利用雨热同期气候条件复种一茬马铃薯，提高土地复种指数，增加粮食产量和农民收入。冬油菜茬较冬小麦茬复种马铃薯可显著增加产量，复种以冬油菜茬为主。

（一）品种选择

冬油菜茬复种马铃薯选用生育期70～90天的中早熟品种，如V7、冀张薯12号等。冬小麦茬复种马铃薯尽量选用淀粉含量高的品种，如青薯9号、陇薯7号等品种。

（二）种薯处理

选择品种特征强、无病虫害、无冻害、薯皮光滑、细嫩、色泽鲜艳的健康薯做种薯。播种前将种薯晾晒，切块时，先将切刀用75%酒精消毒，先纵切、再横切，要切深。切块需有1～2个芽眼，多带薯肉、大小均匀。

切块完成后，用马铃薯专用拌种剂300g拌种薯150kg，或用2500g滑石粉+150克72%霜脲锰锌粉剂混匀后拌种薯150kg。

（三）整地施肥

冬油菜或冬小麦收获后，应及时清理地上杂物，深翻25～30cm，结合旋耕施足底肥。冬油菜茬复种时，亩施尿素18～25kg、过磷酸钙25kg、硫酸钾15kg。冬小麦茬复种时，亩施尿素25～35kg、过磷酸钙25kg、硫酸钾15kg。

（四）适时播种

前茬作物收获后及时腾地、翻耕，尽早播种。即使土壤墒情不足也应及时播种，待雨出苗。油菜茬于5月下旬至6月上旬抢墒播种，小麦茬尽量在7月上旬播种结束，播深10～15cm。

（五）栽培模式

播种时采用起垄、播种、覆土、喷药一体机，减少人工成本投入。

1.大垄双行露地栽培。 不覆膜，旋耕后采用机械起垄完成播种。垄高10～15cm，垄距1.2m（垄面宽85cm，垄沟宽35cm）。

2.平作培土栽培。 露地平作种植小行距30cm，大行距90cm。待出苗后进行培土起垄，培土高5～10cm。种植密度均为每亩3500～4000株。由于出苗期正值高温天气，为避免烧苗，应采用不覆膜或膜（黑膜）上覆土、秸秆覆盖等措施。

（六）田间管理

马铃薯复种应及时观察苗情，做好田间除草和病虫害防治，尤其注意及时清除前茬作物自生苗，及早做好蚜虫、早疫病、晚疫病预防。

1.田间除草。 播后3～10天内进行播后苗前除草，采用70%嗪草酮可湿性粉剂+10.8%精喹禾灵乳油+33%二甲戊灵乳油喷雾处理，也可在马铃薯株高10～15cm、杂草2～4叶期，采用3%砜嘧磺隆水分散粒剂+12%烯草酮乳油茎叶喷雾防除。

2.中耕培土。现蕾前及时中耕培土1~2次。可采用机械进行中耕培土。当苗高10㎝时进行第一次培土，高度5㎝左右，现蕾期进行第二次培土，高度5㎝左右。

3.消灭虫害。在出苗率达到85%时进行第一次防治，蚜虫每亩用3%啶虫脒乳油50mL，或蚜虱净可湿性粉剂8~12g叶面喷雾防治。每隔7~10天防治1次，连续防治2次。

4.适期控旺。初花期，株高超过40㎝即将封垄时，根据田间长势，对于地上部分长势强的地块，每亩用10%烯效唑悬浮剂40~50g，或50%矮壮素悬浮剂40~50g，或甲哌鎓水剂50~60mL等植物生长调节剂叶面喷雾，抑制植株徒长，促进块茎膨大。也可人工控旺，及时摘除植株生长点，去除多余的分枝和花蕾，减少地上部分养分消耗。

5.预防病害。齐苗后，每亩用80%代森锰锌可湿性粉剂50~70g叶面喷施，预防早疫病、晚疫病。发病时，每亩用25%吡唑醚菌酯悬浮剂20~30mL，或72%霜脲锰锌可湿性粉剂70~100g，或30%苯甲·嘧菌酯悬浮剂30~50mL，或50%氟啶胺悬浮剂25~35mL，进行叶面喷雾防治，10~15天喷施1次。最少选用3种以上药剂交替使用，以免产生抗药性。

（七）收获及贮藏

采用机械适时收获。鲜薯要适当晾晒，防止水分过大碰伤表皮，不利于运输、销售和贮藏。人工分级捡拾，装袋种薯可存入阴凉通风地窖或气调库。

二、麦后移栽紫苏技术

利用7、8、9三个月的光、热、水资源，在小麦收获后空档期移栽紫苏，可解决春季直播紫苏出苗难、产量不高的问题，提高土地利用率，增加生产效益。

（一）地块选择

栽植地块以黑垆土、黄绵土为宜，选择光照充足、疏松肥沃的塬面地

或梯田地栽植。

（二）合理施肥

翻耕栽培条件下，结合整地亩施腐熟农家肥3000kg、过磷酸钙40kg、硫酸钾15kg。免耕移栽条件下，移栽20天后结合降雨亩追施尿素15kg。

（三）品种选择

主要以食叶红紫苏、平凉崇信红紫苏、陇苏5号、正宁黑紫苏、94C、94D、苏丽娜紫苏为主。亩用种量200g。

（四）播种育苗

主要分为露地育苗、塑料拱棚育苗和穴盘育苗3种育苗方式。

1.露地育苗。在麦收前30～40天（4月下旬至5月上旬）做畦播种。

制作育苗畦：畦宽1.5m，长度根据用苗量而定，底部铺设1层地膜。育苗土选用土壤与腐熟的农家肥（5∶1比例）混合，过筛后铺在苗畦内，厚15cm。

种子处理及播种：先将种子放入50℃温水中浸种，并不断搅拌，当水温降至30℃后继续浸种10小时。然后捞出沥干，播在做好的苗床上，用种量1～1.5g/m²。如果苗畦土壤干旱，播种前可将苗畦灌1次透水。播后覆土2cm，再盖上3cm厚的麦草保湿。当出苗80%后去掉麦草，苗高10cm时进行蹲苗。麦收后及时起苗移栽。

2.塑料拱棚育苗。在4月中旬至5月上旬，搭建宽6m，长度30m左右的塑料拱棚，棚内做宽1m，长不等的苗畦，畦底整平夯实，铺设1层地膜。育苗土配制、铺设及种子处理、播种同露地育苗方法。出苗后及时去掉棚膜，幼苗3～5叶时进行间苗，苗距8cm。苗高10cm时进行蹲苗。麦收后及时起苗移栽。

3.穴盘育苗。于5月中旬开始播种育苗。选择72孔的PS吹塑育苗穴盘，先用0.1%的高锰酸钾溶液进行喷雾消毒，清水充分冲洗干净晾干后装入育苗基质，适当压实、浇透水。然后将处理好的种子播入穴盘中，每穴

2～3粒，播深2cm，播后覆盖1层育苗基质。育苗期间保持环境温度20～25℃，注意通风与光照管理，避免强光直射。适时浇水，保持基质湿润，待幼苗长出2～3片真叶时进行间苗、补苗，确保每穴有1～2株健壮幼苗。移栽前5～7天进行炼苗，提高移栽成活率。

（五）适时移栽

于6月底至7月初麦收后进行移栽。株型小、生育期短的品种，移栽行株距50cm×50cm或50cm×40cm，亩保苗2700～3300株。株型大、生育期长的品种，行株距80cm×60cm或60cm×60cm，亩保苗1500～2000株。

（六）田间管理

在紫苏生长的不同时期，应采取不同的田间管理方式，尤其要注意做好肥水、病虫害等田间管理。

1.生长前期。干旱时，移栽后及时在幼苗根部点浇1～2次缓苗水，水渗完后用土将根茎部覆盖。缺苗时可在雨后及时补栽。缓苗后中耕2～3次，防止杂草滋生。

2.生长中期。在肥力低下的地块，紫苏苗若长势较差，可于阴雨天亩撒施NPK复合肥（15-15-15）12kg，也可雨后在栽植行间开10cm深的浅沟，亩追施NPK复合肥（15-15-15）10kg。

3.生长后期。当株高70cm以上、叶色微黄时，叶面喷2次丰产素，促进籽粒成熟。成熟期采用掷物、声音、人工等驱鸟方法进行管护，减少鸟害。

4.病虫害防治。主要害虫有红蜘蛛、蚜虫、大青虫等。初发期，每亩用20%杀灭菊酯乳油10～20mL兑水叶面喷雾防治。主要病害有斑枯病、锈病、白粉病等。斑枯病每亩用75%百菌清可湿性粉剂75～100g，或80%代森锰锌可湿性粉剂50～70g，兑水叶面喷雾预防。锈病和白粉病每亩用10%苯醚甲环唑水分分散剂100g，或25%吡唑醚菌酯乳油20mL，兑水叶面喷雾防治。

（七）适时收获

全田2/3植株叶片由绿色变成浅黄色，结穗变成浅褐色，种子由白色变成浅褐色时，即可收获。收割后扎捆堆放，避免雨淋，促进后熟。堆放15～20天后人工脱粒、清选晒干入库。

三、谷子复种技术

利用冬油菜收获后丰富的光、热、水资源复种谷子，有助于促进地方特色小杂粮产业发展，提高粮食产量，间接扩大养殖业饲草来源。

（一）品种选择

选用生育期110～120天，抗旱、抗病、抗倒伏性强的丰产、稳产的谷子品种，如鑫谷4号、秦杂谷6号、金苗K7等。

（二）整地施肥

冬油菜收获后及时灭茬整地，清除田间杂物，粉碎地表秸秆。结合整地亩施磷酸二铵20～25kg，尿素8～10kg。播前深翻细整，耕深25～30cm，反复耙耱。要求地面平整、土壤细碎、表层疏松。

（三）适时播种

冬油菜收获后尽早播种，播种时间于6月上旬前完成。采用露地条播种植方式，行距30cm，株距5～7cm，播深2～3cm，亩播种量0.5～0.7kg。

（四）田间管理

1.**镇压保墒**。播后遇到干旱时要及时镇压，保墒出苗。

2.**间苗定苗**。3～4叶期间苗，5～6叶期定苗，亩保苗3.5～4.5万株。

3.**喷施叶面肥**。在开花期和灌浆初期，每亩用磷酸二氢钾200～300g，兑水叶面喷施。每隔10～15天喷1次，连续2～3次，防止早衰减少秕谷。

4.**杂草防控**。结合间苗定苗进行人工除草，或选用除草剂防控杂草。播后苗前，亩选用10%单密磺隆可湿性粉剂30g，兑水地表均匀喷雾。苗后4～5叶期，亩选用12.5%烯禾啶乳油100mL，兑水喷雾。

5.**病虫鸟害防治**。谷子白发病亩用噁霉灵可湿性粉剂，按种子重量的

0.3%～0.5%拌种。在发病初期，谷锈病亩用25%三唑酮可湿性粉剂30g，叶面喷雾防治。谷瘟病亩用40%克瘟散乳油100～150mL，叶面喷雾防治。主要虫害有地老虎、金针虫、粟叶甲和粘虫等。结合整地，地老虎、金针虫亩用0.5%阿维菌素颗粒剂2～3kg，或联苯·噻虫胺颗粒剂1.5～2kg拌土撒施防治。粟叶甲亩用10%吡虫啉可湿性粉剂10～15g喷雾防治。粘虫亩用20%氰戊菊酯乳油20～30mL喷雾防治。鸟害防控一般用驱鸟剂喷雾或挂袋防治，也可以选用超声波等声控驱鸟器，并结合人工驱赶防控。

（五）适时收获

在谷子籽粒变硬、谷穗变黄（红）的蜡熟期或完熟期及时收获。收获后及时晾晒、脱粒。籽粒晾晒至种子含水量小于13%时贮藏。

四、其他粮食作物复种技术

庆阳市可复种的其他粮食作物有大豆、糜子和荞麦。大豆和糜子主要在中南部川塬区种植，荞麦主要在北部山区种植。

（一）品种选择

选用生育期90～110天，株高偏大、抗病、丰产稳产性好、适宜机收的优良品种。

（二）整地施肥

及时灭茬并清除田间杂物，采用浅机耕或旋耕，深度25cm。耕后耙耱做到地平土绵、无大土疙瘩。施肥以化学肥料为主，结合整地施入。

（三）适时播种

油菜茬于6月上旬播种，小麦茬于7月上旬播种。播期内尽早播种。

（四）田间管理

及时查苗、补种或移栽。做好田间病虫草害防治，尤其注意油菜和小麦自生苗防控。

（五）病虫草害防治

草害防治可以用封闭除草剂或苗后除草剂。除草剂要选择药效适中、

残留少、对环境污染小，避免对后茬作物形成不利影响的种类。大豆主要虫害有豆荚螟和点蜂缘蝽，糜子有粘虫、吸浆虫，荞麦有粘虫和钩翅蛾。大豆主要病害有灰斑病和褐斑病，糜子有斑点病，荞麦有立枯病。病虫害防治需要提前预防，尽早防控。在药剂选用上，要注意绿色环保，杜绝国家禁止类药物的使用。

（六）适时收获

采用人工或机械收获。大豆在叶片完全脱落，荚粒呈原品种色泽，豆粒归圆时收获。糜子籽粒有2/3以上成熟时收获。荞麦植株70%籽粒成熟，即全株中下部籽粒呈成熟色、上部籽粒呈青绿色、顶部还在开花时收获。

表1-7　庆阳市复种粮食作物种植技术要点

作物种类	主推品种	每亩施肥量	除草剂每亩	虫害防治药剂每亩	病害防治药剂每亩
大豆	中黄30号宁黄8号庆科豆6号	尿素3~5kg、过磷酸钙30~40kg、硫酸钾3~4kg	10%精喹禾灵乳油70~100mL	豆荚螟：用10%溴氟菊酯乳油30~40mL防治。点蜂缘蝽：用5%高效氯氟氰菊酯乳油30~40mL防治	灰斑病和褐斑病：用70%甲基硫菌灵可湿性粉剂40~80g防治
糜子	陇糜10号陇糜14号	尿素10~15kg、过磷酸钙30~40kg	43%乙·莠·氰草津悬浮剂200mL	粘虫和吸浆虫：用5%高效氯氟氰菊酯乳油30~40mL防治	斑点病：用70%甲基硫菌灵可湿性粉剂40~80g防治
荞麦	平荞2号榆荞4号庆红荞1号	尿素3~5kg、过磷酸钙30~40kg硫酸钾3~5kg	10%精喹禾灵乳油70~100mL	粘虫和钩翅蛾：用5%高效氯氟氰菊酯乳油30~40mL防治	立枯病：用70%代森锰锌可湿性粉剂50~70g防治

五、饲草复种技术

在冬油菜、冬小麦和胡麻收获后，充分利用后季高温多雨的有利条件复种饲草，可提高土地利用率、增加生物产量。

（一）种植模式

1.油菜茬种植。5月底至6月初，油菜收获后立即抢墒种植。采用甜高粱、燕麦草单播、饲用玉米与其他饲草混播等模式种植。

2.小麦茬种植。6月中下旬，小麦收获后立即抢墒种植。选择生育期较短的早、中熟玉米品种采用饲用玉米、甜高粱、燕麦草单播或混播等模式种植。

3.胡麻茬种植。中南部7月下旬，胡麻收获后抢墒种植。可选用早熟的饲用玉米与其他饲草混播种植。

（二）品种选择

饲用玉米在北部山区可选用利合16号、陇单118、太玉339等早熟品种，中南部可选用先玉1330、先玉698、五谷652等中晚熟品种，甜高粱可选用巨人、大力士、陇甜1号等品种。燕麦可选用陇燕2号、陇燕3号、永久444等品种。

（三）整地施肥

结合耕地，亩施过磷酸钙30～40kg、尿素10～15kg，施用农家肥时过磷酸钙和尿素可适量减少。种植饲用玉米及甜高粱的地块在暴雨后易造成板结，导致出苗困难，应及时人工破除板结。

（四）适时播种

在6月底、7月初，油菜、小麦、胡麻等夏田作物收获后，立即抢墒种植。饲用玉米单播，亩保苗4500～5500株，混播亩保苗3500～4000株。甜高粱单播，每亩用种1kg，燕麦7～10kg。其他混播饲草，可根据实际情况适量播种。

（五）田间管理

饲用玉米大斑病发病早期，亩用25%苯醚甲环唑乳油50g，兑水进行叶面喷雾防治。盛发期亩用25%丙环唑乳油30～40g兑水，叶面喷雾防治。喇

叭口期，亩用每克100亿孢子的Bt菌粉50g或白僵菌菌粉1～2kg防治玉米螟。粘虫亩用20%虫酰肼悬浮剂25～35mL，兑水叶面喷雾防治。

第三节　粮油作物病虫害防控技术

病虫害防控应坚持以"预防为主、防治结合"的方针，在加强监测预警的基础上，推进绿色防控、统防统治，突出主要作物、重大病虫、重点区域、关键环节，建立环境友好、生态兼容的综合防控技术体系。

一、综合防控技术

庆阳市围绕玉米、小麦单产提升，重点推广小麦"一喷三防"、秋粮作物"一喷多促"等技术措施，实现防灾减灾、稳产增产。

（一）小麦"一喷三防"

针对小麦生长中后期经常出现的干热风、病虫害及早衰等问题，通过一次性叶面喷施植物生长调节剂、叶面肥、杀菌剂、杀虫剂等混配液，达到防干热风、防病虫、防早衰的目的，实现增粒增重的效果，确保小麦丰产增收。

1.**喷施时间。**小麦抽穗扬花至灌浆乳熟期，喷施药肥混合液。在无风晴天上午10时前喷施。喷后24小时内遇到中到大雨，要及时补喷。

2.**喷施次数。**根据病虫害发生程度喷施1～2次。

3.**药肥配方。**科学选用适宜杀虫剂、杀菌剂、叶面肥及植物生长调控剂，现配现用。防治锈病、白粉病，每亩用15%三唑酮可湿性粉剂80g，或12.5%烯唑醇可湿性粉剂60g，兑水叶面均匀喷雾防治。防治蚜虫，每亩用10%吡虫啉可湿性粉剂20g，或吡蚜酮可湿性粉剂5～10g，兑水叶面均匀喷雾防治。防治干热风、早衰，每亩用100～150g磷酸二氢钾兑水配成0.2%～0.3%的溶液叶面喷施。

4.**喷施方式。**采用机械或无人机喷防，改善喷施质量及效果，保障人员健康和安全。

5.注意事项。严禁使用高毒农药，严格按照农药说明书及安全操作规程科学用药，确保操作人员安全防护及药液均匀喷施，防止中毒。喷药应避开小麦扬花期。

（二）秋粮作物"一喷多促"

针对玉米等秋粮作物生长中后期经常出现的高温干旱、病虫危害及低温早霜等灾害，通过一次喷施叶面肥、植物生长调节剂、杀虫剂、杀菌剂等，促进秋粮生长发育、灌浆成熟、灾后恢复、产量提升，达到减灾增产的目标。

1.喷施时间。选择在无风天气上午9时至下午6时喷施，避开正午高温时段。喷后24小时内遇到中到大雨，要及时补喷，以保证防治效果。

2.喷施次数。根据病虫害发生程度喷施1~2次。

3.药肥配方。玉米灌浆至乳熟期，渍涝田块喷施尿素、磷酸二氢钾等叶面肥和植物生长调节剂，促进氮肥吸收和磷钾补充，提高植株抗性。干旱田块喷施磷酸二氢钾、中微量元素水溶肥和抗旱抗逆制剂等，改善叶片水分状况，提高抗旱能力。高温气候喷施磷酸二氢钾、植物生长调节剂，并结合灌水，调温改善田间气候。选用氯虫苯甲酰胺、甲维盐、溴氰菊酯等，防控草地贪夜蛾、玉米螟、粘虫等害虫。选用吡唑醚菌酯、苯醚甲环唑、醚菌酯·氟环唑等防控叶斑病、大小斑病等病害。

4.喷施方式。优先选择无人机，统一喷防作业。玉米株高不妨碍作业时，应选择大型高架喷药车作业，要注意匀速行驶、避免碾压刮碰植株。中后期采用植保无人机喷药，注意药液浓度，必要时应添加沉降剂。

5.注意事项。作业时应选无风的晴好天气喷施，避免雨天、高温作业。以玉米灌浆至乳熟期为主，有条件的视情况可多次作业，注意调整药肥等配方。

二、作物重点病虫害绿色防控

粮食作物常见重点病虫害有小麦条锈病、马铃薯晚疫病、草地贪夜

蛾、玉米大斑病等。

（一）小麦条锈病

1.症状特征。 由条形柄锈菌引起的小麦真菌病害，俗称黄疸、黄筋。庆阳区域内属于条锈病偶发越夏区和春季易发区，是冬小麦生产中的重要病害，与小麦叶锈病、秆锈病的病斑症状的区别是"条锈成行叶锈乱，秆锈成个大红斑"。

2.发病规律。 小麦条锈病表现为初发病时，夏孢子堆为小长条状，鲜黄色，椭圆形，与叶脉平行且排列成行，呈虚线状。后期表皮破裂，出现锈褐色粉状物。以感染小麦叶片为主，叶鞘、穗、芒均可受害。

3.防控技术具体如下：

（1）农业防治。一是选用抗病品种，不同品种合理布局。二是小麦收获后，及时翻耕灭茬，清理携带病菌的麦秆、杂草，减少病菌寄主和菌源量，阻断传播途径。三是采用轮作倒茬的种植方式，减少菌源的传播和扩散。四是推行种子包衣技术，对于农户自留种子可选用戊唑醇或三唑酮拌种。

（2）生物防治。在小麦拔节至孕穗期，利用芽孢杆菌、木霉菌等有益微生物抑制条锈病菌的发生。还可通过施用植物提取物、寡糖素，激发小麦自身的免疫系统，增强其对条锈病的抵抗能力。

（3）化学防治。大田病叶率达 0.5%~1% 时立即进行防治。选用三唑酮、烯唑醇、戊唑醇等药剂，按规定剂量喷雾并及时查漏补喷。发病较重麦田，3~5天后换药喷防。

（二）草地贪夜蛾

1.危害特征。 草地贪夜蛾主要危害玉米、高粱等。一至三龄幼虫多隐藏在玉米心叶内取食，形成半透明薄膜"窗孔"。四至六龄为暴食期，取食叶片后形成不规则的长形孔洞，严重时可造成玉米生长点坏死、植株倒伏。

2.**发生规律。**草地贪夜蛾每年可发生6~8代。6至8月迁入危害。成虫具有趋光性，幼虫白天潜藏于植株心叶、茎秆或果穗内部、土壤表层，夜晚出来取食为害。

3.**防控措施具体如下：**

（1）种子处理。选择含有氯虫苯甲酰胺等成分的种衣剂，实施种子统一包衣，防治苗期草地贪夜蛾。

（2）生物防治。卵孵化初期和幼虫期，选用苏云金杆菌、球孢白僵菌、金龟子绿僵菌、多杀霉素等生物农药喷施，或者释放螟黄赤眼蜂、益蝽等捕食性天敌昆虫。成虫发生高峰期，采取性信息素、食诱剂等理化诱控措施，诱杀成虫、干扰交配，减少田间落卵量，压低发生基数。

（3）化学防治。用甲维盐、氯虫苯甲酰胺、乙基多杀菌素、茚虫威、虱螨脲等药剂进行防治，注意轮换用药和安全用药。每种药剂、每季玉米使用不超过1次，防止抗性上升。在清晨或傍晚重点对心叶、雄穗和雌穗等部位进行施药。防治最佳时期：玉米苗期至小喇叭口期（7~11叶）为害株率大于5%，玉米心叶末期（或大喇叭口期）为害株率大于20%，玉米雌穗形成期为害株率大于10%，或全生育期百株幼虫量高于10头时，应及时进行防治。

（三）马铃薯晚疫病

1.**症状特征。**叶片染病时叶尖或叶缘出现水渍状绿褐色小斑点，周围具有浅绿色晕圈。随着病情发展，病斑迅速扩大变为褐色，并在病斑边缘产生一圈白霉，在湿度大时尤为明显。在干燥条件下，病斑干枯变褐，质脆易裂。严重时叶片萎蔫下垂，全株黑腐。茎部染病时出现褐色条斑病斑，环绕茎部一周使茎部组织坏死，导致植株上部枝叶萎蔫。块茎染病时表面出现褐色稍凹陷病斑，病斑下的薯肉呈不同深度的褐色坏死，与健康薯肉界限不明显。贮藏期间病斑会继续扩大，块茎腐烂。

2.**发病规律。**主要由致病疫霉引起。病菌以菌丝体在薯块中或病残体

上越冬，也可在土壤中存活。来年环境适宜时产生孢囊，借气流、雨水传播侵染马铃薯。温度在10～25℃且相对湿度高于75%时易于发病，多雨多雾天气会加重病害。连作、种植密度大、通风不良及偏施氮肥等，会增加发病概率。

3.防控技术具体如下：

（1）农业措施。一是选择抗病品种。二是种植早熟品种时，应提早播种，使地下块茎膨大期避开雨季。三是加强田间管理，薯块进入膨大期后进行培土。在重发生区域实行提前杀秧，减少薯块染病。四是种薯收获后放在通风处阴干表面水分，同时拣出病薯。五是可与禾本科、豆类等非茄科作物轮作，或选择禾本科为前茬作物的地块。

（2）生物防治。马铃薯现蕾至开花期，叶面喷施木霉菌、芽孢杆菌等生防菌剂，抑制晚疫病菌的生长和繁殖。

（3）化学防治。选用霜脲·锰锌等广谱性药剂与草木灰或滑石粉混匀拌种，晾干后播种。在发病初期，可选用保护性杀菌剂如代森锰锌等进行叶面喷雾。在病害流行时或在雨水集中期，则使用治疗性杀菌剂，如霜脲·锰锌、烯酰吗啉、嘧菌酯等药剂进行防治。根据病情发展和天气情况，合理调整施药次数和间隔时间，并注意轮换用药。

第四节　蔬菜生产技术

蔬菜是庆阳市现代农业和农村经济发展的特色主导产业，以中南部塬区和川水灌区为重点区域，突出设施蔬菜、露地蔬菜生产，通过老旧设施改造提升、高原夏菜扶持发展、优质种苗集约繁育、高新技术组装配套、建立蔬菜基地、推广绿色生产等措施，推进瓜菜产业提质增效。

一、设施蔬菜生产技术

设施蔬菜具有生产周期短、产量高、品质优、效益好等优点，能够克服

表1-8　蔬菜设施结构基本参数

类型	方位	造型	骨架结构	长度 (m)	跨度 (m)	脊高 (m)
日光温室	坐北朝南偏西5°~10°	(1)土墙厚度:顶部1.5m,基部3m以上 (2)砖墙厚度:内外砖墙24cm,中间夯填素土,厚度1m以上	(1)双弦梁钢管 (2)椭圆管 (3)几型钢	50~60	8.5~12	4.5~6
塑料大棚	根据地形,不限方位	拱圆式	(1)热镀锌钢管 (2)热镀锌椭圆管	50~60	8~10	3~4.5

季节和地域限制,便于集约化控制、实现周年生产和反季节栽培。庆阳市设施蔬菜生产种类有番茄、茄子、辣椒、黄瓜、西葫芦、菜豆、白萝卜等。

(一)设施类型

设施类型主要有日光温室、塑料大棚、连栋塑料大棚等。日光温室由两侧山墙、后墙体、支撑骨架及覆盖材料组成。塑料大棚、连栋塑料大棚由钢材等材料做成拱形骨架,并覆盖塑料棚膜。

(二)品种选择

辣椒品种可选择陇椒10号、西北绿旋风、超吉2313、西北旅35等,番茄品种选择浙粉711、朝研559、普罗旺斯、梅赛德斯等,茄子品种选择红粉帝王、兰杂二号等,黄瓜品种选择板桥白黄瓜、甘丰袖玉、熙优210、田骄七号、靓丽八号等,菜豆品种选择架豆王、长青2号、农娃娃N6等,西葫芦品种选择京葫42号、舜和4135、冬秀3号等,春萝卜选择百幕田592、青春、金福等。

(三)茬口安排

日光温室适合秋冬茬、越冬茬、冬春茬生产,塑料大棚适合春提早、秋延后生产。

表1-9　设施蔬菜茬口安排

栽培方式	定植期（月/旬）	收获期（月/旬）	育苗场所
日光温室秋冬茬	8月下旬至9月上旬	10月下旬至翌年2月上旬	大棚遮阴育苗
日光温室冬春茬	1月下旬至2月上旬	3月上旬至翌年5月上旬	温室育苗
日光温室越冬茬	10月上中旬	12月上旬至翌年7月上旬	大棚遮阴育苗
塑料大棚春提茬	3月下旬至4月上旬	5月上旬至7月下旬	温室育苗
塑料大棚秋延茬	7月下旬至8月上旬	9月上旬至11月下旬	大棚遮阴育苗

（四）培育壮苗

1.种子处理。种子处理前进行晒种1～2天，可改善种皮透性，提高发芽势和发芽率。

浸种：先将种子放入清水中浸泡3～4小时，再放入10%磷酸三钠溶液或0.1%高锰酸钾溶液中浸种20分钟，然后用清水冲洗干净浸泡催芽。或用50%多菌灵可湿性粉剂500倍液浸种20分钟，捞出用清水充分冲洗干净浸泡催芽。或将种子置于55～60℃的温水中烫种15～20分钟，并不断搅拌，当水温降至30℃时，继续浸种8～12小时，捞出冲洗干净催芽。

催芽：将浸种后的种子置于28～30℃保温保湿（90%相对湿度）环境中催芽，早晚对种子表皮黏液进行清洗，待种子"露白"后播种。包衣种子直接播种。

2.播种及出苗前管理。选择晴天上午进行播种。将出芽的种子播于装有育苗基质的穴盘中（茄果类选用72孔、瓜类选用32或50孔），播后覆土，小粒种子覆土厚度1.0～1.5cm，中粒1.5～2.5cm，大粒3cm左右。覆土后一次性浇透水，冬春育苗需覆盖地膜保温保湿。出苗后严格控水、以免发生徒长，晴天中午温度过高可适当遮阴。

表1-10　主要蔬菜用种量、苗床面积及浸种催芽适宜温度与时间表

蔬菜种类	用种量（克/亩）	需苗床面积（平方米/亩）	浸种		催芽		成苗标准
			水温（℃）	时间（小时）	温度（℃）	天数（天）	
番茄	20~30	6~8	25~30	10~12	25~28	2~3	苗龄40~60天，株高10~15cm，茎粗大于5mm，5~7片真叶，叶片肥厚、深绿，根系白色发达，无花蕾，无病虫害
辣椒	80~110	6~8	25~30	10~12	25~30	4~5	苗龄70~100天，株高15~20cm，茎粗0.3~0.5cm，节间较短，6~8片真叶，叶片深绿肥厚，根系发达白色，显花蕾，无病虫害
茄子	25~40	3~4	30	20~24	28~30	6~7	苗龄70~100天，株高15~20cm，茎粗0.5~0.8cm，5~7片真叶，叶片肥厚、深绿，叶色深绿有光泽。根系发达呈白色，无病虫害
黄瓜	150~200	4~5	25~30	8~12	25~30	1~1.5	苗龄25~30天，株高6~8cm，茎粗大于5mm，2~3片真叶，叶片肥厚、深绿，根系发达呈白色，无病虫害
西葫芦	200~250	25~30	25~30	8~12	25~30	2	苗龄25~30天，株高10~15cm，茎粗大于0.8cm，3~4片真叶，叶片肥厚、深绿，子叶完整，根系发达呈白色，无病虫害

3.**苗期管理。**白天气温控制在25～30℃、夜间15～20℃，地温15～18℃。穴盘基质显干后，一次性浇透水，尽量减少浇水次数。夏秋季育苗，正午高温强光时需用遮光率70%遮阳网防晒。冬春育苗，尽量增强光照，延长光照时间。定植前一周，采用通风、蹲苗、降温等措施进行炼苗。定植前1天，叶面喷施磷酸二氢钾+杀菌剂1次。

苗期发生猝倒病、立枯病，在发病初期叶面喷施72.2%普力克水剂400倍液，或12%绿乳铜乳液600倍液。若发生蚜虫、白粉虱，叶面喷施吡虫啉、功夫乳油防治。潜叶蝇可用虫螨克、潜克叶面喷施防治。

表1-11 蔬菜幼苗期温度管理表

蔬菜作物	出苗期		幼苗期	
	温度(℃)	天数(天)	白天(℃)	夜间(℃)
番茄	20～25	3～4	20～23	10～15
辣椒	25～30	5～7	25～28	15～18
茄子	25～30	5～7	25～28	15～20
黄瓜	28～30	1～2	25～28	18～20
西葫芦	25～30	1～2	20～25	12～15

（五）定植前准备

1.**棚室消毒。**在7至8月高温季节，蔬菜拉秧、棚室清理干净后，每亩用15%异丙威烟剂500～600g，加30%百菌清烟剂300～400g，密闭熏蒸消毒。每亩选用42%威百亩水剂25～40kg，或55%石灰氮颗粒剂80～100kg进行土壤消毒。

2.**整地施肥。**前茬作物收获后适时深耕灭茬，耕深25～30cm。结合整地，基肥每亩施入腐熟农家肥8000～10000kg、尿素20～30kg、过磷酸钙40～50kg、硫酸钾20～25kg。

表1-12　设施蔬菜依据目标产量推荐施肥量

蔬菜种类	目标产量（千克/亩）	施肥量（千克/亩）		
		N	P₂O₅	K₂O
番茄	4000～6000	15～20	5～7	25～35
	6000～8000	20～25	6～8	35～45
	8000～10000	25～30	8～9	45～50
辣椒	2000～3000	19～21	7～9	13～15
	3000～4000	20～22	8～10	14～16
	4000～5000	21～23	9～11	15～17
黄瓜	4000～7000	20～28	5～8	25～30
	7000～11000	28～35	8～13	30～40
	11000～14000	35～40	13～16	40～50
	14000～16000	40～50	15～20	50～60
西葫芦	3000～4000	16～20	8～10	11～13
	4000～5000	17～21	9～11	13～15
	5000～6000	18～22	11～13	15～17
萝卜	1000～2500	4～6	2～4	5～8
	2500～4000	6～10	3～5	8～13
	>4000	10～14	4～6	13～15
菜豆	<1500	8～10	5～7	9～11
	1500～2500	19～12	6～8	11～13
	>2500	12～14	7～9	13～15

注：上述氮磷钾折合量为纯量，在施肥时，基肥占比1/3，追肥占比2/3。

3.起垄覆膜。按垄面宽80cm、垄沟宽40cm、垄高20～25cm起垄。安装滴灌设施后覆膜。

（六）定植及管理

1.定植。选择晴天上午，采用双行"T"型单株定植，黄瓜株距35cm、番茄45cm、茄子45cm、辣椒30cm、西葫芦50cm，浇定植水后覆土封垄。菜豆直播，株距30cm。萝卜直播1垄4行，行距20cm，株距15cm。

2.植株调整。根据不同栽培设施、种类、栽培季节及植株长势，采取不同的整枝方式，及时进行吊蔓绑蔓，适时摘心，摘除老病叶、侧枝（蔓）、雄花、卷须和畸形瓜（果），保留适当数量功能叶，并用激素进行保花保果。当植株高度达到1.8m以上时，采用移位落蔓或原地盘蔓方式落蔓。

表1-13　主要蔬菜植株调整管理措施

蔬菜种类	整枝技术	保花保果技术
番茄	单干整枝:保留一个主干去除所有侧枝和腋芽,无限生长。下部采收后及时清理老叶、茎基部盘旋落蔓	用干净的毛笔将浓度为10~20mg/kg的2,4-D药液涂抹在初开花的花柄处,或用浓度为25~30mg/kg的番茄灵喷花。注意不要喷到枝叶上,以免产生药害
辣椒	四干整枝:对椒分叉后的四根枝条留作主干,向上每节保留1个强壮枝条	门椒坐果后叶面喷洒120~240mg/kg的亚硫酸氢钠溶液,或开花后用50mg/kg的NAA溶液喷花。注意不要喷到枝叶上,以免产生药害
茄子	双干整枝:从对茄开始向外生长的两个侧枝留作主干,向上每节保留1个向外生长的枝条	在开花当日或次日用20~30mg/kg的2,4-D药液涂抹花萼和花柄上端,或用30-40mg/kg的药液喷花。注意不要喷到枝叶上,以免产生药害
黄瓜	单蔓整枝:保留一个主干,去除所有侧枝和腋芽,无限生长。下部采收后及时清理老叶、茎基部盘旋落蔓	雌花开放时,用0.1%氯吡脲(CPPU)溶液蘸花或喷花,注意仅处理花柄,避免药液接触叶片和生长点。或选用防落素(30~50mg/L)喷花,高温时浓度宜低,低温时稍高
菜豆	单蔓整枝:株高小于40cm时保留主蔓,将侧蔓全部去除。株高大于40cm时保留主蔓和一根侧蔓,将其他侧蔓去除。人植株达到吊蔓架顶时及时摘心。	初花期叶面喷施0.2%硼酸+0.3%磷酸二氢钾。花期叶面喷施5%萘乙酸钠盐1000倍液 + 0.01%芸苔素内酯1500倍液,或30mg/L防落素喷施,避免重复使用

3.**水肥管理**。定植后4～5天滴灌浇缓苗水1次。苗期注意控水肥，防徒长。果实膨大期，根据天气及生长需求，7～10天浇水一次，15～20天追肥一次，配合叶面喷施0.2%磷酸二氢钾、微肥等3～4次。

4.**温湿度管理**。白天温度控制在26～32℃，夜间控制在15℃以上，遇极端天气夜间温度不低于7℃。冬季日光温室外部覆盖保温被，内部加装电暖风机或暖气等设备，增加室内温度。采用全膜覆盖、膜下滴灌、及时通风换气等措施，降低棚内湿度，减少病虫害发生。

5.**光照管理**。生长季节保持棚面清洁，特别是阴雨雪天气，在棚内温度无大幅下降的情况下，尽可能延长见光时间。冬季在温室后墙或地面张挂、铺设反光幕，安装生物效应灯、农用荧光灯进行补光。

（七）病虫害绿色防控

按照"预防为主，综合防治"的植保方针，优先采用农业防治、物理防治、生物防治措施，科学合理使用化学药剂，严禁使用国家在蔬菜上禁用的化学农药。

1.**农业防治**。选用抗逆性强的品种，保持棚室及周边环境清洁，及时清理残枝、病叶，减轻病虫害的传播和蔓延。实行轮作倒茬，加强田间管理，培育健壮植株。

2.**物理防治**。采用防虫网、银光膜阻断害虫传播，应用杀虫灯、黄蓝板诱杀蚜虫、白粉虱、蓟马、美洲斑潜蝇等害虫。

3.**生物防治**。利用天敌昆虫赤眼蜂、七星瓢虫防治蚜虫、白粉虱。采用蛇床子素、多抗霉素、乙蒜素等防治真菌性病害，春雷霉素防治细菌性病害，香菇多糖、氨基寡糖素等防治病毒病，藜芦碱、鱼藤酮、苦参碱等防治蚜虫、白粉虱。

4.**化学防治**。选择高效低毒低残留化学农药，不同药剂轮换使用。白粉病用30%己唑乙嘧酚微乳剂2000倍液，或29%吡萘醚菌酯悬浮剂1500倍液防治。枯萎病用3%甲霜·噁霉灵水剂750倍液防治。霜霉病用72%霜脲锰锌

可湿性粉剂600倍液防治。灰霉病用80%嘧霉胺水分散粒剂600倍液，或50%腐霉利可湿性粉剂1500倍液防治。细菌性角斑病用30%琥胶肥酸铜可湿性粉剂600倍液防治。病毒病用20%吗胍硫酸铜水剂750倍液防治。

蚜虫用25%吡虫啉可湿性粉剂2500倍液，或20%啶虫脒微乳剂500倍液防治。白粉虱用80%烯啶吡蚜酮水分散粒剂3000倍液，或30%噻虫嗪可湿性粉剂1500倍液防治。斑潜蝇用50%灭蝇胺可湿性粉剂1500倍液，或20%阿维杀虫单微乳剂1875倍液防治。蓟马用乙基多杀菌素悬浮剂750倍液防治。地下害虫用2%联苯·噻虫胺颗粒剂每亩1000～1500g，拌细土沟施防治。

（八）采收

早晨或傍晚进行采收，保持果实的新鲜度。采收时要轻拿轻放，避免碰伤果实和叶蔓。采收后的蔬菜进行挑选、整理、分级，及时上市销售。

二、露地蔬菜生产技术

庆阳气候四季分明、夏季凉爽、日照充足、昼夜温差大，适宜甘蓝、大白菜、大葱、莴苣、黄花菜等露地蔬菜种植。

（一）品种选择

甘蓝品种选择中甘11号、绿秀、中甘21号、京丰1号等，大白菜品种选择春秋54、鼎杂三号、新三号等，大葱品种选择鸡腿葱、三叶齐、掖辐1号、铁杆王等，莴苣品种选择极品红秀、永荣一号、红贵族、富盛红等，黄花菜品种选择马莲黄花、线黄花。

（二）播种育苗

1.育苗时间及方式。春甘蓝采用设施大棚于4月上旬基质穴盘育苗。秋甘蓝、大白菜于6月下旬至7月上旬采用遮阳网搭成荫棚露地基质穴盘育苗。大葱于3月中旬或9月中下旬，采用露地阳畦育苗。莴苣于3月上中旬，采用小拱棚基质穴盘育苗。黄花菜直接进行分苗移栽。

2.播种。选择晴天上午进行播种，每穴播种2～3粒种子，播后覆土厚度0.3～0.5cm，雾化喷淋浇透水。

3.**苗期管理**。播种后正午温度高于25℃时，遮光降温。出苗前早晚补水，出苗后严格控水防徒长。苗期浇水遵循"干湿交替"的原则，即一次浇透，待基质转干时再浇水，阴雨天日照不足且湿度高时不宜浇水。定植前1周进行蹲苗，前1天叶面喷洒百菌清、多菌灵等广谱杀菌剂预防病害。

表1-14　露地蔬菜用种量及种子处理

种类	用种(苗)量（克/亩）	种子处理	成苗标准
甘蓝	育苗:30~50g 直播:100~ 150g	将种子先放入凉水中浸泡15分钟，捞出放入55℃温水中浸种15分钟，并不停搅拌，再放入25~28℃水中浸种4小时，沥干放在20~25℃条件下催芽或稍晾后直接播种	植株健壮,5~6片叶,叶片肥厚,根系发达,无病虫害
大白菜	100~150g	同上,不育苗,直接播种	
大葱	2.5~3kg 可移栽 4~5亩	将种子放入50℃恒温水中不停搅拌浸种15分钟,或40%甲醛300倍液中浸种3小时,捞出后清水冲洗干净后,直接播种	苗龄55~60天,株高10~15cm,茎粗0.4~0.5cm,2~3片真叶,无病虫害
莴苣	50~100g	将种子放入15~24℃的水中浸泡3~5小时,捞出淋干,置于15~20℃条件下见光催芽,或直接播种	苗龄25~30天,株高5~8cm,4~6片真叶,叶片肥厚深绿,根系发达呈白色,须根多,无病虫害
黄花菜	6000~9000株 3~4株/穴	对分株苗子肉质根进行修剪,并进行保水处理	2~3株整理成1丛,株高20~25cm,根系剪留长5~10cm,无病虫害

（三）定植前准备

1.**整地施肥**。种植前深耕土地30cm，结合整地每亩施入腐熟农家肥3000~4000kg。化学肥料根据不同种类采用配方施肥。

2.**起垄覆膜。**甘蓝、白菜、莴苣垄面宽60cm，垄沟宽40cm，垄高15～20cm，并安装滴灌设备。起垄完成后，用宽1.2m白色或黑色地膜进行全膜覆盖。大葱南北向开沟，深30cm，沟距60cm。黄花菜平畦栽培。

（四）定植及管理

1.**定植时间及密度。**甘蓝、莴苣，一垄三行，"W"型单株定植。大白菜，一垄双行，"T"型单株定植。大葱，葱苗垂直栽入沟底，紧贴沟脊，叶的分茏面与沟面平行，随栽随覆土。黄花菜，多株丛植，分为等行丛植和宽窄行丛植。

表1-15　露地蔬菜施肥及定植要点

蔬菜种类	每亩施基肥量	定植				备注
		时间	株距（cm）	行距（cm）	株数（亩）	
春甘蓝	尿素20～25kg、磷酸二铵10～15kg、硫酸钾20～25kg	5月上中旬	20～30	45～50	4000～6000	
秋甘蓝	同上	7月下旬	20～30	45～50	4000～6000	
春大白菜	过磷酸钙20～25kg、硫酸钾20～25kg	5月上旬	25～30	30－35	5500～6000	1垄双行
秋大白菜	过磷酸钙25～30kg、硫酸钾30kg	8月上旬	30～40	45～50	3300～4000	
莴苣	尿素30kg、过磷酸钙50kg、硫酸钾30kg，或优质三元复合肥50kg	5月上旬	25～30	45～50	4400～5000	
大葱	过磷酸钙25kg、硫酸钾8～10kg	6月中下旬	4～5	45～50	25000左右	
黄花菜	比例为15-15-15的三元复合肥50kg	4月或9月	40	100	5000	1穴3株

2.**田间管理。**甘蓝生长前期，每亩追施三元复合肥（18-18-18，下同）5～10kg，莲座期每亩追施三元复合肥20～30kg，追肥后及时浇透水。

大白菜莲座期每亩追施尿素30kg，结球期每亩追施三元复合肥（8-8-25）20～25kg，叶面喷施1000倍液糖醇钙，防治干烧心。莴苣定植成活后，每亩追施三元复合肥20～30kg，4～16片叶时，叶面喷施叶面肥2～3次。大葱生长前期每亩追施尿素10kg，葱白生长期每亩追施尿素15kg，硫酸钾肥10kg。立秋后开始培土4～5次，高度10cm左右，以不埋心叶为宜。黄花菜萌芽期每亩追施过磷酸钙10kg、硫酸钾5kg，抽薹时每亩追施尿素15kg、过磷酸钙10kg、硫酸钾5kg。

（五）病虫害防治

1.农业防治。及时摘除病叶、病枝、病果，并带出田外集中处理，控制浇水，避免积水，合理密植，改善通风透光条件，保持大田干净，及时拔除杂草。

2.生物防治。优先使用生物农药预防控制病虫害。利用农用链霉素防治甘蓝黑腐病，多抗霉素防治霜霉病、紫斑病、锈病，春雷霉素、大蒜素防治细菌性软腐病，氨基寡糖素、香菇多糖防治病毒病。苦参碱、天然除虫菊素防治蚜虫，苏云金杆菌防治葱蛆，藜芦碱防治菜青虫。

3.化学防治。发病初期，黑腐病、软腐病用77%氢氧化铜可湿性粉剂1000倍液防治。霜霉病用25%甲霜灵可湿性粉剂600倍液，或70%代森锰锌可湿性粉剂500倍液防治。紫斑病用50%异菌脲可湿性粉剂1500倍液，或58%甲霜灵·锰锌可湿性粉剂500倍液防治。锈病用15%三唑酮可湿性粉剂1500倍液。叶斑病、叶枯病用75%百菌清可湿性粉剂600倍液防治。

蚜虫用5%吡虫啉乳油1500倍液防治。葱蛆用5%高效氯氟氰菊酯水乳剂2000倍液灌根防治。蓟马用10%溴氰虫酰胺可分散油悬浮剂750倍液防治。

（六）采收

采收根据品种特性和市场需求进行，采收时避免机械损伤和病虫害的传播。甘蓝、大白菜等分期采收，大葱距葱行10cm处下挖拔出，晾晒2～3

天后分级打捆，黄花菜选择晴天上午7:00–12:00采收成熟未发育的花蕾，用笼屉或塑料薄膜法杀青到七成熟时，取出晾晒包装。

（七）尾菜处理

本着"就地取料、就地加工、就地应用"的原则，将尾菜晾晒直接还田、堆沤腐熟还田、秸秆粉碎还田或者结合畜禽养殖清洁生产，可通过尾菜+畜禽粪便厌氧发酵产生沼气，实现尾菜的肥料化、饲料化、、燃料化综合利用。

第五节　苹果栽培技术

庆阳市集成应用乔化园栽培典型技术，加大推广矮化栽培管理模式，提升了果品产量和质量，形成了独具特色的庆阳苹果绿色标准化生产技术，有力促进了苹果全产业链的高质量、品牌化发展。

一、规范化建园

以标准化示范园创建为引领，选择优良品种、优质壮苗，根据不同栽培模式，规范建园。

（一）品种选择

早中熟以嘎啦优系（红思尼克、米奇啦）、鲁丽、华硕等品种为主，中晚熟以维纳斯黄金、玉华早富、蜜脆、美味等品种为主，晚熟以瑞雪、瑞阳、瑞香红、秦脆、烟富3号、烟富8号、长富2号、众诚3号、岩富10号及元帅系等品种为主。

（二）苗木选择

苗木质量应符合GB9847-2003规定。宜选品种与砧木类型纯正、芽眼饱满、嫁接口愈合良好、无检疫性病虫害的三年生优质壮苗。

1.砧木品种。乔化苗用山定子、楸子和新疆野苹果，矮化苗用G935（CY-15）、M26、M9、T337、青砧1号和楸子等。

2.苗木质量标准。乔化砧苗和矮化中间砧苗根砧长度不超过5cm；矮化自根砧木长度15～20cm，矮化中间砧砧木长度20～30cm。

乔化砧苗和矮化中间砧苗嫁接口向上10cm处干径达1.2cm以上，矮化中间砧苗1.0cm以上。苗木高度均达到1.5m以上。乔化砧和矮化中间砧苗侧根长度超过20cm侧根数5条以上，矮化自根砧10条以上。

（三）园地选择

选择光照充足、地势平坦、土层深厚、土壤肥沃疏松、交通便利、无污染、灾害性天气发生较少，园地周边无柏树栽植的地块建园。

（四）合理栽植

1.栽植密度。矮化自根砧园株行距为（1.0～1.5m）×（3.0～3.5m），矮化中间砧园株行距（1.5～2.0m）×（4.0～4.5m），乔化园株行距为3.0×5.0m。

2.授粉树配置。采用海棠等专用授粉品种。小果园按"梅花状"配置，即1株授粉品种周围栽5～7株主栽品种。大果园可隔若干行（或隔若干株）配置，即每隔5～7行（或隔5～7株）栽1行（株）授粉品种。

3.规范栽植

开沟埋肥：沿栽植行的方向开挖宽、深各70cm的定植沟，沟底填入20～30cm厚的细碎作物秸秆，按每亩5方的标准将充分腐熟的农家肥与土混匀回填至与地面相平，然后沟内灌水淀实。

挖穴定植：挖直径、深各60～80cm的定植穴，穴内先填土呈中间高四周低的小丘状。踩实后将树苗根系放在小丘中央，使根系从四周向下舒展。扶正苗干，与株与行标齐。再回填1/2的表土，轻提苗木，使苗木原根际处与地面相平，然后踩实，再回填剩余的土，踩实后整平。

灌水覆土：栽植当天根部灌透水。隔2～3天再灌1次透水待水下渗后树盘覆土，并整好树盘。

二、果园水肥高效管理

结合庆阳旱地作物特点，按照季节时令节点，把控水肥需求，采取滴

渗灌溉水肥的方式，进一步提高苹果生产效益。

（一）水分管理

苹果生长季土壤含水量应稳定在田间最大持水量的60%～80%，即以地表5～10cm处的土壤可以手握成团、轻触即散为宜。

1.滴灌。灌溉应根据果园的地形、面积、果树种植布局以及水源位置等因素确定主管道、支管道的走向和布局以及灌水器的类型和安装位置。建议主管选用承压1MPa的U-PVC管或PE管，支管系统选用Φ63mm或Φ40mm承压0.4MPa的PE管，毛管选用Φ16mm的内镶贴片式滴灌管，滴头间距50cm，流量每小时2～3L。

2.沟灌。对未安装滴灌系统的果园，应开挖集雨沟，结合起垄、覆盖在垄面两侧，距离地膜（地布）边缘沿行开挖深、宽各20cm的集雨沟，沟底要平直，便于集雨均匀。园内地势不平、集雨沟较长时，可每隔一段距离修一横档。

（二）养分管理

1.土壤追肥。3月中旬至4月上旬。对亩产果不小于2000kg的乔化园，亩追施水溶性高氮复合肥15～20kg（其中含N约6.0～8.0kg，含P_2O_5约1.5～2kg及少量硼元素）。对亩产果不小于2000kg的矮化园，亩追施水溶性高氮复合肥5～8kg。幼树和初果期树酌减1/3～2/3。

5月下旬至6月上旬。乔化园每生产1000kg苹果亩施中氮高磷低钾水溶肥（15-35-10或10-52-10+TE及类似配方）8～10kg，或硝硫基水溶肥（18-15-12或类似配方）10～15kg，或平衡型水溶肥（15-15-15或类似配方）10～15kg。矮化园每生产1000公斤苹果分2次滴灌，每次亩追施碳基海藻蛋白肽7～8公斤+中氮高磷低钾大量元素水溶肥（15-35-10或类似配方）5～6kg。

7月下旬至8月上旬。乔化园：每生产1000kg苹果亩施高钾型水溶肥（13-7-40+TE或相近中氮低磷高钾配方）10～12kg、黄腐酸或腐殖酸水溶肥4～5kg。矮化园：7月中旬起（嘎啦系品种应从7月上旬开始，中晚熟和晚熟品种应从7月中、下旬开始），间隔10天左右滴灌1次，连续2～3次，每次亩滴灌磷酸二氢钾3～5kg（300倍液）或中氮高钾型大量元素水溶肥（15-5-30或相近配方）5～6kg。

9月中下旬。施用有机肥，若选用农家肥（如腐熟的羊粪、牛粪、猪粪等），每亩果园应施2000kg（约5～6方），并混入优质的益生菌剂3～5kg。若选商品生物有机肥，每亩果园应施400kg。施用大量元素肥，每生产1000kg苹果应施氮肥（N）4.0～5.0kg、磷肥（P_2O_5）1.5～2.0kg、钾肥（K_2O）2.5～3.5kg，或施平衡型复合肥（如15-15-15或类似配方）35～50kg。

2.叶面喷肥。开花前，选择芸苔素内酯、硼肥及0.2%～0.3%尿素溶液喷施1～2次。套袋前，选择氨基酸、钙肥喷施3次以上。果实膨大期，选择0.3%磷酸二氢钾等喷施2～3次。采果后（11月上旬）依次喷施1%、3%、5%的尿素溶液，促进及时落叶。

三、树形培育

树形培育采用第一年栽植定干、第二年疏枝抬剪、第三四年拉枝平展、第五年成形丰产的整形方式，逐步达到丰产丰收的目的。

（一）矮化幼龄园

对第一年栽植的幼苗设立支架系统，进行定干，高度为0.8～1.2m，抠除剪口下第2、3芽，并用封剪油封闭剪口。冬季或春季修剪时抬剪留光干。第二年将侧枝拉伸至水平状，第三年保持中干优势，培养有效侧枝，在中心干上再选留10～15个小主枝，疏除竞争枝、对生枝、轮生枝和角度过小枝，疏除主干上的直立、多头和过密枝。侧枝长度控制在80cm左右。

（二）矮化成园

生产中宜选择细长纺锤形和高纺锤形树形。

细长纺锤形树高3～3.5m，冠径2～2.5m，干高50～70cm，在主干上着生均匀分布的小主枝20个左右，呈螺旋状上升均匀分布。主枝间距12～

15cm，主枝粗度不超过其着生部位主干的1/3，呈90～110°。

高纺锤形树高3.5～4m，冠径1～1.5m，干高70cm左右。主干上着生25～30小主枝，主枝角100～120°，下部枝长80～100cm，中上部主枝长60～80cm，呈螺旋状上升均匀分布。

（三）乔化幼龄园

对第一年栽植的幼苗进行定干，定干高度为0.8～1m，剪刀口下留8～10个充实饱满芽。第二年适当疏除当年长出的密生枝和强旺枝，在中心干上留2～3个骨干枝和1～2个辅养枝，将骨干枝的角度拉至80～90°，辅养枝拉至110～130°，中心干延长头，剪留50cm。第三年对二年生的骨干枝、辅养枝采取拉坠等方式，开角缓势。

（四）乔化成园

树形以自由纺锤形或小冠疏层形为主。

自由纺锤形干高50～70cm，树高3～5m，中心干上着生骨干枝8～12个，分枝角80～90°，同侧骨干枝间距不小于50cm，枝长1～1.5m，并留角度为110～130°、35cm长的辅养枝1～2个。

小冠疏层形中干高50～60cm，树高2.5～3m，全树5～6个主枝。第一层3个主枝，若干辅养枝，层内距10～30cm，主枝60～70°，腰角80～90°，梢角60°左右。每个主枝上配备2个较大结果枝，枝距30～40cm。第二层1～2个主枝与第一层错开，距第一层主枝80cm～100cm，配备1个较大的结果枝和中、小结果枝组，选留1～2个辅养枝。第三层培养1个主枝，插空上升，距第二层主枝60～80cm。

四、花果管理

轻简高效化花果管理是果园管理的重要一环，科学规范的疏花、疏果和套袋、着色、采摘，是提高果实的产量和品质的必要手段。

（一）疏花疏果

花前复剪：调整花芽量，尽早剪除过多的花芽，减少养分消耗。

疏蕾：花序伸长至分离露红期，每间隔20～25cm留1个花序。

疏花：疏除花序中的边花，留2～3个中心花。

疏果定果：要疏掉花萼不闭合的果、小果、朝天果、畸形果和病虫果，保留1个果形端正的中心果。

（二）果实套袋

晚熟品种在花后40天，中熟品种应提前5～10天进行套袋。套袋在喷药后第2天早上，露水干后至傍晚，选择发育良好、无损伤的幼果进行，中午气温太高时不宜套袋，以免日灼。

（三）去袋增色

生产中黄绿色品种不摘袋，或在采收前3～5天摘袋为宜。较难着色的红色品种，如红富士多在果实采收前10～15天摘袋。摘袋时一并摘除直接接触果面的贴果叶、莲座叶和果实周围的遮光叶，果实摘袋后3～5天，沿着果树行向或株间铺设反光膜，促进果实全面着色。

（四）适时采收

根据不同品种成熟期适时采收。庆阳中南部苹果产区应在"寒露"至"霜降"期间采收。同一品种要根据冠上、冠下、冠内、冠外果实的着色情况分批采收。采收时要准备好采收工具，合理操作，防止碰落和碰伤果实。

五、病虫害绿色防控

坚持"预防为主、综合防治"的方针，以"沃土、壮根、强树"为基础，强化绿色防控，重点做好"三虫"（蚜虫类、螨类、卷叶蛾类）、"三病"（苹果树腐烂病、早期落叶病、锈病）防治工作。

（一）物理生物防控

主推"灯（果园安装诱虫灯）、带（树干绑裹诱虫带）、板（悬挂诱虫黄板）、芯（悬挂害虫诱芯）、诱（放糖醋液碗诱杀）"的防虫技术。

4月下旬果树开花前后，按100g白糖、150mL食醋和少许白酒兑水

200mL制成糖醋液，盛在塑料盆或广口瓶中，挂于果园诱杀金龟子等。5月中旬在果园内，按棋盘式或封闭状安置诱虫灯（13～15亩果园固定架设1台频振式杀虫灯，灯高应距离地面1.8～2.2m），或隔株在树冠内膛悬挂卷叶类害虫诱芯1枚，间隔30～40天更换1次，也可悬挂迷向丝、性诱剂等。8月中旬至9月中旬，于树干第一分枝下5～10cm、光滑无疤处绑裹果树诱虫带或诱虫草束或瓦楞纸（果箱隔板）等，防止潜伏害虫在越冬前进入树冠。同时，坚持初冬清园、树干涂白、开春清园等措施，防止虫害滋生。

（二）化学防控

优先选用生物农药或低毒低残留化学农药，严禁使用高毒高残留及国家明令禁用、限用的化学农药，从源头上保障果品质量与生态环境安全。同时需按照规定的施用范围和安全间隔期科学交替用药，避免抗药性产生。

1.虫害防治。金龟子用12.5%高效氟氯氰菊酯悬浮剂1500～2000倍液喷雾防治。卷叶蛾类用1.8%阿维菌素乳油2000～3000倍液，或25%灭幼脲悬浮剂1500～2000倍液，或20%吡虫·高氯氟悬浮剂1500～2000倍液喷雾防治。蚜虫类用10%吡虫啉可湿性剂2000～3000倍液，或22%噻虫·高氯氟悬浮剂2000倍液，或22%螺虫乙酯悬浮剂2000～4000倍液喷雾防治。叶螨用22%螺虫乙酯悬浮剂2000～4000倍液，或27%哒螨·螺螨酯悬浮剂1500～2000倍液，或23%阿维·己螨唑悬浮剂1500～2000倍液喷雾防治。

2.病害防治。腐烂病用丁香菌酯悬浮剂100倍液，或25%丙环唑乳剂50倍液等涂抹防治。早期落叶病用30％戊唑·醚菌酯水分散粒剂2000～3000倍液，或10％苯醚甲环唑水分散粒剂1500～3000倍液，或33.5%喹啉铜2000倍液，或400g／L氯氟醚·吡唑酯悬浮剂2000～3500倍液喷雾防治。白粉病用40％腈菌唑可湿性粉剂6000～8000倍液，或10％乙唑醇乳油3000～4000倍液喷雾防治。锈病用43%的戊唑醇2500～3000倍液喷雾防治。霉心病用25%苯醚甲环唑悬浮剂或水剂2000倍液，或10%多抗霉素悬浮剂或水剂1000倍液喷雾防治。

六、防灾减灾

加强重大灾害性天气（霜冻、冰雹、大风等）的预测、预报，构建全域覆盖的灾害性天气预测预警体系，科学规范做好各类自然灾害防控。

（一）冻害防控

建园时要避开风口和地势低洼处，秋栽幼树压苗埋土，春季气温稳定后，刨土放苗。对2～5年的幼树在土壤封冻前进行培土，对成年树涂抹凡士林，或喷施2.5%～3%的蒸腾抑制剂。在苹果花期，当强冷空气来临时，傍晚连续喷水，或喷浓度为0.5%～1%的蔗糖水，或喷浓度为1%～5%的磷酸二氢钾溶液。花芽膨大期，全树喷碧护15000倍液。霜冻来临前，采用木屑、草堆、智能烟雾发生器等大面积熏烟，有条件的果园可安装智能防霜机。

（二）冰雹防控

根据气象部门预警，增设防雹炮台和增加防雹作业频次，有条件的果园也可结合支架系统搭建防雹网，预防雹灾。

（三）日灼防控

加强果园通风透光和生草，当气温超过35°、湿度低于25%时，中午至下午灌水降温。

（四）鼠害防控

用多效抗旱驱鼠剂2号500～800倍液浇灌果树根际。

（五）兔害防控

用毛刷将PE驱避剂、防啃剂等，均匀涂刷树干根茎部50～70cm处防治，或给果树套专用的防啃防护网。

七、瑞雪新品种生产管理关键技术

庆阳现代苹果产业技术体系立足本地气候、土壤和水肥条件，结合瑞

雪苹果品种特性，积极探索总结制定了瑞雪苹果生产管理关键技术。瑞雪苹果系短枝型品种，具有早果、丰产、抗性强的特点，生产管理技术与富士等常规品种基本一致，但在建园、整形修剪、水肥管理、果实套袋、采收和病虫害防治等环节具有特殊要求。

表1-16　瑞雪苹果生产管理关键技术

生产环节	关键技术要点
树形修剪	突出"三稀三密"，即上稀下密、外稀内密、大枝稀小枝密
水肥管理	每年施用钙肥应不少于6次，集中在谢花后20～50天和采收前20～40天。在春季、春夏之交各灌水1～2次，每次灌水每株10～15kg。入冬前必须灌足冬前水，灌水量每株20～50kg
果实套袋	套袋应选择黄绿色专用育果袋，以降低果面褐变发生率。套袋时间应在花后65天开始

（本章撰写人员：庆阳市农业技术推广中心李金章、闫耀廷、肖新颖、张吉宁、白欣可，庆阳市农业产业化发展中心张志进，庆阳市种子管理站宋展树，庆阳市农业科学研究院张文伟、王亚静、秦一统、张彦山、李峰、赵瑞，庆阳市畜牧水产技术推广中心邓明瑞，庆阳市农业信息中心刘宏霞、王颖。）

第二章　畜禽规模化养殖技术

畜禽养殖业是前联种植业、后带畜产品加工业的重要牵引。因地制宜发展规模化、集约化养殖，引导养殖场（户）改造提升基础设施条件，加快专门化畜禽品种育繁推生产，应用推广绿色标准化养殖技术，对于增强畜牧业质量效益和竞争力，促进"牛羊猪鸡"特色优势产业的高质量发展具有重要意义。

第一节　肉牛养殖技术

肉牛品种选择和繁育是保障产业发展的重要因素，饲料营养是绿色、健康、节本、增效、提质生产的基本保证，良好的饲养环境是肉牛养殖重要的外部条件，科学疫病防控可降低养殖风险，为肉牛产业安全、高效可持续发展保驾护航。

一、主要品种

庆阳市常见饲养品种有早胜牛、西门塔尔牛、安格斯牛等，特征如下：

早胜牛。被毛以红色或紫红为主，角小，呈"萝卜角"或"玲玲角""疙瘩角"，鼻镜多呈肉红色，蹄壳以红色居多。具有肉质细嫩、瘦肉率高、牛肉大理石花纹明显等特点。成年公牛体重650~800kg、母牛体重450~600kg。中等育肥条件下18月龄育肥公牛屠宰率可达58%。

西门塔尔牛。一般为白头，毛色多为黄白花或淡红白花。成年公牛体重1000~1200kg，成年母牛700~750kg。公牛育肥屠宰率可达65%。该牛

以泌乳性能好、难产率低、适应性强著称。

安格斯牛。无角，有黑色和红色两种，体躯呈圆筒状，全身肌肉明显。成年公牛体重800~1000kg，母牛500~600kg。公牛育肥屠宰率最高可达65%，在国际肉牛杂交体系中被认为是较好的母系。

二、繁殖技术

种公牛一般12~14月龄性成熟，18月龄可采精或配种。母牛10~12月龄性成熟，初配年龄14~16月龄，发情周期18~21天，妊娠期270~280天。繁殖方式分自然交配和人工授精两种。

(一)自然交配

自然交配又称本交，指将公牛赶入母牛群，让公牛选择发情期母牛进行交配的方式。需要提醒的是，此方式对公牛的利用率低、易传播疾病。

(二)人工授精

人工授精可以提高种公牛利用效能，使得优良种公牛的遗传基因更广泛地传播，加快牛群遗传改良，提高生产性能，可防止自然交配时传播疾病（如布鲁氏杆菌病、阴道滴虫病），也可以减少饲养公牛的投入成本。

输精技术人员应根据发情鉴定结果适时输精，操作分"解冻—品质检

表2-1　母牛发情表现特征及配种时间

时间	发情状态	是否输精
0~5小时	母牛表现兴奋不安、食欲减退	太早
5~10小时	母牛主动靠近公牛，做弯腰、弓背姿势	过早
10~15小时	母牛爬跨其他牛，外阴肿胀，分泌透明黏液、哞叫	可以输精
15~20小时	母牛阴道黏膜充血、潮红、光亮湿润黏液较稀不透明	最佳时间
20~25小时	母牛已不再爬跨其他牛，黏液量增多黏稠	过晚
25~30小时	母牛阴道逐渐恢复平常，不再肿胀	太晚

查—装枪—输精"等流程。

三、饲养管理

(一) 犊牛饲养管理

主要抓好喂乳、补料、护理、防疫、饮水安全等环节，圈舍要干净卫生、通风良好、定期消毒，冬季应注意保温防寒。

1.初生期饲养管理。犊牛出生后清除口鼻黏液，及时剪断脐带，做好断口处消毒，确保犊牛出生1小时内吃上初乳。

2.哺乳期饲养管理。以母乳饲喂为主，母乳不足时用代乳粉人工哺乳，但要注意哺乳用具的卫生，做到定时、定量、定温，不可饲喂冰水和不卫生的水。采食训练从1周龄起，在槽内少量多次添加优质的青干草和犊牛开食料，任其自由采食。

3.断奶期饲养管理。通常3~4月龄时断奶，也可在2月龄时进行早期断奶。具体的断奶日龄根据犊牛的体质和饲养条件决定。断奶时提前15天，逐渐增加优质饲草料至育成牛的饲喂量。断奶后的犊牛根据体重分小群饲养。

(二) 繁殖母牛饲养管理

1.空怀期母牛：饲养目标是促进发情、提高母牛的受胎率。经产母牛产后第一次配种时间掌握在产后50~90天，做好发情鉴定记录，母牛生殖疾病检查治疗或淘汰。配种期母牛膘情控制在中等或偏上，不能肥胖。配种前10天增加精料1~2kg以刺激排卵。

2.妊娠母牛：饲养目标是促进胎儿的发育，降低死胎率，提高产犊率。

怀孕前期（孕后3个月）胎儿发育较慢，应以优质干草、青草为基础日粮，精料可以少喂。中期（孕后4~6个月）可适当补充营养，每天补喂1~2kg精料。后期（产前2~3个月）要加强营养，每天补充精料2~3kg，粗饲料要占70%~75%，精料占25%~30%。母牛分娩前要降低精饲料喂量，防止母牛过肥和难产。禁喂未经去毒处理的棉籽饼或菜籽饼，以及

霉烂变质、酸性过重的饲料。棚圈夏季做好防暑降温，冬季做好防寒保暖。注意适当运动，禁止人为惊吓。

3.哺乳期母牛：饲养目标是增加产奶量，提高犊牛成活率。分娩后先喂麸皮温热汤（麸皮0.5kg+食盐50g+红糖250g+温水10L），拌匀后饲喂。分娩后的最初几天，应饲喂易消化的日粮，粗料以优质干草为主，精料宜用小麦麸，每日0.5~1kg，逐渐增加，3~4天后就可以转为配合饲料。逐渐增加优质的青草、干草和豆科牧草及胡萝卜，自由饮用温水。

（三）育肥牛饲养管理

肉牛育肥目的是增加屠宰牛的肉和脂肪，改善肉的品质。根据育肥对象和生产方式的不同，分育成牛育肥和成年牛育肥两个阶段。提高育肥效果的关键是把握品种选择、饲料搭配、饮水清洁、驱虫健胃、疾病预防、环境稳定和适时出栏等环节。

1.育成牛育肥。也称青年牛的直线育肥，即在犊牛断奶后直接进入高营养水平的强度育肥，日增重保持在1.2kg以上，活重达360~550kg时出栏的方式。优选改良杂交牛或非种用公犊牛育肥效果最好。犊牛断奶后3~4月龄为适应期，要保持饲养环境稳定，更换精料要循序渐进，精粗饲料比逐渐由4∶6过渡到5∶5，多提供易消化的苜蓿干草，青贮喂量和粗干草逐步增加至自由采食，促进瘤胃发育。5~11月龄为增重期，以促进骨骼肌肉发育为主，要保证全混合日粮营养全面，精粗比6∶4，精料中蛋白质水平维持在14%~20%，能量饲料逐步提升，除搭配预混料或浓缩料外，需要添加1%的碳酸氢钠防酸中毒。12月龄至出栏前为催肥期，饲养目的是沉积脂肪、改善肉质，精粗比7∶3，增加能量饲料至70%以上，蛋白饲料降至12%~14%，减少粗饲料供给比例，限制其活动范围，直至育肥度满意后适时出栏。

2.成年牛育肥。一般指30月龄以上的架子牛、淘汰牛或老牛的育肥，其原理是利用补偿生长效应，通过2~3个月的短期强度育肥，达到理想的膘情和体重后出售的生产方式。育肥前期应对引选的牛进行过渡期饲养，让其自由采食粗饲料，适应饲养条件和环境，做好驱虫健胃，逐渐增加每日精料饲喂量到2kg。育肥中期时间为45～60天，要保证干物质采食量达到体重的2.5%～3.0%，精粗饲料的比例为6：4，增加豆粕等蛋白质料的占比，促进日增重达1～1.4kg。育肥后期时间约30天。日粮中精粗料比保持在7：3，提高精料中能量饲料占比，粗饲料任牛自由采食，日增重为1.2～1.5kg，此阶段粗饲料自由采食，要预防瘤胃膨胀、酸中毒等疾病。在育肥后期，牛采食量下降，体型膘肥体胖，达到育肥目的后，应结合市场行情及时出栏。

四、常见重点疫病防控

坚持"预防为主、防治结合"原则，强化饲养管理，重点抓好免疫注射、定期监测、消毒灭源、无害化处理和生物安全等综合措施，做到早发现、早预防，确保肉牛健康安全生产。

（一）口蹄疫

1.发病特征。由口蹄疫病毒感染引起的一种急性、热性、高度接触性传染病。患病牛主要以口腔黏膜、蹄部和乳房皮肤等部位发生水泡和溃烂为特征，感染牛会出现体温升高，运动迟缓或跛行。主要通过直接接触和气溶胶两种方式传播。

2.防控措施。一是每年采用O型、A型二价灭活疫苗开展两次免疫接种，免疫期6个月，并做好免疫效果监测。二是严禁从疫区引进牛，严格执行卫生防疫制度，定期用2%烧碱或10%石灰乳对场地、用具进行消毒。三是发生口蹄疫疫情时，应及时上报当地农业主管部门或防疫机构，严格落实封锁、隔离、消毒、扑杀与无害化处理，紧急免疫等措施。

（二）牛结节性皮肤病

1.发病特征。由痘病毒科山羊痘病毒属牛结节性皮肤病病毒引起的牛全身性感染疫病，临床以发热、消瘦、淋巴结肿大，皮肤水肿、局部形成

坚硬的结节或溃疡为主要特征。主要通过吸血昆虫叮咬传播。

2.**防控措施**。一是疫病发生区及周边，使用牛用山羊痘牛结节性皮肤病灭活疫苗（AV41株）免疫进行紧急接种。二是禁止从疫源区调运活牛，在检疫监督过程中要加强对该病临床症状的查验。

（三）布鲁氏菌病

1.**发病特征**。由布鲁氏杆菌引起的人和动物均可感染的人畜共患病，主要侵害生殖器官，引起胎膜发炎、流产、不育、睾丸炎及各种组织的局部病灶。本病传染源是病畜及带菌者，最危险的是受感染的妊娠母畜的流产或分娩物。传播途径是消化道，即通过污染的饲料、饮水而感染。

2.**防控措施**。一是坚持自繁自养，引种前做好布病检测，查验前期检测报告，防止购入病畜和隐性感染畜。二是加强引入动物的隔离饲养，确定无疫病后方可混群。日常做好定期监测和生物安全措施。三是非种畜场可用布鲁氏菌活疫苗（BA0711株）或布鲁氏菌基因缺失活疫苗（A19-ΔVirB12株）免疫接种。

（四）犊牛大肠杆菌病

1.**发病特征**。由致病性大肠杆菌引起犊牛腹泻的一种急性传染病。主要通过消化道、子宫内或脐带感染，常发病于气候多变的冬春季节。临床上以败血症、肠毒血症和下痢为特征，一周以内的犊牛易感。

2.**防控措施**。一是在犊牛饲料中添加新霉素等进行预防，有败血型症状的群体可用多价菌苗产前接种。二是发病后治疗，要防止机体内胃肠道感染，采用补液、强心、防止酸中毒对症治疗。

[处方一]采用口服乳酶生和碳酸氢钠，灌服葡萄糖多维，促进犊牛消化功能的恢复。

[处方二]选用碳酸氢钠1g，磺胺脒1g，次硝酸铋0.5g，鞣酸蛋白1g，研磨混合配成溶液灌服，2次/天。

[处方三]5%葡萄糖500mL+维生素C 20mL，0.9%生理盐水250mL+头孢噻

呋钠0.5～1g，静脉注射。

（五）牛疥癣病

1.发病特征。 寄生在动物体表而引起的慢性寄生性皮肤病。病牛头颈部位出现丘疹样不规则病变，牛表现剧痒，用力磨蹭患部，形成脱毛、落屑、皮肤增厚等现象。感染主要发生于秋末、冬季和春初，传播性较强。主要通过直接接触传播，也可通过被感染的圈舍、用具造成感染。

2.防控措施。 一是有计划地对饲养牛群定期驱虫防治，选用碘醚柳胺钠按一次剂量7～12mg内服，或选用伊维菌素按0.2mg/kg肌肉注射。二是加强饲养管理，定期对圈舍和用具清扫和消毒，保持养殖场圈舍、场地、用具的卫生和干燥通风。三是可选用0.05%蝇毒磷乳剂水溶液，或0.5%～1%敌百虫水溶液等进行药浴。四是用5%敌百虫溶液或单甲脒、溴氰菊酯（倍特）等药物进行涂擦治疗。

第二节　肉羊养殖技术

肉羊养殖技术涵盖品种选择与杂交改良、饲料配制、饲养管理、繁殖技术、疫病防治、育肥技术和环境控制等多个环节，这些技术的应用不仅可以提高肉羊的生产性能，还能促进肉羊产业的提质、增效、节本和绿色可持续发展。

一、主要品种

（一）绵羊品种： 肉羊规模化设施养殖的母本品种主要选择四季发情、繁殖力高、多胎多羔、泌乳能力强、适应性强的湖羊。肉用父本品种主要有萨福克羊、南丘羊、澳洲白羊和杜泊羊，这些引进繁育的国外品种普遍具有生长速度快、产肉性能高的特点。

（二）山羊品种： 本地饲养的主要是陇东黑山羊和改良绒山羊。绒山羊以其优良的绒毛品质、高产绒量、较强的适应性强和抗病，被广泛推

广。陇东黑山羊以盛产西路黑猾皮和紫绒而著称，被列入《国家农产品地理标志登记保护名录》。

二、繁殖技术

种公羊一般在 1.5 岁后正式用于配种，母羔在 5~6 月龄性成熟，8 月龄可配种。绵羊发情周期多为 16~22 天，持续期 30~36 小时。山羊发情周期多为 19~24 天，持续期 39~40 小时。妊娠期平均为 150 天。羊的繁殖配种方式可分为本交和人工授精两种。

（一）自然交配

按 1:20 或 1:30 的公母比例，将种公羊投放到母羊群中配种。

（二）人工授精

羊只数量少时采用常规阴道输精。当母羊出现发情表现时进行第 1 次输精，间隔 8~10 小时进行第 2 次输精。羊只群体规模大时，可采用腹腔镜人工授精，对育成母羊注射孕马血清促性腺激素做同期发情处理，51 小时后开始输精一次。母羊在配种前一天禁食禁水。输精前将羊轻微麻醉利用腹腔镜输精枪在两个子宫各输精 1 次。采用鲜精的操作流程为 "采精—品质检查—稀释—运输—输精"，采用冻精的操作流程为 "解冻—品质检查—输精"。

三、饲养管理

羊的饲养管理需要按照品种、年龄、体况分群分别饲养管理，针对羔羊、公羊、母羊和育肥羊的不同生产需求采取具体措施，不同阶段羊的日粮饲喂量见表 2-2。

（一）羔羊饲养管理

羔羊出生后及时吃上初乳。7 日龄开始少量饲喂优质燕麦草，逐步饲喂羔羊专用颗粒料，自由饮水。50 日龄左右断奶，体重低于 12kg 延长断奶时间。断奶后将母羊移走，羔羊留在原地按性别、大小分群饲喂。羔羊多发肺炎、脐带炎、大肠杆菌病、痢疾以及低血糖症等，应注意及时预防。

表2-2　不同阶段羊的日粮饲喂量

饲养阶段		精饲料(kg)	干草(kg)	总量(kg)
种公羊	非配种期	0.3~0.5	1.1~1.3	1.8
	配种期	0.8~1.0	1.0~1.5	2.5
母羊	空怀期	0.3	1.8	2.1
	妊娠期	0.8	1.3	2.1
	泌乳期	1.0	1.2	2.2
育成羊		0.4	1.2	1.6
育成羊		80%	20%	自由采食

(二) 公羊饲养管理

保持羊舍通风良好、光照充足，不与母羊混养。自由饮水，适当运动，保持中上等膘情，日粮营养均衡、种类丰富，满足种公羊对多种营养元素的需求。定期体检做布病检测，按时驱虫做好免疫和消毒。配种前45天增加精料、坚持运动。前7天每三天采精1次，配种前进行精液质检。

(三) 母羊饲养管理

空怀期母羊恢复体况达到中等水平，可使发情整齐、受胎率高、产羔数多。妊娠前期不粗暴抓羊、驱赶羊只。妊娠后期营养不足会导致羔羊初生重小、抵抗力弱、哺乳阶段缺奶。不饲喂发霉、腐败饲料，不饮冰水、渣水。哺乳期自由饮水，配备矿物质营养舔砖。圈舍温度5~25℃为宜，定时消毒。

(四) 育肥羊饲养管理

羊只按照大小分栏饲养，分阶段注射小反刍、口蹄疫、羊痘和三联四防疫苗，进行驱虫、健胃。每个月称重1次，按照体重大小重新组群，自由饮水、采食。

四、常见重点疫病防控

羊病防控必须坚持预防、控制、净化和消灭相结合的方针，采取消毒灭源、免疫接种、定期检测、隔离治疗和无害化处理等综合措施，以最大程度做到早发现、早预防。

（一）布鲁氏菌病

1.发病特征。本病属于人畜共患的慢性传染病，主要症状除了引起母羊流产，流产常发生于妊娠后第3或第4个月，山羊感染后表现乳腺炎、关节炎和气管炎症状，绵羊布鲁氏杆菌会引起公羊附睾炎，单侧睾丸表现肿大。传染源主要是病羊或带菌羊及其排泄物。主要感染途径是消化道，其次是生殖道、皮肤和黏膜。

2.防控措施。一是引种前严格检疫，坚决淘汰阳性羊，检出的阳性羊及时扑杀和无害化处理。二是坚持自繁自养，加强养殖场生物安全管理，做好隔离观察、定期消毒防疫、饲养管理措施。三是非种羊场使用S2、M5等疫苗免疫，保护健康羊群。四是种羊场主要以定期检测、及时预警，才能达到控制、消灭和净化的目的。

（二）羊梭菌性疾病

1.发病特征。由梭菌属病原菌引起的一类传染病，包括羊快疫、羊猝狙、羊黑疫症、羊肠毒血症、羔羊痢疾等。这些疾病以发病急、病程短暂、死亡率高为特点。在流行病学、症状和病理变化等方面易混淆，要注意鉴别诊断。病羊和带菌羊是主要传染源，健康羊采食了被病原菌污染的饲草、饲料或饮水后，病菌进入胃肠道，并经机体吸收而发病。

2.防控措施。一是每年给羊群注射1～2次快疫、猝狙、肠毒血症、羔羊痢疾四联苗或五联菌苗，皮下或肌肉每只注射5mL。二是发现本病后，要迅速转移羊群，减少青饲料、增加粗饲料，并及时隔离病羊，抓紧对症治疗，并做好紧急消毒灭源。三是做好肝片吸虫的驱虫工作，有利于控制羊黑疫的发生。

（三）羊痘

1.发病特征。由羊痘病毒引起的热性接触性传染病，主要症状是病羊皮肤、黏膜和内脏发生特异的痘疹。主要通过传染的空气经呼吸道感染，也可以通过损伤的皮肤或黏膜侵入机体，在冬、春两季较多见而严重。

2.防控措施。一是使用羊痘弱毒冻干苗免疫接种，注射要求在羊尾巴根内侧或者股内侧皮内每只注射0.5mL，免疫期为一年。二是发病后尽快隔离传染源对养殖环境、用具等进行彻底消毒灭源。三是可在痘疹破溃时使用中药方剂（连翘12g、黄柏45g、黄连3g、黄芪6g、栀子6g）水煎灌服至皮肤结痂。

（四）小反刍兽疫

1.发病特征。由小反刍兽疫病毒引起的急性、烈性传染病，主要表现为发热、口炎、腹泻、肺炎、肠炎等症状，怀孕母羊可发生流产。山羊比绵羊更为易感，主要通过呼吸系统进行传播。

2.防控措施。一是严禁从存在本病的国家或地区引进羊。二是使用小反刍兽疫苗进行免疫注射，免疫保护期为3年。三是病原地要加强生物安全管理，用苯酚和2%的氢氧化钠的消毒剂定期开展消毒。四是发生后，采取紧急强制性的控制和扑灭，对病羊做无害化处理。

（五）传染性胸膜肺炎

1.发病特征。由支原体（霉形体）引起的山羊和绵羊的一种高度接触性传染病。其临床特征是高热、咳嗽和浆液纤维素性胸膜肺炎。多发生于冬季和早春。丝状支原体山羊亚种只感染山羊，尤其3岁以下的羔羊。绵羊肺炎支原体既可感染山羊，也可感染绵羊。羊群密集、营养缺乏、气候骤变等是诱发本病的因素。

2.防控措施。一是坚持自繁自养，不从有病地区引种，引进时加强隔离检疫。二是用山羊支原体肺炎灭活疫苗（MoGH3-3株+M87-1株）免疫，按成年羊每次3mL，羔羊每次2mL进行肌注，保护期一年。三是可用方

剂1（胸腔注射阿奇霉素+氟苯尼考混液10mL，腿部肌肉注射麻黄碱5mL）或用方剂2（胸腔注射复方鱼腥草注射液10mL+泰妙菌素0.5g）对症治疗。

第三节　生猪养殖技术

庆阳市生猪规模化养殖采用工业化、标准化和智能化生产方式，主要养殖工艺特点表现为"全进全出管理""阶段饲养""批次化生产"。通过集中饲养、流水线作业和高效管理，大大提高了养殖效率和商品化生产。

一、品种选择

杜洛克猪：毛色棕红，体躯高大，结构匀称紧凑、四肢粗壮、胸宽而深，背腰略呈拱形，腹线平直，后躯肌肉特别发达。生长速度快，饲料转化率高，成年公猪体重340～450kg、母猪300～390kg。在170天以内可肥育达到90kg体重，屠宰率72%以上，胴体瘦肉率61～64%，肉质优良。母性强，性情温驯，每胎约产仔10头，作为杂交父本或母本，能显著提高后裔的生产性能。

大约克猪：又叫大白猪、大约克夏猪。体型大，皮毛全白，少数额角皮上有小暗斑。繁殖能力好，窝均产仔猪数在10头以上，适应性强。在良好饲养条件下，后备猪生长发育较迅速，6月龄体重可达100kg左右。屠宰率70%以上，适合生产熟肉制品，主要用于生产瘦肉型猪肉，是养殖中常用的父本品种。

长白猪：又名兰德瑞斯猪。体躯长，被毛白色，偶有少量暗黑斑点，体质结实，后躯发达，大腿丰满，四肢坚实。生长发育快，胴体瘦肉率高等，但抗逆性差，对饲料营养要求较高。繁殖能力好，每胎产仔11～12头。优秀的腌肉型猪种，在世界各国广泛饲养，是生猪杂交繁育体系中的重要父本品种。

二、繁殖技术

公猪以8～10月龄初配为宜、瘦肉型品种以10～12月龄初配为好。母猪的地方品种6～8月龄配种为宜，引进品种以8～10月龄配种为宜。母猪发情周期为19～23天，发情持续2～3天。平均妊娠期为114天。

（一）配种方式

一般繁殖配种原则是：少配早、老配晚，不老不少配中间。母猪交配适期选在外阴部肿胀过后，产生小皱褶时进行。外来母猪通过用手按压母猪背部或用公猪爬跨试情，如果母猪呆立不动，则表示母猪发情已进入高潮，这时配种受胎率最高。

（二）配种季节

经验证明，后备母猪在初产时安排在年初4至5月配种，8至9月产仔，9至10月再配种，第二年1至2月产仔，2至3月再配种，反复循环，可以使母猪多在春秋两季配种产仔，避开寒冷的冬季和炎热的夏季，提高母猪的繁殖率和仔猪的成活率。

三、饲养管理

（一）种公猪管理

加强营养，使公猪长年保持健康结实、性欲旺盛的体质，保证精液质量。单圈饲养适宜运动。通常日喂3次，以喂生湿料为好。配种或采精宜在早、晚饲喂前进行。配种后不得立即饮水、洗浴和饲喂。

（二）仔猪管理

仔猪初生时应做到固定乳头吃好初乳，防冻、防压和防病。对产崽数多、无（少）奶、母猪产后死亡的仔猪采取寄养。仔猪3日龄开始补充水分，7日龄开始补饲乳猪开食料。根据圈舍温度、卫生条件、设备条件以及饲料组成、营养水平等来确定断奶日龄。保育期仔猪（**断奶到10周龄**）饲养密度为每头0.6㎡，圈内温度保持在20～22℃，有足够的食槽和水槽，调练好排便、采食、睡卧，三点定位、定时饲喂，少给勤添。

（三）母猪管理

不同阶段采取不同饲养管理方式，圈内要注意保持安静、清洁、防暑、降温、通风。

1.**后备母猪**。提供足够优质的蛋白质饲料，每天饲喂2次。保持栏舍干净、温湿度适宜、定期消毒、驱虫和免疫接种。在达到配种日龄和体重标准后选择第2或第3次发情后配种。

2.**空怀母猪**。注意饲料的营养搭配，适当降低饲料日粮的能量水平，蛋白质含量每千克饲料达13%左右，每天饲喂2次。适量加入矿物质和维生素，有助于恢复母猪的繁殖机能。保持在7～8成的膘情状态，有利于促进发情和排卵，提高受胎率和产仔数。

3.**妊娠母猪**。在妊娠初期，减少母猪的采食量，妊娠中期可多喂粗饲料，妊娠后期加喂精料和矿物质。每天饲喂2次妊娠母猪料。在妊娠前1个月和分娩前10天应减少运动，其他时间每天要适度运动2次，每次1～2小时。

4.**分娩母猪**。产前4～5天转入产房，若体况和乳房发育较好，逐渐减少饲喂量，产前1～2天减至日粮的一半。分娩后擦拭后躯，2～3天内喂稀食，饲喂量逐渐增加，1周后开始正常饲喂。

5.**哺乳母猪**。饲喂专用饲料，自由采食。夏季早晚天气较凉时，少喂多餐，同时注意母猪的采食、粪便、精神状态，发现异常及时采取措施，注意保护母猪的乳房和乳头。

（四）育肥猪管理

仔猪进舍前对圈舍彻底清扫消毒。进舍第一天不喂食，自由饮用含白糖5%、食盐0.3%的水。小公猪及时去势。来源、体重、体质、性情和采食情况等方面相似的猪合栏饲养，育肥前期饲养密度每头0.6～0.8㎡、后期每头0.8～1.0㎡。每天定时、定量、定次数饲喂育肥猪专用饲料，保证饮水充足供应。

四、疫病防控

生猪疫病防控必须重视传染源头，严格做好生物安全管理，人员、车辆出入的洗消，加强猪群免疫预防和日常健康监测，落实"多点生产、全进全出"等综合防控措施。

（一）口蹄疫

1.发病特征。主要表现为口腔黏膜、四肢下端和乳房等处皮肤，发生特征性水疱和溃疡。

2.防控措施。一是对新生仔猪以及已过免疫保护期的猪，每年开展两次O型口蹄疫疫苗免疫接种。二是加强饲养管理，保持圈舍卫生，经常进行消毒。三是发生口蹄疫时，及时上报当地农业主管部门和防疫机构，严格落实封锁、隔离、消毒、扑杀及紧急免疫等措施。

（二）非洲猪瘟

1.发病特征。非洲猪瘟病毒感染家猪和各种野猪而引起的一种急性、出血性、烈性传染病。发病过程短，临床症状与猪瘟症状相似。

2.防控措施。没有效果显著的疫苗能够用于预防，做好生物安全防护和猪群监测净化是预防与根除该病发生的关键。

（三）猪瘟

1.发病特征。由猪瘟病毒引起的一种高度急性、热性、接触性传染病。以发病急、发生高热稽留和细小血管壁变性、全身泛发性小点出血、脾梗死为特征。无特效治疗药物。

2.防控措施。一是搞好饲养管理、坚持自繁自养、全进全出、卫生消毒管理制度。二是加强预防接种和检疫，种猪一年免疫3～4次或产后20天免疫，商品猪在20～25日龄进行首免，60～65日龄进行二免。

（四）猪细小病毒病

1.发病特征。由猪细小病毒引起的一种猪繁殖障碍病，主要表现为胚胎和胎儿的感染和死亡，特别是初产母猪发生死胎、畸形胎和木乃伊胎，

但母猪本身无明显的症状。

2.**防控措施**。一是采取严格的卫生措施，坚持自繁自养，如需引种猪必须从无细小病毒感染的猪场引进。二是母猪配种前2个月左右免疫注射猪细小病毒灭活油乳剂苗和弱毒疫苗，后备种猪发情配种前1个月首免，12天后进行二免。产第一胎仔猪后的15天加强免疫1次，每次每头1头份。3次免疫后，可不再接种疫苗能获得终生免疫。

（五）猪伪狂犬病

1.**发病特征**。主要表现为呼吸困难、流鼻、咳嗽、食欲不振、被毛粗乱，个别病猪出现震颤、运动失调、四肢僵直或抽搐、转圈衰竭死亡。目前尚无特效药物治疗，疫苗接种有一定的预防作用。

2.**防控措施**。一是对留作种用的仔猪断奶时，用猪伪狂犬病活疫苗注射1次，4～6周后加强1次。种猪每6个月注射1次，母猪产前1个月加强免疫1次。育肥用的仔猪断奶时注射1次。二是场内严格控制饲养其它动物，及时将感染猪群淘汰更新。

（六）猪附红细胞体病

1.**发病特征**。仔猪多呈急性症状，出现黄疸、贫血、高热。育肥猪黄疸多见，贫血少见，耳部发绀，边缘向上卷起，血液稀薄，采血后流血不止，后期血液黏稠，之后全身潮红或为紫红色。母猪可见42℃高热、贫血、乳房和外阴水肿及产死胎、弱仔等繁殖障碍症状。公猪可出现尿鞘积尿。

2.**防控措施**。血虫净每千克体重用5～10mg，用生理盐水稀释成5%溶液分点肌肉注射，1天1次，连用3天。咪唑苯脲每千克体重用1～3mg，1天1次，连用2～3天。四环素、土霉素（每千克体重10mg）和金霉素（每千克体重15mg）口服或肌注或静注，连用7～14天。新砷凡纳明每千克体重10～15mg，静脉注射，连用3天。

（七）猪弓形虫病

1.**发病特征**。由龚地弓形虫引起的一种原虫病，猫是其终末宿主，属于人畜共患病，病程一般4～5天。仔猪在耳、鼻、下肢、四肢内侧、腹下等处出现紫红斑或有小点出血。妊娠母猪常发生流产或死胎。

2.防控措施。一是每千克体重用磺胺嘧啶70mg和乙胺嘧啶6mg联合应用，每日内服2次（首次加倍），连用3～5天。磺胺6甲氧嘧啶（SMM）60mg肌肉注射，每日1次，连用3～5天。增效磺胺5甲氧嘧啶（含2%的三甲氧苄氨嘧啶）0.2mL，每日1次，肌肉注射，连用3～5天。磺胺甲基异恶唑（SMZ）100mg，每日内服1次，连用2～3天。二是禁止猫接近猪舍，饲养人员也应避免与猫接触。

第四节　肉鸡饲养技术

现代肉鸡养殖技术涵盖了从选址、饲养方式到疫病防控、饲养管理及环境控制等多个方面，关键是利用集成化、智能化和绿色化的手段，以实现高效、环保、可持续发展养殖的技术模式。

一、品种选择

白羽肉鸡：具有生长周期短、饲料转化率高、生产效率高等优点，适合规模化养殖，产品主要面向大众市场，其产量占据市场主导地位，是大型规模养鸡场主要品种。目前国内育成的"圣泽901""广明2号""沃德188"三个自主选育白羽肉鸡配套系，市场占有率达到25%以上。庆阳市大型规模饲养场主推的白羽肉鸡是圣泽901，其性能表现为没有垂直传播疾病，种鸡产蛋性能、孵化性能、生长性能和产肉性能非常均衡，综合效益最佳、本土适应性好。在平养条件下，37日龄时平均体重2.5千克，料肉比达1∶58，存活率达95%以上。

黄羽肉鸡：是本土优质品种，生长速度相对较慢，但肉质和口感更佳，环境适应性强，是中、小型规模养鸡场主要品种，产品主要面向中高端市场。黄羽肉鸡品种分慢速型品种（如北京油鸡，公鸡2.05kg，母鸡

1.73kg，以高端餐饮为主）、快速型（京星102，60日龄体重达1.5～2kg，特点是生长快，）和中速型（岭南黄鸡）三大类型，平均出栏体重为2.03kg、出栏率为95%。庆阳冬季寒冷，引进品种需具有耐寒性强（如边鸡、北京油鸡）或适应集约化养殖（如京星配套系、狄高肉鸡等）。

二、饲养管理

肉鸡饲养多采用"全进全出"的平养模式，鸡舍地面铺5cm以上厚度垫料，保温吸湿，饲养密度按每平方米25kg活重计算，根据鸡龄和生长情况增减饲养密度。鸡舍最好配备自动化的喂料系统、温控系统和通风系统。

（一）育雏期

饲喂营养丰富、颗粒大小均匀、易于啄食和消化的全价颗粒料饲料或粗颗粒的粉料，少量多喂，自由采食。光照强度为2～3W/m²，保持舍内照度均匀。雏鸡入舍前3天，舍内温度控制在34.5～35℃，第1周龄控制在35～36℃，第2周龄控制在30～32℃。饮水水温控制在26～27℃。舍内保持一定湿度，第1周65%左右，第2周开始60%左右。7日龄免疫鸡新城疫、传染性支气管炎二联耐热保护剂活疫苗，2羽份，滴鼻或点眼。同日免疫新城疫、禽流感二联油乳剂苗0.25mL，颈背部皮下注射。14日龄首免疫传染性法氏囊病弱毒疫苗，饮水。可用天然无抗的饲料添加剂糖萜素，预防沙门氏杆菌病、大肠杆菌病，发病时用黄芪多糖、止痢散饮水服用防治。

（二）育成期

适当减少蛋白质饲料，增加能量饲料，添加氨基酸、维生素等。光照强度为1W/m²。第3周龄温度控制在26～28℃，再用1周时间降到恒定温度23℃，湿度保持60%左右。21日龄免疫新城疫活疫苗，2羽份，饮水。控制球虫病、支原体病和大肠杆菌病密切注意传染性法氏囊病。

（三）育肥期

饲喂能量饲料含量适中、蛋白质饲料含量较低的湿拌料，增加粗纤维素、矿物质和维生素等。光照强度为 $1W/m^2$。舍内温度控制在 $23\sim25℃$。湿度保持在60%左右。33～35日龄使用一次球虫+肠炎的药物控制大肠杆菌病、非典型新城疫及其混合感染，防止霉菌毒素和魏氏梭菌等的危害。

三、常见重点疫病防治

规模化养鸡疫病种类较多，主要以预防为主，关键是加强生物安全管理，落实综合防控各项措施，生产中常见的有以下5种。

（一）高致病性禽流感

1.发病特征。主要表现为病鸡极度沉郁、头部和面部水肿、鸡冠发绀、脚鳞出血和神经紊乱。

2.防控措施。散养鸡每年春秋两季开展集中免疫，规模化鸡场实施程序化免疫。保证合理饲养密度，禽舍经常通风换气。新进鸡在饮水中加含有黄芪多糖类药物，增强机体抵抗力。

（二）鸡新城疫

1.发病特征。发病初期，体温升高，精神萎靡，食欲减退，鸡冠肉髯成暗紫红色。之后出现严重的呼吸道症状，咳嗽、伸颈张口呼吸，发出"咯咯"喘鸣声。病鸡嗉囊内充盈黏液，随着倒提会从口中流出呈酸臭味。患鸡排黄白色、绿色稀粪。后期，部分病鸡出现精神紊乱，头颈、翅、脚等麻痹、震颤，最终昏迷死亡。

2.防控措施。采取严格的生物安全措施，防止一切带毒动物和污染物进入禽群。养殖场进出的人员和车辆及用具需进行消毒，新购进的鸡必须隔离观察，经检疫检测健康方可合群。

（三）鸡马立克氏病

1.发病特征。根据病变发生的主要部位和症状分为四种类型。内脏型病鸡精神萎靡，羽毛松乱无光泽，行动迟缓，常排绿色稀便。神经型病鸡开始只见走路不稳，逐渐看到一侧或两侧腿麻痹，典型症状"大劈叉"姿势。皮肤型病鸡褪毛后可见体表的毛囊腔形成结节及小的肿瘤状物。眼型病鸡一侧

或两侧眼睛失明，病鸡眼睛的瞳孔边缘不整齐呈锯齿状，眼球呈灰白色。

2.防控措施。雏鸡出壳24小时内，颈部皮下注射马立克病疫苗，必要时可在3日龄或15日龄再接种1次。

（四）鸡传染性法氏囊病

1.发病特征。主要感染3~6周龄雏鸡，破坏免疫系统，通过接触粪便或污染环境传播，急性病例死亡率可达30%。主要症状是精神沉郁、羽毛蓬松、排白色水样便，法氏囊肿大出血或萎缩。

2.防控措施。使用中等毒力活疫苗（如B87株），14~18日龄（首免），3~4周后加强。

（五）鸡球虫病

1.发病特征。多见于20~45日龄的雏鸡，病雏精神沉郁，羽毛松乱，聚拢成堆，排水样稀粪，常为白色的不消化粉料，并带有血液。若为盲肠球虫所引起的，粪便呈棕红色，以后变为纯粹血粪，泄殖腔周围羽毛被液状血便沾污。其他球虫病病变多发生于小肠部分，肠管肿大、肠壁增厚和发炎，肠黏膜发炎，肠管变粗。病初羽毛竖立缩颈、呆立，随后出现共济失调腹泻带血等症状，死亡率高。

2.防控措施。雏鸡10~15日龄预防性用药（如地克珠利、磺胺氯吡嗪），每批鸡轮换使用抗球虫药。

第五节　饲料配制与应用技术

饲料是能够给畜禽提供某种或多种养分的物质，是维持畜禽生命活动和生长、生产需求的基础。按照提供的养分种类和数量差异，饲料可分为精饲料和粗饲料。按照工业产品区分，饲料可分为单一饲料、添加剂预混料、浓缩饲料、配合饲料和精料补充料等。单一的使用或几种饲料简单地混合使用，均不能满足畜禽的营养需要、达到预期的生产目的。

一、饲料的原料种类及营养特点

（一）粗饲料

粗饲料是天然水分含量低于60%，干物质中粗纤维含量在18%以上，以风干物为饲喂形式的饲料原料。主要包括粗干草类，如玉米秸秆、麦秸、花生秧、甘薯秧、杂草等，这类饲料中各种营养成分和能量含量低，木质素含量高，适口性差，主要起到饱腹和促进瘤胃功能的作用。另一类是青干草，是青草或栽培青绿饲草经一定干燥方法制成的粗饲料。比如苜蓿干草、燕麦干草、羊草以及一些作物茎叶及可食用的绿树叶等，这种青干草营养丰富、含量均衡、适口性好，特别是豆科青干草含有丰富的蛋白质、维生素和矿物质等，是牛羊养殖中重要的饲料原料。

1.豆科青干草。豆科青干草是豆科饲用植物干制而成，包括苜蓿干草、三叶草、草木樨等。豆科牧草含有丰富的蛋白质，开花初期粗蛋白含量在13%以上，最高可达25%，同时还富含钙和维生素，粗纤维含量较低。因此豆科牧草具有消化率高、适口性好的特点，其中紫花苜蓿是最优良的牧草，被称为牧草之王。

表2-3　紫花苜蓿种植技术要点

种类	品种选择	播种及管理	病虫害防治
紫花苜蓿	主要品种有陇东紫花苜蓿、甘农系列、中兰系列、中苜系列、新疆大叶等。播种选择符合国标的一、二级种子	春播在4月中旬至5月上旬、秋播在7月中旬至8月上旬。播种方法为撒播、条播、混播等,条播行距15cm。撒播播种量为每亩1kg、条播为每亩0.75kg。深度不超过3cm,播后轻耙、镇压。亩施农家肥4000kg、磷酸二铵10kg	病害主要有霜霉病、锈病、叶斑病等。防治要及时刈割已发病植株、选用70%甲基托布津可湿性粉剂喷雾。虫害主要有蚜虫、苜蓿盲蝽、苜蓿夜蛾、蓟马等。防治要及时清除杂草、减少虫源、适时刈割、黑光灯诱杀和选用50%辛硫磷乳油50mL兑水喷雾

2.**禾本科青干草。**禾本科青干草干物质中粗蛋白质含量7%～10%，粗脂肪含量2%～4%，碳水化合物含量40%～50%，粗纤维30%～40%。可分为两类：一类包括羊草、冰草、黑麦草、无芒雀麦及苏丹草等。这类禾本科牧草以野生为主，来源广、数量大、适口性好，是牧区、半农半牧区的主要饲草资源。另一类是人工种植的饲用禾本科植物，在抽穗至乳熟或蜡熟期刈割干制而成，包括有甜高粱、燕麦草、饲用谷子等，这类干草粗纤维含量较多，是农区草食家畜舍饲养殖的主要饲草。

表2-4 甜高粱、燕麦草种植技术要点

种类	品种选择	播种及管理	病虫害防治
甜高粱	主要品种有陇甜梁1号、2号，中科梁绿巨人、大卡、海牛、大力士	在4月下旬至5月上旬播种，可垄种或平种，行距40cm，株距25cm，播种量为每亩0.5～0.75kg，深度不超过3～4cm。播后轻耙、镇压。亩施肥3500kg，拔节期结合中耕亩追施尿素10.0kg	病害主要有丝黑穗病、叶炭疽病、锈病等，采用适宜的杀菌药剂浸种消毒后播种预防。虫害主要有锈病、斑病和纹枯病，采用多菌灵、代森锰锌可湿性粉剂等药剂，用量及方法参照使用说明
燕麦草	早熟品种主要有青引1号、青引2号等。中熟品种有白燕7号、林纳、加燕2号、青莜2号等。晚熟品种有青海甜燕麦、青莜3号。根据不同时节选择不同生育期的种子	在6月中、下旬播种，条播行距15cm，播种量每亩11kg，深度不超过5cm，播后轻耙、镇压。苗期中耕、清除杂草、耙地保墒、疏松土壤。拔节期亩追尿素15kg。亩施农家肥2000kg	病害主要有黑穗病、红叶病、锈病等。使用多菌灵或甲基托布津、敌锈钠水溶液等药剂防治。虫害主要有黏虫、地老虎、麦二蚜、金针虫等使用20%速灭丁乳油400倍液等防治喷洒均匀每隔7天喷1次，连喷2～3次

3.**农作物秸秆**。秸秆指农作物收获后剩下的茎叶部分，如玉米秸秆、谷草、各种麦类秸秆、豆类和花生的秧秆等，来源最为广泛。粗纤维含量约占干物质的40%～50%，木质素含量高，且质地粗硬、适口性差、消化率低，粗蛋白、粗脂肪、矿物质含量较低，同时缺乏动物生长所必需的维生素A、D、E以及钴、铜、硫、硒、碘等矿物质元素。因此，作物秸秆一般不宜直接用于饲喂牛羊，最好经生物发酵或氨化处理以提高适口性。

4.**青绿饲料**。青绿饲料是指天然水分含量在60%及以上的青绿多汁植物性饲草，主要包括天然牧草、栽培牧草、青饲作物、叶菜类饲料、树枝树叶等。青饲料中水分含量高，干物质少，粗纤维含量较低，蛋白质含量较高，一般禾本科牧草和叶菜类饲料的粗蛋白质含量在13%～15%，豆科青饲料粗蛋白质含量高达18%～24%，钙的含量较高，且钙磷比例适于动物生长。青饲料中矿物质含量因种类、土壤与施肥情况而异，一般钙含量0.40%～0.80%，磷含量0.20%～0.35%。此外，青饲料中维生素B族、维生素E、C、K的含量也较丰富，特别是胡萝卜素含量高，但维生素D和维生素B6（吡哆醇）含量很低。

5.**青贮饲料**。青贮饲料是将含水率为65%～75%的青绿饲料，如玉米秸秆，切碎、碾压、密封在青贮池（窖）内，经过乳酸菌为主的微生物发酵后而得到的一种粗饲料，主要喂养牛羊等反刍动物。青贮饲料的优点表现在：一是有效保存了青绿饲料中的营养成分，一般青绿饲料在成熟和晒干后，营养价值降低30%～50%，青贮后仅降低3%～10%；二是青贮有酸香味，柔软多汁，能刺激羊的食欲、消化液分泌和胃肠蠕动，提高秸秆的适口性和消化率；三是保存年限可达2～3年或更长，可代替青绿饲料在冬春枯草季节饲喂，保证粗饲料的全年均衡供应；四是青贮在厌氧发酵过程中可杀死青绿饲草中的病菌、虫卵和杂草种子，净化了饲料原料。

（二）精饲料

精饲料是营养成分丰富、粗纤维含量低、消化率高的一类饲料，按营

养价值可分为高能量、高蛋白精料，是猪鸡牛羊必需的饲料原料。高能量精料如玉米、大麦、高粱、燕麦等禾谷类籽实及加工副产品麸皮、米糠等。高蛋白质精料如大豆、豌豆、蚕豆等豆科籽实及其粮油加工副产品菜籽饼、棉籽饼、豆饼等饼粕类。这两类精饲料的营养成分差异较大，如豆类含蛋白质比禾本科作物的籽实高1～2倍，碳水化合物的含量（即能量）则明显低于禾本科籽实。如单独饲喂一类精饲料会出现某种营养缺乏的情况，若将两类精饲料配合饲喂，其营养成分能互相补充，饲喂效果显著提高。常用的原料有以下几种：

1.玉米。玉米籽实不仅具有淀粉、糖、热能高等特点，而且适口性好、易消化，是非常优良的精饲料。其可溶性碳水化合物含量高达83%以上，粗脂肪含量4%以上，粗纤维含量低（1.3%），是一种典型的能量饲料。玉米中的维生素含量也非常高，是小麦的5～10倍，但粗蛋白含量（8.9%）较低，且蛋白质品质较差，缺乏赖氨酸、蛋氨酸和色氨酸。因此，玉米必须与其他高蛋白饲料配合饲喂。

2.小麦麸和次粉。俗称麸皮，由种皮、糊粉层、部分胚芽及少量胚乳组成。次粉由糊粉层、胚乳和少量细麸皮组成。小麦加工过程可得到23%～25%小麦麸，3%～5%次粉和0.7%～1%胚芽。小麦麸和次粉含有较高的粗纤维，而有效能值较低，可用来调节饲料的养分浓度。其赖氨酸、色氨酸和苏氨酸含量均较高，脂肪含量约4%左右，且不饱和脂肪酸含量高。维生素B族及VE含量高，VA和VD含量少。矿物质含量丰富，特别是磷含量较高，钙磷比例极不平衡。饲料中添加麸皮时一定要注意量的把握，以防止日粮中钙磷比例失衡，造成畜禽缺钙。

3.大豆。大豆作为一种高营养的蛋白质饲料原料被广泛用于饲料工业中，其蛋白质含量32%～40%，赖氨酸含量较高，硫氨基酸含量较少，脂肪含量达17%～20%，且不饱和脂肪酸含量高。大豆中淀粉含量很少，矿物质以钾、磷、钠较多，但60%的磷为不能利用的植酸磷，铁含量较高，维生素B族含量较高，而维生素A和维生素D含量较低。因生大豆中存在多种抗营养因子和抗原蛋白，该物质能够引起幼畜肠道过敏甚至损伤，进而造成腹泻，直接饲喂会造成动物下痢和生长抑制。生产中常通过加热使生大豆中的不耐热的抗营养因子变性失活，从而提高大豆蛋白质的利用率和饲喂价值。

4.饲用豌豆。 饲用豌豆近年来被世界各国的饲料工业大量应用。豌豆籽实中蛋白质含量一般为20%～24%，比禾谷类高1～3倍，淀粉含量55%～60%，不但是一种很好的蛋白质饲料，也是一种高能量饲料。此外，豌豆中还富含硫胺素、核黄素和尼克酸及钙、铁、磷、锌等多种矿物质元素。豌豆中尤以赖氨酸含量较高，甚至高于蚕豆和大豆。用豌豆作饲料时需要经过一定的加工处理，提高其营养物质的消化率。常用的处理方式有脱壳粗粉碎、高压灭菌、添加酶制剂、蒸炒、发酵和挤压膨化等。目前常用膨化技术来降低豌豆的植酸和单宁等抗营养成分，以提高其养分消化率。

5.大豆饼粕。 大豆饼是大豆经压榨脱油后的残饼，榨油后为圆饼状或薄片状。大豆粕是大豆经浸提脱油后的残粕，呈粗粉状。具有如下营养特点：

（1）大豆饼粕粗蛋白质含量高，一般为40%～50%。必需氨基酸含量高、组成合理，尤其是赖氨酸含量达到2.4%～2.8%，相当于菜籽饼的2倍。色氨酸和苏氨酸含量较高，与玉米等谷实类配合可起到氨基酸互补作用。大豆饼粕中蛋氨酸含量较低，因此在以大豆饼粕为主的日粮中，一般要添加DL-蛋氨酸来满足动物的营养需要。

（2）大豆饼粕中粗纤维含量较低，无氮浸出物以蔗糖、棉籽糖、水苏糖及多糖类为主，淀粉含量低，可利用能量较高。

（3）大豆饼粕中胡萝卜素、硫胺素和核黄素含量低，烟酸和泛酸含量较高，胆碱含量丰富。矿物质含量钙少磷多，约61%的磷为植酸磷。

（三）饲料原料的营养特点

根据饲料原料中营养素含量，可分为蛋白质饲料、能量饲料、矿物质

饲料等。蛋白质饲料是指饲料原料干物质中蛋白质含量不低于20%，粗纤维含量不超过18%的饲料原料。能量饲料是指饲料原料干物质中蛋白质含量低于20%，粗纤维含量低于18%，每千克饲料干物质含消化能在1.05MJ以上的饲料原料。矿物质饲料指可供食用的天然的、人工合成或经特殊加工的无机饲料原料或矿物元素的有机络合物原料。

二、饲料产品种类及特点

（一）配合饲料

配合饲料是根据畜禽的不同生长阶段、不同生理需求、不同生产用途的营养需要，将多种饲料原料和添加剂按照饲料配方原理，经过饲料原料营养价值评定和饲喂实验优化调整，科学计算出各种原料和饲料添加剂的配合比例，并按照工业化工艺流程均匀混合生产的饲料。按营养成分和用途分为全价配合饲料、浓缩饲料、精料补充料、添加剂预混料、人工代乳料等。按饲料形状可分为粉料、颗粒料、破碎料、膨化饲料、扁状饲料、漂浮饲料、块状饲料等。

（二）浓缩饲料

浓缩饲料又称蛋白质补充饲料，主要由蛋白质饲料（豆饼等）、矿物质饲料（石粉等）及添加剂预混料按一定比例配制的均匀混合饲料，属于一种半成品饲料或者饲料原料，具有蛋白质含量高（一般在30%～50%）、矿物质和维生素等营养成分全面、使用方便等优点。使用浓缩饲料时，必须再掺入一定比例的能量饲料（玉米、高粱、麸皮等），而且要搅拌混合均匀后方可饲喂。浓缩料在全价配合饲料中的比例一般为20%～40%，用户可以参照商品浓缩料说明书中给出的比例添加能量饲料。

（三）全价配合饲料

全价配合饲料是由浓缩饲料配以能量饲料而制成。能量饲料多用玉米、高粱、大麦、小麦、麸皮、红薯粉、马铃薯和部分动、植物油等为原料。全价配合饲料以粉状和颗粒状为主，营养全面。牛羊使用时，只需要添加一定的粗饲料（苜蓿、燕麦、青贮玉米等）即可。

（四）精料补充料

精料补充料是为了补充以粗饲料、青饲料、青贮饲料为基础的牛羊营养，将多种饲料原料和饲料添加剂按照一定比例配制的饲料，也称混合精料。主要由能量饲料、蛋白质饲料、矿物质饲料和部分饲料添加剂组成。这种饲料营养不全价，不单独构成饲粮，仅是牛羊日粮的一部分，用以补充采食饲草不足的那一部分营养。在使用精料补充料时，必须与粗饲料、青饲料或青贮饲料搭配在一起，用量要根据粗饲料的品质进行调整。

（五）添加剂预混合饲料

添加剂预混合饲料由多种饲料添加剂与载体或稀释剂按一定比例配制混合均匀而成。用来生产添加剂预混合饲料的原料添加剂大体可分为营养性添加剂和非营养性添加剂。营养性添加剂包括维生素类、微量元素类、必需氨基酸类等。非营养性添加剂包括促生长添加物、保护性添加物等。根据添加的种类可分为单项添加剂预混合饲料和复合预混合饲料。添加剂预混料中常用的载体为粗小麦粉、麸皮、稻壳粉、玉米芯粉、石灰石粉等。稀释剂也是可食性物料，载体和稀释剂的作用都在于扩大体积和有利于饲料混合均匀。

（六）复合预混合饲料

复合预混合饲料是以矿物质微量元素、维生素、氨基酸中任何两类或两类以上的营养性饲料添加剂为主，与其他饲料添加剂、载体和稀释剂按一定比例配制的均匀混合物，其中营养性饲料添加剂的含量能够满足其适用动物特定生理阶段的基本营养需求。使用时在配合饲料、精料补充料或动物饮用水中的添加量不低于0.1%且不高于10%，或者严格按照说明书要求比例添加，且必须与饲料或饮水搅拌均匀。

（七）微量元素预混合饲料

微量元素预混合饲料是指两种或两种以上矿物质微量元素与载体和

（或）稀释剂，按一定比例配制的均匀混合物，其中矿物质微量元素含量能够满足其适用动物特定生理阶段的需求，使用时在配合饲料、精料补充料或动物饮用水中的添加量不低于0.1%且不高于10%，或者严格按照说明书要求比例添加，且必须与饲料或饮水搅拌均匀。

（八）维生素预混合饲料

维生素预混合饲料是指两种或两种以上维生素与载体和（或）稀释剂按一定比例配制的均匀混合物，其中维生素含量应当满足其适用动物特定生理阶段的需求，使用时在配合饲料、精料补充料或动物饮用水中的添加量不低于0.01%且不高于10%，或者严格按照说明书要求比例添加，且必须与饲料或饮水搅拌均匀。

（九）全混合（TMR）日粮

全混合（TMR）日粮是指根据牛羊的不同生产阶段的营养需求，将粗饲料、精饲料、青贮饲料和各种饲料添加剂，按照配方原理和比例在专用搅拌设备中充分混合后形成的一种饲料。全混合（TMR）日粮具有营养均衡、提高饲料利用率、维持瘤胃健康和减少营养损失等特点，正在被越来越多的牛羊规模化养殖场所采用。通过科学应用全混合（TMR）日粮饲喂技术，不仅可以改善牛羊的生产性能，还能更好地节本、提质、增效。

三、饲料配制及应用

根据各种饲料原料的营养特性、饲用价值，以及牛、羊、猪、鸡的营养需求进行科学合理搭配后应用，是促进现代规模化养殖绿色、节本、提质、增效的关键。

（一）肉牛饲料配制

1.配制原则。牛日粮配合需要参照NY/T815-2004《肉牛饲养标准》，处于不同生理阶段、不同生产性能的肉牛对营养物质的需要也不同，所配制的日粮既要满足肉牛的各种营养需要，又要注意各营养物质之间的合理比例，还应注意非结构性碳水化合物与中性膳食纤维的平衡，以保证瘤胃的正常生理功能和代谢。同时，要注意原料的经济性、安全性和适口性，避免使用发霉、变质和含有毒有害因子的饲料。

2.**选择应用**。肉犊牛要选择全价配合饲料，这种颗粒饲料能确保犊牛获得所有必需的营养成分。生长期肉牛的饲料主要以高粗纤维、高蛋白质的青贮饲料为主，像青草、苜蓿等。这是因为这一阶段的肉牛需要充足的蛋白质供给来促进生长和肌肉发育。育肥期的肉牛饲料需要更多地注重能量供给，以促进肌肉的脂肪积累。高能量的饲料有助于提高肌肉的脂肪含量，从而增加肉质的美味度。选择饲草时应更多考虑当地资源，通过科学的加工提高原料的适口性，增加采食总量，提升饲喂效果。

（二）肉羊饲料配制

1.**配制原则**。羊日粮配合要参照NY/T816-2021《肉羊营养需要量》，确定不同体重或生理阶段羊的干物质、能量、蛋白质、中性洗涤纤维、矿物质、维生素等需要量，为精准营养供给提供依据。肉羊饲料配制需要综合考虑营养需要量、饲料种类和配比、非常规饲料资源的使用、微量元素和矿物质的补充以及饲料的适口性和质量等因素，以确保不同品种、不同生理阶段的羊能获得全面、均衡营养，从而达到最佳的生长和生产性能。

2.**选择应用**。应综合考虑肉羊的不同生产阶段和季节变化，合理搭配青绿饲料、粗饲料、能量饲料、蛋白质饲料、矿物质饲料、维生素饲料和饲料添加剂，饲草原料尽可能多样化，以确保肉羊营养全面。羔羊要选择市场公认的开口料和断奶期过渡料，舍饲应用全混合（TMF）日粮时，应根据个体不同生理、生产阶段进行增减或灵活掌握饲喂用量。青贮饲料添加过多有可能引起某些消化代谢障碍如瘤胃酸中毒等，喂量一般以不超过日粮的30%~50%为宜。

（三）猪饲料配制

1.**配制原则**。猪日粮配合要参照NY/T65-2004《猪饲养标准》。考虑仔猪、生长肥育猪、种公猪和母猪在不同的生理阶段有不同的营养需求，以

满足其生长、繁殖或生产的营养需求。必须考虑饲料中能量和蛋白质等营养素比例（即能蛋比）使之符合标准的要求，也要重视各种营养成分需要相互平衡，粗纤维的含量不宜过高。要考虑到不同原料的营养成分和抗营养因子，保证日粮的质量和安全性、经济性。同时，要根据不同季节的气候条件和猪的生理需求，适当调整日粮的营养成分。例如，在夏季可能需要降低日粮的能量密度，以防猪只过热。

2.**选择应用**。购买正规厂家的高质量浓缩料或预混料，按照说明比例添加玉米、麸皮等能量饲料。需要保持原料种类多样化及用量合理，以便发挥各种原料之间的营养互补作用。此外，还需要注意饲料原料的适口性、饲料中有毒有害成分的含量以及饲料有无污染和霉变等情况。大豆粕的质量可以通过颜色、粗蛋白含量、脲酶活性和蛋白溶解度等指标来衡量，从而保证猪的健康和生产力。

（三）猪饲料配制

1.**配制原则**。猪日粮配合要参照 NY/T65-2004《猪饲养标准》。考虑仔猪、生长肥育猪、种公猪和母猪在不同的生理阶段有不同的营养需求，以满足其生长、繁殖或生产的营养需求。必须考虑饲料中能量和蛋白质等营养素比例（即能蛋比）使之符合标准的要求，也要重视各种营养成分需要相互平衡，粗纤维的含量不宜过高。要考虑到不同原料的营养成分和抗营养因子，保证日粮的质量和安全性、经济性。同时，要根据不同季节的气候条件和猪的生理需求，适当调整日粮的营养成分。例如，在夏季可能需要降低日粮的能量密度，以防猪只过热。

2.**选择应用**。购买正规厂家的高质量浓缩料或预混料，按照说明比例添加玉米、麸皮等能量饲料。需要保持原料种类多样化及用量合理，以便发挥各种原料之间的营养互补作用。此外，还需要注意饲料原料的适口性、饲料中有毒有害成分的含量以及饲料有无污染和霉变等情况。大豆粕的质量可以通过颜色、粗蛋白含量、脲酶活性和蛋白溶解度等指标来衡量，从而保证猪的健康和生产力。

（四）肉鸡饲料配制

1.**配制原则。**鸡日粮配合要参照NY/T33-2004《鸡饲养标准》配制。按照"育雏期（1～14日龄）、育成期（15～28日龄）和育肥期（29日龄～出栏）"三阶段进行饲料配制。配置要根据饲养规模有计划地使用，育雏期饲料蛋白和能量需求较高，育成期饲料适当提高能量水平，育肥期饲料注重矿物质和维生素的补充。

2.**选择应用。**规模饲养一般都购买肉鸡专用的全价配合饲料。若需自行配制，一般情况下遵循饲料配制原则进行加工调制。同一批次尽量保持原料种类和来源的稳定性。原料替代原则为育雏期料蛋白质水平较高，育成期料蛋白质水平降低、能量增加，育肥期料蛋白质水平更低、能量增加。

（本章撰写人员：庆阳市农业科学研究院梁永虎、徐振飞、施海娜、贺怀刚、朱正生、耿智广、张金霞、梁万鹏，庆阳市畜牧水产技术推广中心陆军、葛仲显、李飞，庆阳市农业信息中心刘立龙。）

第三章　食用菌生产关键技术

近年来，庆阳市顺应农业绿色发展导向，提出了以食用菌为关键纽带发展"三元双向"循环农业，推行优良菌种引进选育、工厂化袋料加工、规模化种植等关键技术，促使食用菌产业从传统的单家独户栽培向工厂化、规模化、集约化模式转变。

第一节　菌种选育

菌种选育是食用菌发展的关键要素，不仅关系到食用菌的产量和品质，还直接影响到食用菌产业的可持续发展和农民增收。菌种选育主要是通过野生资源驯化、自然选育、诱变育种等多种方法，不断提高菌种的产量、品质和抗病性。庆阳市经过引种试验，自主分离选育出3个黑木耳、1个香菇菌株并应用于生产实践；培育本土香菇新品种1个，不仅适应当地的气候和环境条件，而且表现出优良的结实性和丰产性。

一、菌种类型

根据食用菌菌种的来源、繁殖的代数及生产目的，通常将菌种分为母种、原种、栽培种（一级种、二级种、三级种）。

二、菌种生产流程

筛选提纯—原始种—中试后确定菌种—母种转管、扩大—接种—培养—母种—原种—栽培种。实际生产中的菌种一般从专门的食用菌菌种研究机构引进。

1.采集菌种。从具有优良特性的食用菌子实体中采集菌种，优选生长健壮、无病虫害的个体。

2.**制备培养基。**选择适宜的培养基材料，如PDA培养基为菌种生长提供所需的营养。按照培养基配方准确称取各种原料，加入适量的蒸馏水进行定容，装入试管。

3.**灭菌和接种。**采用高压湿热灭菌方法，将培养基置于高压灭菌锅内，于121℃持续25～30分钟可保证完全灭菌。在无菌台上用75%酒精消毒后，将菌种接种到冷却的固体培养基上。

4.**菌种培养。**将接种后的培养皿放置在恒温箱中，根据不同食用菌种类设置适宜温度，般在22～25℃。

5.**菌种保存与复壮。**将生长良好的菌种置于4℃左右的低温环境中保存。为避免菌种老化，需定期进行复壮。将已经衰退的菌种（群体）进行纯种分离和选择性培养，使得未衰退的个体能够大量繁殖，重新成为纯种群体。

第二节　菌棒袋料加工

庆阳市种植业、畜牧业规模较大，作物秸秆、苹果枝条以及畜禽粪便等农业副产物资源丰富。通过现代化的菌棒生产设备和技术，从原料收集、预处理、配方调整、装袋接种到后期管理的各个环节，均采用严格的标准和先进的技术手段，有效控制微生物污染风险，提高菌棒的生产效率。

一、原料采集准备

菌棒主料包括硬质阔叶树种、果树枝、棉籽壳等农业副产品，经预处理保质。辅料有麦麸、玉米粉、豆粕、石膏等，提供氮源和微量元素，调节酸碱度。

二、科学调整配方

根据本地资源以及不同种类食用菌的生长需求，尽量就地取材，多种原料搭配，科学设计培养料配方，做到养分互补、降低成本，达到节本增

表3-1 庆阳主要栽培食用菌袋料配方

名 称	品 种		
	平菇	香菇	黑木耳
配方	木屑78%、麦麸20%、蔗糖1%、石膏0.5%、石灰0.5%	杂木屑79%、麸皮20%、石膏1%	木屑88%、麦麸11%、石膏0.5%、石灰0.5%
	玉米芯60%、木屑20%、麦麸18%、蔗糖1%、石膏1%	木屑64%、麸皮15%、棉籽壳20%、石膏1%	木屑78%、麦麸20%、石膏1%、石灰1%
	玉米芯80%、麦麸18%、蔗糖1%、石膏1%	杂木屑60%、苹果木20%、麸皮18%、糖1%、石膏1%	木屑86%、麦麸10%、豆粉2%、石膏1%、石灰1%

效、增产增收。

三、装袋灭菌

将袋料均匀装入菌袋，避免胀袋。按规格选择袋型，如平菇（17～24cm）×（35～50cm），香菇15cm×55cm、17cm×58cm，黑木耳17cm×（30～33cm）。将菌袋放入灭菌柜进行灭菌处理。

四、接种

选晴天早晚接种，无菌条件下迅速准确操作，防止杂菌污染。

五、发菌期管理

发菌管理直接影响后期出菇（耳）与抗杂菌能力，场所需通风且可调控温湿度，确保菌丝洁净、稳定生长。

六、后期管理

包括通风、翻堆检查、清理污染菌袋等以保持良好的生长环境，预防病虫害，确保菌棒质量与产量。

第三节 生产设施建设

食用菌生产设施是具有一定结构和空间的固定设施，是食用菌规模化、集约化生产重要标志。

一、平菇生产大棚

适宜平菇栽培的设施主要包括拱形大棚、斜坡形大棚、地上式大棚和半地下式大棚等塑料大棚。

（一）结构与覆盖材料

平菇生产大棚通常采用钢架结构，以确保足够的强度和稳定性。大棚的外覆盖层通常使用塑料薄膜或透光性好的防雾滴塑料布，保证所需光照，保持内部温度和湿度。

（二）通风与温度控制

大棚内设有可调节的通风窗或通风机，确保空气流通，排出过多的湿气，防止温度过高。在异常气候条件下，需要通过火炉、热风机、水帘等设备加热或冷却，以便维持大棚内的恒温。

（三）湿度与水分管理

大棚内的相对湿度保持在85%～95%之间，通常配备自动或手动喷雾系统进行定时喷水，以保持菌床的湿润，促进平菇的生长。大棚地面要有一定的倾斜度并设排水沟，防止积水和细菌滋生。

（四）光照与遮阴

根据平菇对光照的需求，在菇棚外围增设遮阳网设施，避免直射阳光影响平菇的生长；大棚覆盖单层无滴棚膜，安装防水保温被，以维持一定的温度。

二、香菇高棚层架立体菇棚

香菇高棚层架立体菇棚是一种现代化的食用菌栽培模式。庆阳市因独

特的气候优势更容易出菇，尤其是反季节高原夏菇的生产。

（一）棚体设计

高棚层架立体菇棚通常建得较高，内部有多层栽培架，能有效利用空间垂直高度，增加栽培面积，利于空气流通，减少病害发生。规格一般为单跨9m、长40m，大棚肩高2.5m、顶高4.3m，装配式轻钢结构，以保证整体的稳定性和承重能力。

（二）层架设置

棚内搭建出菇层架，层距0.3~0.4m，共7层，每一层栽培架之间要留有足够的间隔，确保每层的香菇都能得到均匀的光照和空气。

（三）通风系统

通风设施在大棚的两侧，分别装有两根卡槽，卡槽间加装防虫网，防止通风时害虫飞入，保持棚内空气新鲜，防止湿度过高导致病菌滋生。

（四）遮阳与保温

根据香菇对光照的需求，在菇棚外围增设遮阳网，避免直射阳光影响香菇的生长，大棚覆盖单层无滴棚膜，安装防水保温被，以维持一定的温度。

三、木耳吊袋生产大棚

根据庆阳自然条件和气候优势，设计黑木耳专用吊袋大棚，调整吊袋方式，完善卷膜、雾化、降温等配套设施，实现自动化管理。

（一）选址与结构设计

选在靠近水源、交通便利的区域，避开工业污染和病虫害高发区。大棚应顺风向，通常南北布置，尺寸建议为长40m、宽10m、高3.8m，棚间距至少5m，棚头间距7m。棚骨架间距1.0~1.2m，肩高约2.3m，两头各设两扇或四扇门，门上设有通风窗。

（二）吊袋系统配置

吊架系统由热镀锌钢材构建，具备调节横向和纵向杆件高度的功能，以适应黑木耳生长需求。吊袋采用耐用塑料或特制编织材料，挂钩为镀锌材质。挂绳间距20cm，菌棒距地面40cm。

（三）环境控制设置

设计合适的通风口和可调节遮阳设施，以控制光照强度，防止直射阳光对木耳造成损伤。

（四）水分与营养管理

使用微喷灌或滴灌系统定时供水，保持菌棒湿润并防止病害发生。按生长需求添加科学配比的营养液，促进黑木耳健康生长。

第四节　常见食用菌生产技术

食用菌是一项技术密集型产业，涵盖栽培季节选择、品种选择、培养料配制、发菌管理、出菇管理等关键环节。本节重点介绍庆阳市当前常见的平菇、香菇、黑木耳生产技术。

一、平菇栽培技术

平菇作为庆阳市主要栽培的食用菌种类之一，以其适应性强、生长周期短、产量高和营养丰富等优点，成为当地农民增收致富的重要途径。随着农业科技的不断进步和市场需求的增加，庆阳探索总结出更加高效、节能的栽培方法，实现了平菇的工厂化高产、优质生产。

（一）生长环境要求

1.温度。平菇菌丝生长适温23～28℃，子实体生长适温15～18℃。

2.养分。需碳、氮、无机盐，用木屑、棉籽壳、麦秸等配比发酵处理。

3.水分。培养料含水量60%～65%，空气湿度90%。

4.光线和酸碱度。适度散射光，pH值5.5～6.5。

（二）栽培季节选择

目前，庆阳市平菇栽培为季节性栽培，依赖自然气候，以春秋季接种

为主，夏冬季需设施或技术辅助。一般9月制袋，大袋出菇为次年4至5月，中小袋为次年2至3月。春季3至4月接种，4至6月出菇。

（三）品种选择及培养料配制

根据时间和温度合理选择品种，如特抗650、灰美2号、德丰5号等，以提高抗病性和适应性。培养料配方多样需根据具体情况合理调配，如棉籽壳、玉米芯培养料。

（四）养菌管理

发菌期，料温控制在22～25℃，不超过28℃。菌丝生长阶段，空气相对湿度保持在60%～70%为宜。养菌室保持较暗的环境，避免阳光照射，每天通风1～2次，每次30分钟，保持室内空气新鲜。发现杂菌污染的菌袋，要及时清理，防止杂菌扩散。

（五）出菇管理

菇棚温度维持在25～28℃，空气相对湿度保持在90%～95%。加强菇棚通风，保持空气新鲜，有利于平菇子实体的生长。

（六）采收与后期管理

成熟及时采收，避免影响下批菇品质。采后停止喷水，降低湿度，为下一潮菇的生长创造条件。

二、香菇栽培技术

随着科技的进步与现代农业技术的融合，香菇栽培过程正经历着从传统人工操作向自动化、智能化方向的转变，从而促进了香菇的生长效率、产量和品质。

（一）生长环境要求

香菇生长需要低温、湿润、通风良好的环境，最佳温度10～25℃，湿度60%～70%。

（二）栽培季节选择

香菇主要有春栽和秋栽两大季节，如春栽夏出、秋栽冬春出等，栽培周期4~6个月。随着香菇新品种栽培模式的多样化，在适宜的设施条件下可达到周年生产。

（三）品种选择及培养料配制

根据品种，出菇温度、菌龄、产品用途选择适宜品种，如低温型品种（申香215）、高温型品种（武香1号）、长菌龄品种（808）等。培养料由木屑、麸皮、玉米粉等按比例配成。

（四）养菌管理

养菌室温度控制在20~23℃，湿度60%~70%，黑暗培养，CO_2浓度维持在2500~3500ppm，保持通风，采用层架和井字型堆码的方式进行养菌。当菌块直径达到8cm以上时，及时翻堆，清理污染菌袋。

（五）出菇管理

通过适当的温差刺激，促进菇蕾的形成，保持适宜的湿度和通风条件，促进香菇的生长发育。

（六）采收与后期管理

香菇至七八成熟，菌盖下内菌膜开始破裂，菌盖没完全伸展，边缘内卷呈铜锣状，菌褶由白色转为褐色时为最佳采收时间。第一批菇采收完毕后，停止喷水，要大通风一次，晴天2小时，阴天4小时，进行7~10天的休菌，待采菇留下的凹点菌丝发白时，即可进行菌袋补水，出下潮菇。

三、黑木耳栽培技术

黑木耳是庆阳市主要栽培的食用菌种类之一。庆阳市主推袋料栽培技术，通过精确控制栽培条件、优化原料配比、实施科学管理，并采用现代化设备进行大规模生产，提高了黑木耳的产量、品质和经济效益。

（一）生长环境要求

黑木耳喜温暖湿润的环境，适宜的生长温度为20~24℃，相对湿度在80%~90%，光照以"七阳三阴"为宜，同时需要保持空气新鲜，避免有害气体的积累。

（二）栽培季节选择

黑木耳的栽培季节主要根据当地的气候条件来确定。春末夏初（4月至6月）和秋季（9月至11月）是比较适合的栽培季节，这两个时期的温度和湿度都比较适合黑木耳的生长。

（三）品种选择及培养料配制

常用的品种有半筋、大筋等。培养料的配制也很关键，主要以木屑为主，加入适量的麦麸、豆粕等作为辅助材料，以及必要的微量元素和维生素。

（四）养菌管理

暗光培养，保持空气湿度在60%～70%，温度在25～28℃，经常检查菌棒内壁周围菌丝的生长情况，发现有异常菌丝应及时处理。

（五）出耳管理

当菌丝长满培养料后进入出耳阶段。此时要适当降低湿度，增加通风，模拟自然环境中的昼夜温差和干湿交替以刺激耳基的形成。同时要提供散射光，促进耳片的正常开展。

（六）采收与后期管理

成熟的黑木耳边缘内卷、耳片展开，颜色由深变浅时即可采收。采收时要轻拿轻放，避免损伤耳片。采收后要及时进行干燥处理，防止霉变。采收后停水3～4天，增加光照和空气相对湿度，加长浇水时间，大约10天后会出第二茬耳。

四、技术创新

庆阳市在食用菌产业发展中，突出提高生产效率和产品质量，企业和科研机构积极探索形成了微孔发菌技术、"双棚"栽培技术和智能控制系统等技术。这些技术的应用，显著提升了食用菌的生长速度和产量，改善了产品的品质，减少了生产过程中的环境污染，为食用菌产业的可持续发展奠定了坚实基础。

（一）微孔发菌技术

通过在塑料筒料面均匀打孔，改善筒内外气体交换状况，提高发菌速度，缩短生产周期，减少污染率。

（二）"双棚"栽培技术

在内棚的基础上，增加外棚形成双层保护结构，有效缓冲外部不良环境影响，稳定棚内小气候，提升产量和品质。

（三）智能控制系统

利用现代信息技术，实现菇棚环境的智能化监控与管理，确保食用菌生长所需的各项环境参数始终处于最佳状态，提高管理的精确度和便捷性。

第五节　菌类烘干及加工

食用菌除部分鲜销外，大部分用于加工，这样不但可以延长产品的保存供应时间，而且耐运输，可以不受生产季节和地域限制，均衡供应市场。生产上常用的食用菌加工方式有保鲜储藏、干制、腌渍、罐藏和食用菌深加工。

一、保鲜储藏

保鲜储藏是最基础的加工方式，旨在维持鲜品生命，延长货架期。方法包括低温冷藏、气调、真空、辐射和物理化学保鲜等。

二、干制技术

脱水干制是食用菌干燥的主要加工方法，通过晾晒、机械、热风或冷冻干燥，将含水量降至12%以下，从传统晒干发展为机械烘干和冻干，适用于多种食用菌。

（一）晾晒法

清洗后的新鲜食用菌，置于通风且避光处晾晒。

（二）热风干燥

使用干燥设备，通过高温低湿热风，快速干燥食用菌。

（三）冷冻干燥

先速冻食用菌，再真空除水，能较好地保持食用菌的形状和营养成分。

三、腌渍技术

腌渍技术是食用菌食品加工中较为常用的一种方式，主要是利用食盐或糖溶液抑制微生物生长，使其处于休眠或者死亡状态。此技术可以有效延长保存时间，使菌类内部营养充分保留下来。工艺流程：采收→分级→清洗→杀青→冷却→盐渍/糖渍/酱渍等→装桶→成品。

四、罐藏加工技术

食用菌罐头制品是把菇类鲜品或其他辅料装入密闭的容器中，经抽气密封和高温杀菌处理，隔绝外界微生物再次侵入，使其得以较长时间保藏，这类产品为食用菌罐藏食品。罐藏产品的保藏期限一般为1～2年。工艺流程：原料准备→装罐→注液→排气→密封→杀菌→冷却→出厂检验。

五、食用菌深加工

食用菌深加工是通过物理、化学方法和先进技术，提取精华成分用于生产医药、保健等产品。常见加工技术包括蜜饯、饮料和调味品制作，不但有助于食用菌的保藏，且具产品特色，可以增加市场竞争力和经济效益。

（本章撰写人员：庆阳市农业技术推广中心肖新颖、袁占芳、卢晶、张吉宁、张彦平、王彪，庆阳市农业科学研究院南炳东、黄卫红、李耀霞、何博、张丽娟。）

第四章 种养菌废弃物资源利用技术

种植、养殖和食用菌生产的副产物资源化利用是构建"三元双向"循环农业模式的关键，积极探索总结绿色、高效、低碳生产模式，集成推广农业副产物资源利用关键技术，既能推动农业绿色发展，也可实现变废为宝、循环利用。

第一节 农作物秸秆综合利用技术

秸秆作为一种可再生资源，采用肥料化、基料化、饲料化、燃料化等利用方式，可提高其综合利用率。

一、秸秆肥料化利用

将农作物秸秆粉碎、腐熟等方式转化为肥料还田，有助于提升土壤肥力，实现资源的循环利用，减少环境污染。

（一）直接还田

将小麦、玉米、油菜等农作物秸秆粉碎均匀地抛撒在地表，用旋耕设备耕翻入土，促使其在土壤中分解腐烂，可以改良土壤结构、增加土壤有机质含量、培肥地力。

（二）腐熟还田

利用木质纤维素降解菌，快速降解秸秆木质纤维物质，将秸秆分解矿化为简单的有机质、腐殖质以及矿物养分，待秸秆基本腐熟（腐烂）后再还田。夏天腐熟时间15～30天，冬季需要60～90天。

（三）生物反应堆

秸秆通过加入微生物菌种、催化剂和净化剂，在通氧（空气）的条件

下，被重新分解为二氧化碳、有机质、矿物质、非金属物质，并产生一定的热量和大量抗病虫的菌孢子。利用农艺设施，把生成物提供给农作物，使农作物更好地生长发育。

（四）秸秆有机肥

利用速腐剂中菌种制剂和各种酶类在一定湿度（秸秆持水量65%）和温度（50~70℃）下，创造微生物正常繁殖的良好环境条件，促进微生物代谢进程，加速有机物料分解，提高物料温度，杀灭病原菌和寄生虫卵，获得优质的有机肥料。

二、秸秆基料化利用

以作物秸秆为主要培养基质，配合其他辅料制作食用菌栽培基料。如用麦秸栽培草菇、用玉米秸秆栽培草菇和平菇、用稻草栽培双孢菇等。以秸秆为原料，栽培食用菌形成的菇渣，密布菌丝体具有较高的营养价值，加工后可制成菌体蛋白饲料喂养家畜，从而形成"秸秆—蘑菇—饲料—粪便—回田"的能量多级利用、物质链式循环的生态农业模式。

三、秸秆饲料化利用

（一）秸秆直接利用

将秸秆作为干草加工粉碎后直接饲喂牲畜的方式，需要把控好原料收获、干燥、打捆、贮藏等几个环节。对不同牧草应选择适宜的刈割时间进行收获，一般是自然干燥、人工干燥或两者结合方式。收割机在收割苜蓿时，将茎秆压扁，利用日光和风能在田间晾晒，经搂草机翻晒至水分下降至18%以下。也可使用高温快速干燥、茎叶分离干燥、人工脱水干燥和添加碳酸钾、碳酸钾+长链脂肪酸混合液、碳酸氢钠等化学试剂干燥等方法。干草干燥到一定程度后，使用牧草打捆机将其打成草捆。干草贮藏时确保含水量在18%以下，选择地势平坦、干燥、排水良好的地方，并进行适当的覆盖和封压。

（二）秸秆青贮

通过给有益菌（乳酸菌等厌氧菌）提供有利环境，促使嗜氧性微生物如腐败菌等在存留氧气被耗尽后，活动减弱及至停止，实现抑制和杀死多种微生物保存饲料有效养分。一般经过40~50天（20~35℃）的密闭发酵后即可取用饲喂家畜。利用微生物发酵能使青贮饲料带有芳香、酸、甜等的味道，极大提高适口性。现在规模饲养一般使用全株玉米青贮技术，即在玉米籽粒完全成熟前收获，使其在厌氧环境下发酵。制作时需要把控好切碎、控水、装填、压实、封严等几个关键环节。切碎要选用专门的玉米收割机，在玉米的乳熟期至蜡熟期时全株收割，切碎揉丝至2~3cm长度。装填时将切碎的原料装入青贮窖、青贮池、塑料袋或打捆后，利用聚乙烯膜裹包，水分含量通常控制在60%~70%。在装填过程中，需要分层压实原料以尽可能排除空气，最后要确保青贮容器密封，防止空气进入，避免原料氧化和腐败。

（三）秸秆黄贮

指农作物秸秆失去水分达不到青贮条件，通过添加水分和生物添加剂，放入密封容器中进行发酵而成的饲料。秸秆微贮工艺路线为：准备微贮设施—秸秆切碎—菌种菌液复活—装窖（喷洒）—压实（打捆）—密封（裹膜）—出窖（开包）—饲喂。

（四）秸秆压块饲料

指将各种农作物秸秆经机械铡切或粉碎之后，根据一定的饲料配方与其他农副产品及饲料添加剂混合搭配，经过高温高压轧制成的高密度块状饲料。工艺流程为：秸秆收集→晾晒→去除杂质→切碎→发酵处理→添加营养物质→压块→冷却、晾干→成品包装→入库储存。

四、秸秆燃料化利用

主要包括秸秆固化、气化、炭化等方式，可提供清洁、可再生能源。

（一）秸秆固化成型技术

在一定温度和压力作用下，利用木质素充当黏合剂，将松散的秸秆挤

压成棒状、块状或颗粒状等成型燃料，提高运输和贮存能力，改善秸秆燃烧性能。工艺流程为：秸秆收集→粉碎→干燥→混料→成型→冷却→成品包装→入库储存。

（二）秸秆沼气（生物气化）

秸秆经微生物发酵作用生产沼气和有机肥料。工艺流程为：秸秆收集与粉碎→润湿与堆沤处理→堆沤→进料准备→进料→启动→产生沼气→正常使用。

（三）秸秆气化

将秸秆在缺氧的状态下，加热随温度升高，物料的挥发物质逐步析出，在高温下发生裂解热解后的气体和余碳，在氧化区与氧化介质空气、氧、水蒸气等发生燃烧反应产生可燃气体。

（四）秸秆炭化

将秸秆烘干或晒干、粉碎在制炭设备中经干燥、干馏、冷却等工序后制成木炭。秸秆炭化不仅便于储存和运输，还能生产出高附加值的产品，如生物质炭、可燃气体和木醋液。木醋液和可燃气体可作为化工原料或燃料。使用秸秆炭化后的炭基肥料，能够改善土壤结构、提高土壤肥力、促进作物生长。

第二节　畜禽粪便资源化利用技术

畜禽粪便可通过腐熟发酵，转化成有机肥，也可制作食用菌袋料，还可通过沼气技术为农业生产提供能源，实现肥料化、基料化和能源化利用。

一、肥料化利用

通过堆肥等方式处理可将畜禽粪便转化为腐熟肥料，用于农田施肥。这一过程不仅能杀灭病原菌、减小粪便体积，还能降低臭味，便于运输。

（一）堆肥还田

将原料混合均匀后，堆制成长条垛或圆堆，通过定期翻堆和强制通风相结合的方式，保持堆体中的好氧状态完成好氧发酵。经过10～25天发酵后，将条垛重新整合后进行二次发酵，待温度逐渐降低并稳定，即完成全腐熟。腐熟后的粪肥可作为有机肥料，施用于农田、菜地和果园。

（二）沼肥还田

将收集的畜禽粪便干湿分离，干粪用于堆肥或作为其他用途，湿粪直接投入沼气池或与农作物秸秆、残次烂果等废弃物混合后进入沼气池，密闭厌氧发酵转化为沼气、沼液和沼渣。沼气经净化后用于发电、供暖等。沼液和沼渣进行分离，沼液可直接用于灌溉或叶面喷施，沼渣则作为基肥施用，在果树或蔬菜种植前施入土壤中改善土壤结构，提高土壤肥力。沼液也可作为追肥，在作物生长期间，适时施用可补充作物生长所需的养分，促进作物生长和发育。

（三）生产有机肥

将新鲜畜禽粪便通过输送带送进混合仓，添加菌渣和有氧发酵菌种，进行充分搅拌后，输入发酵仓加热、除湿，促进粪便的发酵。经过24小时有氧发酵处理后，出仓进行二次堆积，使得有机物进一步腐熟和降解，并杀灭大部分病原微生物，大约发酵15～20天，即可生成有机肥料。

二、基料化利用

将畜禽粪便与农作物秸秆等混合发酵，可以制作食用菌基料或育苗基质，用于菌菇种植、果蔬栽培、作物种植等。

（一）异位发酵

将畜禽粪便集中到集污池进行干湿分离后，利用异位发酵床，经微生物发酵转化为碳化物（生物菌丝体腐殖质有机肥）。异位发酵床垫料由稻壳和锯木屑等混合而成，配比6：4，每立方垫料初次喷洒300g菌种（耐高温发酵专用菌均匀施喷到垫料中）均匀地喷洒在发酵床垫料上，然后使畜

禽粪便与垫料充分混合、增加通气量，通过微生物分解发酵作用，将畜禽粪便转化为腐殖质。第一次添加的垫料大约发酵两个月，垫床高度低于1.2m时，再次添加垫料，每立方垫料喷洒菌种20g，垫床要保持在1.5m左右的高度。

（二）菌料应用

畜禽粪便与秸秆、果木枝条等物料经粉碎混合、装袋、灭菌、接种和菌棒培养等过程制成菌棒。

1.拌料。首先进行粉碎，然后与菌剂、畜禽粪便等混合，添加量一般为30%～50%，混合后的物料碳氮比控制在25∶1～30∶1之间，含水量控制在65%左右。拌料完成后马上进行装袋。

2.装袋。装袋松紧度要适宜，太紧会造成氧气不足，菌丝生长缓慢或停滞。太松会造成菌丝生产速度快，影响产量，菌棒的松紧度一般以五指抓着料袋中等用力，有微凹陷为宜。

3.灭菌。装袋完成的物料要及时进行灭菌处理，自拌料到灭菌不得超过4小时，灭菌温度100℃，维持10小时，然后送入冷却室。

4.接种和菌棒培养。冷却至室温后即可进行接种，接种前对接种室进行彻底消毒。

三、能源化利用

大型养殖场畜禽粪便处理，提倡采用沼气工程进行厌氧处理，配套调节池、固液分离机、贮气设施、沼渣沼液储存池等设施设备，采取必要的除臭措施，产生的沼气可作为生产生活用能，沼渣、沼液可作为肥料还田利用。粪污厌氧发酵的总固体浓度以不超过8%为宜，推荐采用常温（环境温度）和中温发酵（36℃）。常温发酵周期不低于8周，中温发酵周期不低于3周。该技术对畜禽粪便无害化处理效果明显，每方畜禽粪便产沼气30m³以上，病虫害和杂草种子杀灭率可达90%以上，畜禽粪便养分损失小于10%，甲烷减排80%以上。

第三节　果树枝条多元化利用技术

果园有机废弃副产物主要包括修剪的枝条、杂草、落叶等，其中枝条占比最大且最难处理。但果树枝条中含有木质素、纤维素、糖类、蛋白质和脂肪等丰富的有机质，以及植物生长所需的各种无机养分。将果树修剪的枝条废弃物作为资源进行高效利用，能显著提高经济效益、社会效益和生态效益。

一、直接粉碎还田技术

利用枝条粉碎机粉碎修剪的果树枝条粉碎成粒径不超过30mm的颗粒，再深埋入果园土壤中进行自然分解腐烂，经腐熟后可增加土壤有机质含量。果园中的落叶和杂草，也可随修剪的枝条直接粉碎还田使用。该技术具有简易、环保和高效等优势。

直接粉碎还田技术包括枝条收集、搬运、粉碎、堆肥、施肥等于一体的过程。该工艺宜于集中2~3行果树枝条于作业行进行直接粉碎还田处理。具体操作可参考《果树枝条粉碎技术规程》（DB32／T2997-2016）。

目前我国已研发出几款比较成熟的大功率枝条粉碎机，包括北京市农业机械试验鉴定推广站开发的FSJ—8.0型树枝粉碎机、农业农村部南京农业机械化研究所研制的NZF100A1/A2型枝条粉碎机（1.2t/h）、北京顺诚明星农牧机械厂生产的SC—6.5型小型汽油树枝粉碎机，以及中农博远生产的3ZF系列果园枝条粉碎机等，它们的最大切削直径在70~100mm，适用于规模化果园的推广和应用。国内现有的果园枝条粉碎机类型、特点和性能等方面差异性也较大，应多方对比考察后引进。

二、食用菌基质利用技术

目前，国内外利用果树枝条作为栽培基质，生产食用菌已是较成熟的技术。一般将果树枝条粉碎后作为食用菌生产基质的主要原料（粉碎颗粒

平均粒度应不超过5mm）制作菌棒。食用菌生长过程中只吸收培养基质的部分养分，废弃菌棒、菌渣中含有大量的N、P、K等营养元素，可继续生产有机肥再施用于果园。与常规杂木屑基质栽培食用菌相比，利用果树枝条粉碎木屑栽培食用菌的生产成本也相对较低。据估算，利用果树枝条粉碎木屑，每生产1万袋食用菌，可节省1万千克的杂木屑，相当于减少采伐6.7㎥的阔叶林量木屑，成本降低了6000多元，具有较好的经济效益和生态效益。

三、好氧堆肥技术

果树枝条中含有大量难降解的木质素、纤维素等有机质，通过堆肥的方式，直接进行生物分解相对困难。因此，一般先将其做粉碎处理（粉碎颗粒平均粒度应不超过15mm），再通过添加含有高效降解纤维素和木质素菌种的复合微生物菌剂进行堆积腐熟，并定期进行翻堆，以加快堆肥的腐熟程度，缩短发酵周期。利用堆体中微生物群落的发酵作用，将废弃副产物中有机质降解为稳定的腐殖质状态，使其所含养分能够被释放、吸收、最终形成有机肥料，可直接覆盖于果园地面或在树冠外缘地表开沟施肥。相关研究表明，施用堆肥技术产生的有机肥，可以有效改善土壤的状况，包括土壤的理化性质、土壤养分以及土壤微生物活性，通过改善土壤性质促进果树根系生长。堆肥发酵受温度和含水率影响，较大温度一般控制在55~70℃，含水率一般在50%~60%，经过高温好氧堆肥，能够杀死其中大部分有害病菌、虫卵等。利用粉碎的枝条和菌种丰富的腐土，按1：4的比例进行混合堆腐，测算出枝条生产有机肥的效率为40%。果园中废弃的杂草、落叶和坏果等有机物也可进行堆肥处理。随着堆肥技术的广泛推广，果园堆肥处理设备趋于向小型化、移动化、专用化和多样化发展，机械化程度虽然有所提高但其实际应用效果仍有待加强。沈晓贺等研制了一种全自动化控制的果树枝条粉碎发酵堆肥机，缩短了堆肥发酵周期，提高了堆肥生产效率。

四、生物炭制备技术

利用修剪的果树枝条，在缺氧或少氧的环境中，通过高温热裂解和炭化作用获得生物炭，既可以单独还园施用于土壤，也可以配合肥料还园施用于土壤。生物炭与有机肥对低肥力土壤果树生长均有促进作用，可使果树开花量和单株产量提高，两者混施的效果要优于单施处理。

生物炭的制备工艺主要包括快速热裂解法、慢速热裂解法、水热碳化法、微波热解法和气化法。现阶段，市场上实现产业化生产的生物炭基本采用慢速热裂解的原理，主要利用的炭化设备包括分批式生产的土窑（污染严重、生产力低）、干馏炉（设备成本高）连续式生产的内加热式碳化设备（技术要求高）和外加热源式炭化设备（能耗高）。将果树枝条先进行粉碎（粉碎颗粒平均粒度应不超过10mm）压缩制粒，然后再进行炭化制粒，炭化机具昂贵，整套环节投入非一般果农所能接受，主要适宜大批量工厂化生产经营。

第四节　菌糠菌渣综合利用技术

食用菌菌渣的利用途径广泛，加工技术也日趋成熟，更是实现农业生产绿色循环的关键一环。菌糠菌渣综合利用，主要依托有机肥企业和生物质燃料企业，通过肥料化、饲料化、基料化、燃料化等方式，实现菌糠菌渣资源化利用。

一、肥料化利用

食用菌菌渣中含有各种营养元素，是良好的有机肥源和土壤改良剂。用菌渣作原料生产的有机菌肥有机质含量高达60%以上，是较好的农作物肥料。

（一）清选粉碎

将食用菌栽培后的废料去除外袋，晒干后粉碎，粉碎时注意清选残留的外袋、土块等杂质。

（二）制堆发酵

粉碎后的菌渣添加人畜粪便、淤泥、尿素等和含有机肥专用发酵剂的菌液混合或直接与菌液混合。混合后的物料，碳氮比控制在25∶1~30∶1之间，含水量控制在60%~65%，搅拌均匀后制堆发酵覆盖薄膜保温保湿。当堆料中心温度达到65℃时翻堆1次，温度再次达到50℃时再翻堆1次，堆温不能超过70℃。若水分散失过多，可以在料堆上适量喷水以保持水分在60%左右。可以根据以下外观指标，检验发酵是否完成：①发酵料外观变为褐色至黑褐色。②含水率下降到50%以下，不粘手、肥块软脆易碎、疏松散落、手握成团、稍触即散。③无恶臭气味，不流淌污水，浸出液为淡黄色，不滋生蝇、蛆。④堆肥体积比堆制时塌陷1/3~1/2。

（三）腐熟

物料经高温发酵后基本实现无害化，添加腐熟剂后混匀制堆，使其充分腐熟，促进有机质稳定。二次堆垛时间20~30天，定时在堆垛底部鼓风通气、堆体上扎孔透气。

（四）造粒入库

腐熟的堆肥经干燥、粉碎、过筛，生产出粉状有机肥。也可以根据市场需求，用挤压造粒机或喷浆造粒机生产颗粒状有机肥。

二、燃料化利用

菌棒的材料主要是木屑等物质，具有良好的可燃性，可以将废弃菌棒收集后晒干加工成生物质颗粒等。加工方法是通过将粉碎的废弃菌棒、生物质秸秆、林业废弃物等原料送入成型机中，通过高温挤压，使其成为棒状的成品生物质颗粒，通过传送带运送到冷却区进行冷却，以防止因余热而导致的变形或质量下降。冷却后按照一定的标准进行分装和封口准备出售或使用。生物质颗粒的密度一般为1.1~1.3t/m³。

三、基料化利用

食用菌菌渣重新加工成培养料，可二次种菇和基质化利用。

（一）二次种菇

通过规范菌渣预处理、简易发酵处理和栽培配方等关键技术，实现菌渣的二次利用。不同种类的菌渣可以根据其营养成分构成，调控培养料的养分平衡，从而适应不同菇种的生长需求。这种方法不仅降低了原料成本，还提高了产量和质量。以阔叶树为主要原料的香菇、秀珍菇、金针菇等食用菌，其培养基原料营养丰富，含20%的麸皮、10%的玉米面以及其他纤维素、多糖等。这些原料出完菇后基质剩余营养及菌丝体量大，可以添加到草菇、双孢菇等侧耳类食用菌的培养基中继续使用。利用金针菇栽培结束后的下脚料栽培草菇，生物效率能达30%以上，与纯棉籽壳栽培草菇的产量不相上下。

（二）基质化利用

将食用菌菌渣经发酵处理后，用作植物生长的基质。这一做法促进了农作物的生长，并改善了农产品的品质。例如，经过发酵和脱盐处理的金针菇菌渣与珍珠岩混合制备的无土栽培基质，可以有效提高黄瓜的产量和品质。

四、饲料化利用

通过科学的处理和配方调整，将原本作为废弃物处理的食用菌菌渣，转化为高质量的饲料原料，不仅大幅度降低了食用菌生产成本，提高菌渣的经济价值，还为畜牧业提供了一种新的饲料资源，同时减少了环境污染，有助于实现农业生产的可持续发展。

（一）预处理

对菌渣进行机械压榨或烘干以去除多余的水分，使其更适合作为饲料使用。这一步骤关键在于控制水分，过高的水分含量会导致饲料易腐败和霉变，而过低的水分含量则会影响动物的消化吸收。

（二）营养强化

分析菌渣的营养成分，根据不同畜禽的营养需求，添加适量的营养物

质如蛋白质、维生素和矿物质等，以平衡饲料配方。例如，添加豆粕可以提高其蛋白质含量，添加骨粉可以补充钙质。

（三）发酵处理

利用微生物如乳酸菌进行发酵，不仅可以提高菌渣中营养物质的可利用性，还可以产生有益代谢产物，如有机酸等，这些物质能够促进动物的健康和生长。在发酵处理过程中发酵条件（温度、时间、湿度）的控制是关键，以确保发酵效果。

（四）混合饲料制备

将调整营养后的菌渣与其他类型的饲料原料如青贮料、浓缩料等，按一定比例混合制备成完全饲料。这一步骤中均匀混合是关键，确保每一口饲料中的营养成分一致。

（五）压缩成型

为了便于储存和运输，可以通过压缩成型技术，将混合好的饲料加工成颗粒状或块状。成型饲料的优点在于减少饲料的浪费，并且方便动物采食。

（六）质量控制与安全评估

在整个饲料化过程中，需要对饲料的质量进行严格控制，包括定期检测有害物质，如重金属、病原菌等的含量，确保饲料的安全性。

（本章撰写人员：庆阳市畜牧兽医总站王生文，庆阳市农业生态环境保护站李发杰，庆阳市农业技术推广中心闫耀廷、卢晶、王彪、李艳，庆阳市农业科学研究院朱正生、耿智广。）

第四篇

成果篇 CHENG GUO PIAN

第一章　经济效益

2021年以来，庆阳市立足新发展阶段，锚定创建国家农业绿色发展先行区、打造现代农业示范地总体目标，全面贯彻新发展理念，主动融入新发展格局，以完善推广"三元双向"循环农业发展模式为主抓手，积极拓展农业多元功能，不断优化农业产业结构，加快培育农业新质生产力，实现了农业产业链的全面增值和农民收入水平的持续提高，取得了显著的经济效益。

第一节　农业产业效益大幅提升

"三元双向"循环农业注重从投入和产出两端发力，显著提高了农业投入产出效率，实现了农业资源要素高效配置，降低了农业生产成本，农业产业效益持续提高。2024年，全市八大特色产业全产业链产值突破500亿元，带动完成第一产业增加值132.47亿元，同比增长6.6%，增速高于全国3.1个百分点。

一、种植业质量效益稳步提升

"三元双向"循环农业以种植业为基础支撑，通过系统整合传统农业优势和现代科技手段，聚焦关键环节精准发力，构建形成"强基础、补短板、提产能"的产业升级路径，促进产业提质增效。2024年，全市种植业全产业链产值达到284.49亿元，较2021年增长32.1%。

（一）粮食保障能力明显增强。"三元双向"循环农业为庆阳粮食保障能力稳步提升提供了有力支撑，通过在增产和减损两端同时发力，实现了

2021—2024年庆阳市粮食产值

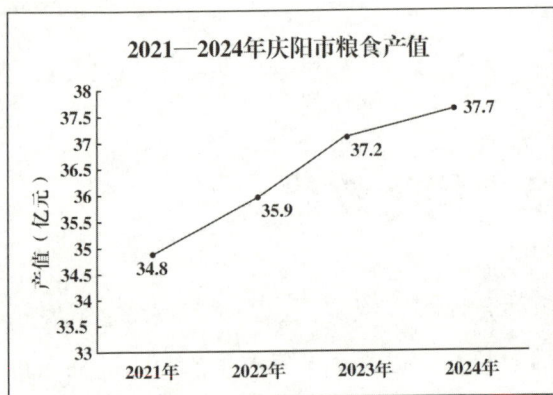

粮食生产的高质量发展。在增产方面，依托"三元双向"循环农业发展格局打造，探索推广多元化复种高效种植模式，推广应用测土配方施肥、全膜双垄沟播等旱作农业生产技术，提高了粮食单产水平。在减损方面，通过全面推广抗逆高产品种、加强病虫害统防统治、推进机械化收割等措施，确保粮食"颗粒归仓"。经过双向发力，在粮食播种面积基本稳定的情况下，庆阳市粮食总产量由2021年的133.67万吨增加到2024年的145.09万吨，增长8.54%，粮食单产由2021年的230.3千克/亩提升到2024年的243.4千克/亩，亩均增产13.1千克、增长5.7%，粮食全产业链产值达到37.7亿元，较2021年34.8亿元增长8.3%。镇原县、宁县、环县被评为全国粮食生产先进县。按全市213.25万常住人口计算，人均粮食占有量达到680千克，远高于全国500千克、甘肃省525千克的平均水平。其中，小麦年产量40万吨左右，人均187千克，口粮供应基本实现自给。

（二）**苹果产业质效逐年提升**。苹果产业作为"三元双向"循环农业的支柱产业，通过加快推进苗木本土化、栽植规模化、生产标准化、经营产业化、营销品牌化，实现了产业换代升级、提质增效。产业覆盖范围持续扩展，全市8县区中6个县区被列为全省苹果生产重点

2021—2024年庆阳市苹果产业产值

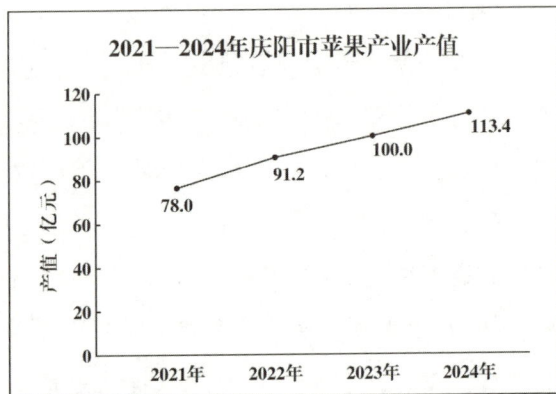

县，69 个乡镇被确定为苹果生产重点乡镇，覆盖 1055 个行政村，拥有 17 万果农，全产业链带动 30 多万人从事苹果产业。品种持续优化，大力推广以瑞雪等新优品种为主、富士系为辅的特优品种，瑞雪、瑞阳等新优品种种植面积达到 7 万亩，成为全国最大的新优苹果瑞阳、瑞雪生产基地，成功创建宁县苹果国家现代农业产业园，庆城苹果省级现代农业产业园。品牌影响力显著提升，"庆阳苹果"连续两年入围中国区域农业产业品牌百强榜，品牌影响力指数从 550.40 提升到 721.72，先后获得中国果品区域公用品牌 50 强、中国最具影响力的十大苹果区域品牌等多项殊荣，入选"甘味"农产品十大区域品牌目录，品牌价值达到 62.61 亿元，较 2021 年增加 19.82 亿元。2024 年，全产业链产值达到 113.4 亿元，较 2021 年 78 亿元增长 45.4%，已经成为庆阳农民的"铁杆庄稼"。

（三）**蔬菜产业水平提档升级**。庆阳市把蔬菜产业作为"三元双向"循环农业的关键和突破口，通过建基地、引技术、育主体、扩规模、提质效，实现了产业发展提档升级，辣椒、西红柿、黄瓜、茄子等产品实现周年供应，黄花菜、正宁大葱、板桥白黄瓜等特色蔬菜产量逐年增加，先后获得国家农产品地理标志认证登记，以大白菜、花椰菜、娃娃菜、西葫芦、辣椒、大葱等优势蔬菜为主的"高原夏菜"占蔬菜总产量的 60% 以上，产品销往国内十多个城市。2024 年，蔬菜种植面积、产量分别达到 102.05 万亩、112.6 万吨，较 2021 年的 89.5 万亩、92.9 万吨分别增长 13.9% 和 21.2%，其中设施蔬菜面积 18.03 万亩、较 2021 年 10.81 万亩增加 7.95 万亩，增长 86%，全产业链产值达到 42.1 亿元，较 2021 年 35.6 亿

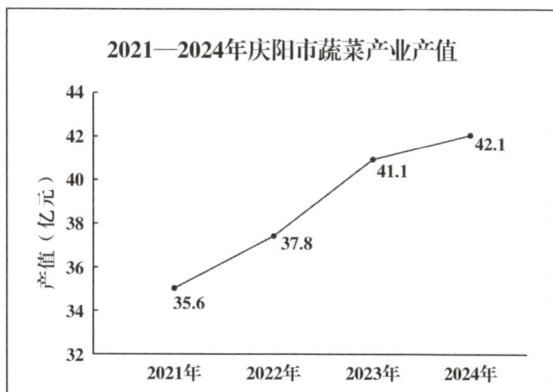

2021—2024 年庆阳市蔬菜产业产值

产值（亿元）

- 2021年 35.6
- 2022年 37.8
- 2023年 41.1
- 2024年 42.1

元增长18.3%。

（四）优质药源基地建设初具规模。 在"三元双向"循环农业的带动下，庆阳大力挖掘岐黄中医药文化，积极引培经营主体，壮大延伸产业链条，建成标准化种植基地16.7万亩，建成

2021—2024年庆阳市中药材产业产值

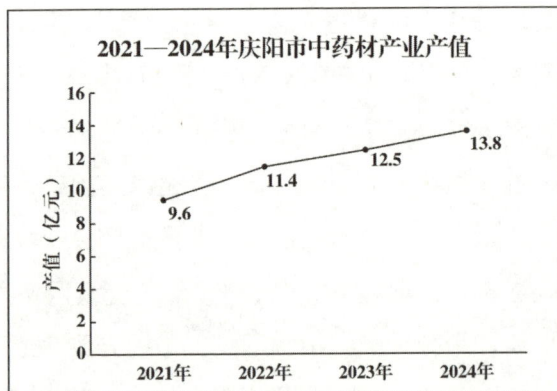

黄芪养生片、金银花红茶、黑果花楸饮料、刺五加饮料等多条加工生产线，全力打造陇东优质药源基地。成功创建华池县中药材省级现代农业产业园。2024年，全市中药材种植面积达到55.62万亩，产量达到13.8万吨，分别较2021年的46.19万亩、9.6万吨增长20.4和44.6%，全产业链产值达到27.4亿元，较2021年18.6亿元增长47.3%。

二、养殖业全链开发态势加速形成

"三元双向"循环农业把养殖业作为效益牵引，以牛、羊、猪、鸡为重点，紧盯畜牧产业前端、中端、后端三个环节，着力扩规模、聚集群、育龙头、延链条，产业发展质量效益得到明显提升。2024年，养殖业全产业链产值达到232亿元，较2021年增长84%。

（一）牛产业全链强劲发展。 规模体量不断扩大，建成千头肉牛场30个、百头肉牛场168个，50头以上奶牛场6个，发展专业乡镇18个、专业村76个，引进培育市级以上产业化龙头企业7家。核心品种持续优化，建成早胜牛文史资料展示馆1处，早胜牛保种场3个，组建早胜牛核心群1500头。同步引进西门塔尔、海福特、黑安格斯等优良品种，建成人工授精站（点）100个，扩大了良种覆盖面，提升了牛群整体品质。产业链条不断延伸，建成肉牛屠宰加工厂3家，年屠宰加工能力达到11万头，建成牛乳加工企业2家，牛乳年加工能力36万吨。"庆阳早胜牛"入选"甘

味"区域公用品牌，"陇牛"乳制品入选"甘味"企业商标品牌。2024年，牛出栏量、牛肉产量、牛奶产量分别达到23.21万头、2.68万吨、1.77万吨，较2021年19.33万头、2.12万吨、1.2万吨分

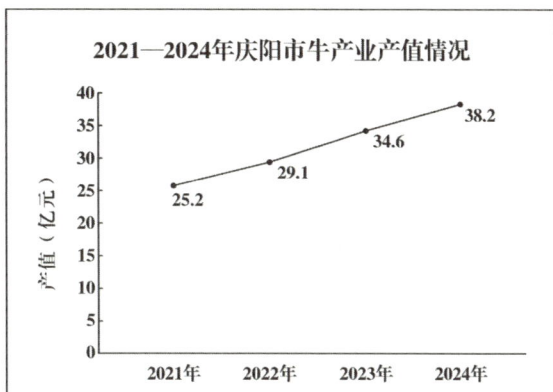

2021—2024年庆阳市牛产业产值情况

别增长20.07%、26.41%、47.5%，实现全产业链产值38.2亿元，较2021年25.2亿元增长51.59%。

（二）羊产业全链集群发展。养殖规模持续扩大，建成百只以上羊场2160个，培育养殖大户1.2万户，发展专业乡镇15个、专业村103个，肉羊规模化养殖比重达到63.7%。环县成为甘肃省存栏百万只肉羊产业大县，成功创建环县肉羊省级现代农业产业园，跻身国家农业现代化示范区，入选国家农业全产业链典型县。屠宰加工能力明显提升，建成屠宰加工企业3家，年设计屠宰加工能力175万只，培育分割加工企业3家，年分割能力14万只，建成千万羊肉串生产线和预制菜生产车间，建成羊乳制品加工企业4家，生鲜乳日处理能力360吨，肉羊产业综合生产能力逐步提升，规模化、标准化、产业化、组织化程度大幅提高。品牌影响力明显增强，"环县羊羔肉"入选农业农村部农业品牌精品培育计划和"甘味"区域公用品牌，荣登全国区域品牌百强榜，成为国家队运动员备战保障产品，品牌

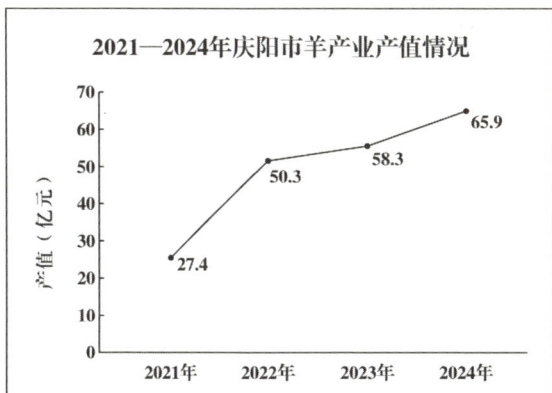

2021—2024年庆阳市羊产业产值情况

价值达到53.51亿元。"中盛环有""山童牧歌""陇上刘叔叔"入选"甘味"企业商标品牌。建成"古耕农夫""羊羔肉集团""中盛羊业"等电商平台，羊肉产品畅销国内25个城市，出口迪拜、阿联酋等国家，年销售额超过1亿元，年出口创汇2000万元。2024年，羊出栏、羊肉产量、羊奶产量分别达到234.45万只、3.75万吨、0.7万吨，较2021年163.08万只、2.59万吨、0.42万吨分别增长43.76%、44.78%、66.7%，实现全产业链产值65.9亿元，较2021年27.4亿元增长140.5%。

（三）**猪产业全链闭合发展**。良种繁育体系初步建成，建设6000头祖代种猪场1处、千头种猪繁育场9个，年繁育能力25万头，生猪良种化程度达到93%以上，实现仔猪就地繁育、就近供应。基地规模快速壮大，引进世界500强企业"正大集团"和民营500强企业"东方希望集团"，建成年出栏500头以上生猪规模养殖场295个，培育存栏

2021—2024年庆阳市生猪产业产值情况

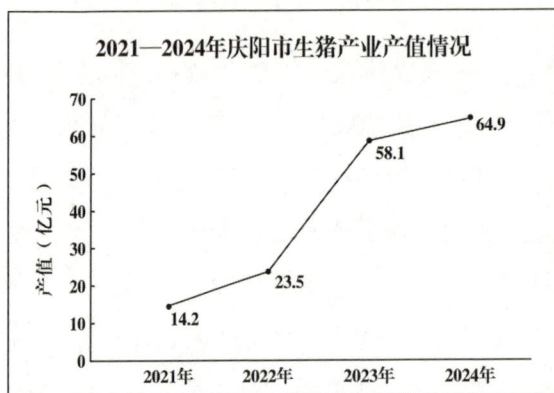

50头以上生猪养殖大户2496户，规模化养殖率达67%，形成西峰区、镇原县、宁县3个存栏稳定在10万头以上的生猪产业大县。成功创建西峰区生猪省级现代农业产业园，西峰区彭原镇生猪国家现代农业产业强镇。屠宰加工能力明显增强，建成正大、雨润、宗瑞生猪定点屠宰加工企业3家，年屠宰加工能力145万头，布设正大猪肉产品旗舰店1家、优鲜示范店2家。2024年，猪出栏量、猪肉产量分别达70.81万头、5.42万吨，较2021年59.64万头、4.52万吨分别增长18.73%、19.91%，实现全产业链产值64.9亿元，较2021年14.2亿元增长413.3%。

（四）**鸡产业全链高质发展**。前端基础更加夯实，依托圣越农牧公司

建成国际领先水平孵化中心 2 个、种鸡场 14 个、肉鸡场 42 个，建成万只规模鸡场 124 个，年可饲养 122 万套父母代种鸡，年孵化种蛋 1.15 亿枚，生产苗鸡 1 亿只。获批创建镇原县玉米肉

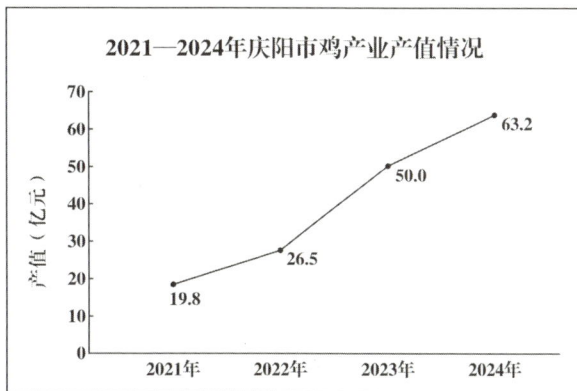

2021—2024年庆阳市鸡产业产值情况

鸡国家现代农业产业园，镇原县成为西北最大的标准化白羽肉鸡产业基地。中端加工能力明显提升，建成肉鸡加工厂 2 个，年屠宰加工能力达 1.2 亿只，分割鸡肉产品 160 种，建成有机肥厂 2 个，年生产有机肥 40 万吨，建成羽肠粉厂 1 个，年加工羽毛、鸡肠 5 万吨，生产肉骨粉等高蛋白饲料 1.3 万吨，建成饲料厂 1 个，年生产全价饲料 60 万吨，建设年产 3.6 万吨肉鸡熟食加工厂，可将 50% 的鸡肉转化为熟食，实现产品溢价 40% 以上。后端仓储配送更加完善，建成仓储配送中心 1 处，入驻物流配送企业 22 家，产品三日内可运至西安、北京、上海等国内主要城市。"圣越肉鸡"入驻美团优选、韵达、中通等企业，产品直供肯德基、麦当劳、华润万家、大润发等餐饮企业和大型商超，冷冻分割鸡肉产品出口香港、蒙古国等国家和地区。2024 年，鸡出栏、鸡肉产量分别达到 7593.55 万只、9.95 万吨，较 2021 年 2750 万只、3.57 万吨分别增长 176.13%、178.71%，实现全产业链产值 63.2 亿元，较 2021 年 19.8 亿元增长 219.2%。

三、食用菌产业发展迅猛

"三元双向"循环农业把食用菌产业作为关键纽带，通过优布局、扩规模、育主体、强品牌，探索多种联农带农发展模式，实现了食用菌产业高质高效发展。2024 年，全产业链产值达到 9.2 亿元，是 2021 年的 90 倍。

（一）产业规模持续扩大。庆阳认真践行大食物观，采取招商引资、

2021—2024年庆阳市菌业产值情况

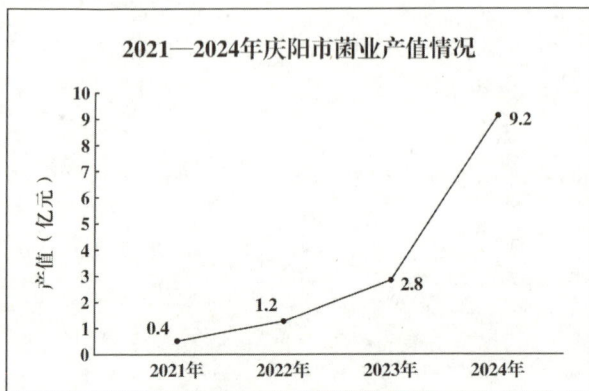

项目扶持、资金奖补、贷款贴息等措施，加速培育食用菌产业，构建形成多元化食物供给体系，推动消费理念从"吃得饱"向"吃得好、吃得健康"转变。健全完善联农带农机制，探索"企业管两端、群众管生产"发展路径，采取"龙头企业+基地+农户""龙头企业+合作社+基地+农户"合作经营模式，通过"企业统一建棚、农户返租经营""企业借棒、农户还菇""订单种植""保护价收购"等措施，推动千家万户养菌出菇，带动食用菌产业迅速成势。全市招引食用菌龙头企业29个，培育合作社和家庭农场41个，培育发展菇农554户，建成食用菌标准化生产基地42个，食用菌生产大棚4167个，2024年生产食用菌菌棒2亿棒，食用菌产量达到4.06万吨，较2021年增长29倍。

（二）**产业效益明显提升**。依托龙头企业技术力量和高校专家技术团队，配合自主研发的黑木耳液体菌种专用培养基，实现了液体菌种首次在木耳产业上集中推广应用。选育的陇发1号、陇发2号、陇发3号黑木耳品种和真菇棒1号香菇品种，实现在企业内规模化生产，产品品质更加优良。培育"津华高原菇""悦堡里""登镇缘""蘑力丰""陇东大地""乐菇园"食用菌企业品牌6个，以保鲜处理、干制加工、冷冻干燥等初加工为主的加工转化率达到85%，产品远销国内大中城市，并出口到日本、韩国、加拿大、澳大利亚等国家，华池县的菌棒还出口韩国、澳大利亚，实现创汇增收。

（三）**实现"三元双向"闭环发展**。以做优食用菌产业关键纽带为突破口，招引一批废弃物资源加工利用企业，先后培育饲草料生产加工龙头

企业12家、合作社86个，建成有机肥加工企业18个、菌棒生产主体12个，建立了"农户定点交售、村级网点收集、乡镇存储中心转运、龙头企业加工利用"的农业废弃物资源收储运体系，形成了"区域大循环、产业中循环、农户微循环"农业废弃物循环利用体系，有效提高了农业废弃物资源化利用率。2024年，庆阳市农作物秸秆、果木枝条、畜禽粪污、菌糠菌渣的资源化利用率分别达到91.5%、64.5%、83%和95%，有力推动了农业废弃物的饲料化、肥料化、燃料化、基料化多元化利用，达到了生态效益、经济效益、带动效益的互补共赢。

第二节　农民收入持续稳定增长

"三元双向"循环农业把促进农民增收致富作为出发点和落脚点，多措并举壮大主导产业，全方位拓展增收渠道，加快培育新的经济增长点，通过经营性收入、工资性收入、财产性收入"三个轮子"一起转，有力促进了农民收入持续稳定增长。2024年，庆阳市农村居民人均可支配收入为14200.2元，较2021年的11538元增长23.07%，农村居民的获得感、幸福感、安全感更加充盈。

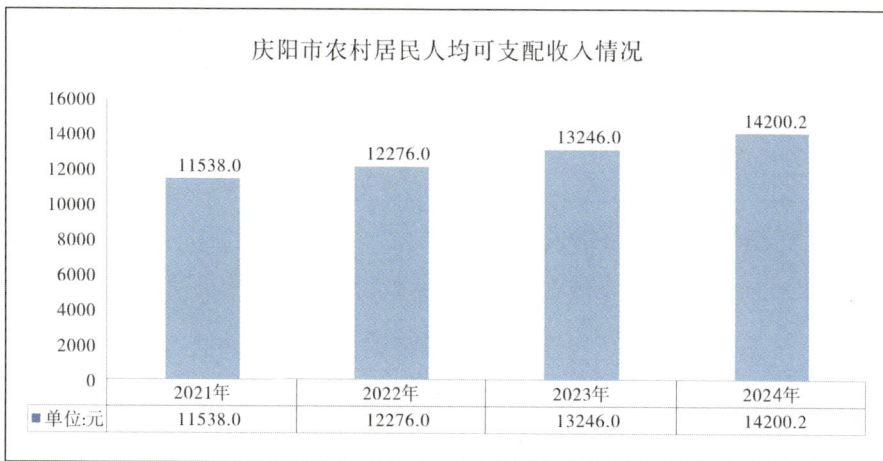

庆阳市农村居民人均可支配收入情况

单位:元	2021年	2022年	2023年	2024年
	11538.0	12276.0	13246.0	14200.2

一、经营性收入高位增长

经营性收入是农村居民收入的重要组成部分。庆阳市依托"三元双向"循环农业发展模式，大力实施现代寒旱农业三年倍增计划，探索推行"龙头企业管两端、中间生产群众干"的经营方式和家庭农场生产模式，推动特色产业提质增效，扩宽农民增收渠道，有力促进农村居民经营性收入高位增长。2024年，庆阳市八大特色产业贡献农民人均纯收入7000元以上。宁县引进的中农信投（庆阳）农业有限公司，建设集"小麦秸秆堆肥发酵蘑菇基料、周年化菌菇种植、有机菌菇深加工、冷链储运配送、菌渣有机肥"为一体的全产业链项目，年可消化秸秆14万吨、鸡粪9万吨，其中每亩秸秆回收付费仅有50元，进一步降低了农民生产成本。2024年，庆阳市农村居民人均经营性收入5555.9元，相比2021年的4485元，净增1070.9元，占比39.12%，增长23.88%。

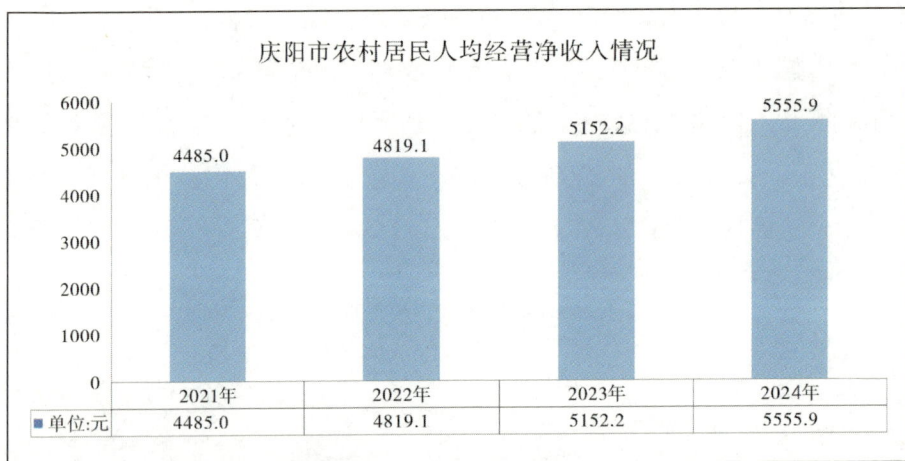

庆阳市农村居民人均经营净收入情况

	2021年	2022年	2023年	2024年
单位:元	4485.0	4819.1	5152.2	5555.9

二、工资性收入加快增长

工资性收入一直是农民收入主要来源，事关农民增收大局。庆阳市充分发挥"三元双向"循环农业扩规、延链的内在属性，通过扩大产业规模带动一产用工，依托市内389家农业产业化重点龙头企业、7774家农民专业合作社、6453家家庭农场、1796个农业社会化服务组织的吸纳能力，带

动广大群众入企、入社、入场从事务工生产，实现就近务工增收。2024年，庆阳市输转城乡富余劳动力54.22万人，其中市内务工人员达到18.91万人，相比2021年增长7.75%。正宁县建成3个百亩食用菌生产基地，为周边群众创造了150多个就业岗位，人均年收入超过1.5万元。同时，积极争取全省唯一的全国高素质农民培育学用贯通综合试点项目市，依托乡村振兴人才培育"百千万"计划、耕耘者计划、乡村产业振兴带头人"头雁"培训项目，采取"理论+实践"、以实践教学为主的方式，累计培育高素质农民41008人、合作社理事长4380人、乡村振兴管理人才300人、乡村产

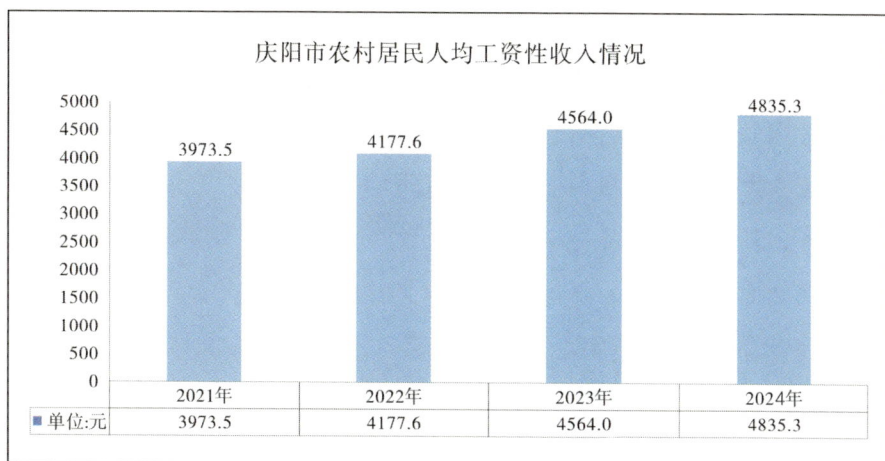

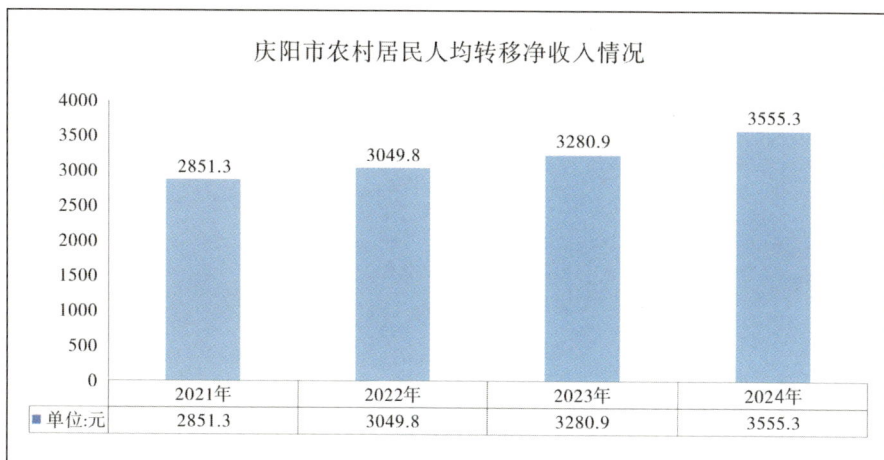

庆阳市农村居民人均工资性收入情况

单位:元	2021年	2022年	2023年	2024年
	3973.5	4177.6	4564.0	4835.3

庆阳市农村居民人均转移净收入情况

单位:元	2021年	2022年	2023年	2024年
	2851.3	3049.8	3280.9	3555.3

业带头人171人，评审认定农民专业技术职称2465人，带动全市城乡务工劳动力实现劳务创收由2021年的170.05亿元，提高至2024年的185.24亿元，增长8.93%。庆阳市2024年农村居民人均工资性收入4835.3元，较2021年净增861.79元，占比34.05%，增长21.69%。

三、财产性收入渐变增长

财产性收入占居民收入比重是衡量国民富裕程度的重要标准。庆阳市坚持以深化农村集体产权制度改革和农村土地制度改革为契机，累计组建集体经济组织1408个，确认集体成员身份233.7万人，盘活农村集体资源资产，创新农业经营体制机制，发展壮大农村集体经济，进一步拓宽农民财产性收入来源。探索放活土地经营权有效途径，鼓励引导新型经营主体有序规范流转土地，每年土地流转面积130万亩以上，各类经营主体通过入股合作、土地流转、供料收购等方式带动农户近30万户。完善现代农业经营体系，新培育家庭农场400个，"五有"合作社占比达到65%，联结小农户占比达到40%。用足用好到户产业奖补、小额信贷、入股分红、庭院经济等产业帮扶政策，全年落实到户奖补资金6.68亿元，受益群众达到11.5万户，通过密切经营主体利益联结机制，将脱贫人口、监测人口牢牢吸附到产业链中。农民土地流转和入股分红收入逐年增长，增收渠道不断

庆阳市农村居民人均财产净收入情况

	2021年	2022年	2023年	2024年
单位:元	227.7	229.5	248.9	253.8

拓宽，居民财富持续增加，成为农村居民财产净收入增长的新亮点。2024年，全市农村居民人均财产性收入253.8元，较2021年净增26.06元，增长11.44%。

第三节　农村集体经济不断壮大

庆阳市把发展壮大新型农村集体经济作为支撑"三元双向"循环农业的基础性长远性工作，聚焦重点靶向发力，新型农村集体经济的发展成色和质量不断提升。2024年，庆阳市农村集体经济收入达到33441.6万元、村均收入26.53万元，较2021年15370.8万元、12.18万元增加18070.8万元、14.35万元，行政村集体收入全部达到了5万元以上。

庆阳市村集体经济总收入情况

	2021年	2022年	2023年	2024年
单位:元	15370.8	15780.3	26928.3	33441.6

一、村集体经济发展动力持续增强

庆阳市把发展壮大村集体经济作为增强村级党组织凝聚力、号召力、向心力的主抓手和突破口，创新路径，培育发展农村新产业新业态，增强村级集体经济造血功能，促进农村集体经济高质量发展。

（一）**村级组织更加健全**。按照应建尽建的原则，采取单独组建、相近联建等方式，形成了以村党组织为核心，产业基地、龙头企业、合作组织等为支撑的"一核多元"组织体系。村党组织（村干部）创办领办农民专业合作社1171家，运营规范化率明显提升。村集体经济组织牵头领办社会化服务组织，广泛开展信息咨询、生产托管、疫病防控、劳务中介等生产经营和咨询服务，实现了多元增收。西峰区显胜乡毛寺村成立村级旅游发展开发公司，设立党支部，依托"黑老锅冰窟"优势旅游资源，加大开发力度，招引商家入驻投资，带动农民增收致富。推行"党建+"建设经验，遵循"支部建在产业链上、党员聚在产业链上、农民富在产业链上"的发展思路，村级党组织带头引领集体经济发展，推动基层党组织书记依照法定程序担任村集体经济组织负责人，班子成员带领群众参与集体经济建设项目各环节，推动村集体经济组织规范运行。镇原县南川乡河李村聚焦"一清零双倍增"目标，采取"党建+龙头企业+合作社+基地+农户"经营模式，引导10个村建成村集体经济发展木耳产业示范园，全力增强村集体经济"造血"功能，实现村集体、企业、农户共同获利。

（二）人才队伍更加充实。结合实施"一村一名大学生村干部"计划，着重在懂农业、懂管理、懂市场的人员中选任村党组织书记和集体经济组织负责人，选优配强村级组织班子，提高村级班子引领农村发展、带动农民增收、领航乡村振兴的能力。用好"新乡人""归乡人"的融合作用，合力为推动村级集体经济发展积极建言献策，凝聚智慧力量，1.59万名党员致富带头人带动4万户低收入群众增加收入。人才结构明显优化，功能明显增强。先后有至少1233个村配备了1名大学生干部，向基层选派驻村第一书记和工作队员1734名。2024年，培育高素质农民6900人，合作社理事长990人，乡村振兴管理人才179人。大量高素质人才投身基层干事创业，进一步畅通了村（社区）干部源头活水，建立起充盈的"蓄水池"，让干事创业"尖刀力量"成为村级集体经济发展"最大增量"。

（三）**管理机制更加规范**。建立党委统一领导、组织部门统筹协调、农业农村部门靠前推动、其他职能部门密切配合的农村集体经济工作机制，全面落实乡镇党委书记第一责任、乡镇长主体责任、村级党组织负责人直接责任，将发展壮大村级集体经济作为基层党建工作重要内容，纳入党组织书记抓党建述职评议考核范畴，让压力传导到位、举措落地见效。健全激励机制，推行村干部绩效报酬与村级集体经济收益挂钩机制，及时调整待遇标准，落实村干部报酬福利、养老等保障制度，进一步激发干事创业热情。健全村"两委"和农村集体经济组织合理分工、协同配合的组织管理体系，建立健全农村集体"三资"管理[1]制度，逐步形成了产权清晰、权责明确、经营高效、管理民主、监管到位的农村集体资产管理体制和经营机制。环县曲子镇西沟村在联合社9个成员社中设立党小组，形成"党支部作决策、定规划，联合社建机制、搞服务，合作社联农户、建基地，种养户全入社、搞生产"的生动局面，构建起了"户户入社、组组建社、九社联合、村社合一"的产业发展模式。

二、新型农村集体经济增收途径明显拓展

庆阳市采取资源发包、物业出租、居间服务、经营性财产参股等多样化途径，大力构建产权关系明晰、治理架构科学、经营方式稳健、收益分配合理的村级集体经济运行机制，推动村集体经济收入持续稳定增长，迈入发展"快车道"。

（一）**以资源开发催生村集体发展业态**。立足县域经济和城乡融合发展战略，充分发挥区位和资源优势，持续放大"三元双向"农业循环半径，深入挖掘优秀传统文化资源，加强文化遗产活化利用，从"种养菌"生产加工逐步向农文旅三产融合迈进，以文化软实力拉动村集体经济增长。积极探索农村集体经营性建设用地出让、租赁、入股等入市和土地增

---

[1] "三资"管理：是指农村集体资金、资产、资源的管理。

值收益调节机制，有效盘活农村闲置土地资源，培育农村集体经营性建设用地市场，增加村集体经济组织和农民收入。合水县深度挖掘子午岭腹地山清水秀的生态潜力和太白起义旧址、包家寨子等红色资源，精心策划"春季踏青观花游、夏季避暑垂钓游、秋季摘果赏菊游、冬季嬉雪滑冰游"全季"旅游套餐"，形成集观光、农业体验、康养保健为一体的服务产业带。2024年，该县村集体经济总收入超过2600万元，村均收入突破30万大关，其中经营性收入达到23.99万元。

（二）以资产盘活放大村集体要素优势。全面落实优势特色产业倍增行动计划，将村集体经济深度嵌入"三元双向"循环农业发展链条，通过对农村旧村部、老校舍、废弃厂房、理事服务大厅等集体资产有效盘活和升级改造，建办加工厂房、日光温室、专业市场、冷链仓储等设施，通过租赁、转让、入股联营和托管经营等方式，变成能交易、能变现、能增收的发展资产，念"资产盘活"经，发"产业增收"财，推动村集体经济实现"破茧成蝶"。华池县以中药材和食用菌产业为抓手，建成"两园一中心"，推行"菌光互补"模式，食用菌产值超8000万元，带动村集体增收超400万元。宁县南义乡焦台村以盘活村集体闲置资产为主线，由依托建办的蔬菜冷链加工包装工厂，开展"农企、农校、农超、农灶"对接，近年来村集体经济收入实现倍增，带动400多户农户平均增收2万元以上。

（三）以居间服务拓宽村集体增收渠道。鼓励村集体经济组织在服从城镇规划前提下，通过购买或共建商铺、农贸市场、农产品集配中心、花卉市场、广告设施等产业载体，获取稳定收入。在城乡接合部老旧小区组建物业服务公司，为居民提供环卫保洁和安保值守等服务。鼓励组建村级中介服务组织，为各类经营主体提供农业生产托管、动物疫病防控、土地经营权流转、劳务输转、市场营销等信息，获取居间服务收入，念好"平台中介"经，发"管理服务"财。西峰区兰州路街道东门村以"村级增收、农民致富、基层稳定"为目标，大力发展村集体经济，率先建成了村

集体经济龙头企业——陇东商场、南苑瓜果市场等，带领群众增收致富奔小康。近两年来，东门村年集体经济收入稳定在2600万元左右，其中物业管理及停车费收入400余万元。

（四）以抱团联合夯实村集体发展基础。着眼县域经济发展总体布局，立足村情实际，依托资源禀赋，制定村集体经济发展整体规划，打破封闭发展、分散发展的传统思维和地域行业限制，探索以种养业为基础，向农产品加工业、农村服务业融合发展的村集体经济项目拓展。各地探索实行强村带弱村、大村带小村的抱团发展模式，念好"优势互补"经，发"合作经济"财。合水县针对大部分村组发展集体经济底子薄、资金少等问题，坚持"村办村管、抱团发展"理念，采取村社（企）合一、村村联合的办法，整合资金，组建"社社共建"经济实体，大力发展种养菌优势产业，推广"一乡一业、一村一品"的发展模式，打造西华池、太莪、吉岘3个奶山羊专业乡，建办千只奶山羊养殖场2个，发展规模养殖户500户，组建新品种核心群2个。

第二章 生态效益

随着"三元双向"循环农业的纵深推进，庆阳市农业资源得到充分利用，农业面源污染防治成效显现，农村人居环境明显改善，形成了与资源环境承载能力相适应的产业布局，实现了农业发展方式由资源消耗型粗放式增长向要素支撑型内涵式发展转变，开启了农村生产生活融合互促的喜人局面，取得了良好的生态效益。

第一节 资源利用水平持续提升

庆阳市立足构建"三元双向"循环农业产业体系，盯紧生态保护红线、环境质量底线和资源利用上限，大力推行清洁生产方式，积极探索节地节水节材节能模式，着力推动生产资料重复利用和高效配置，全链条、全环节、全方位推进农业废弃物循环利用，农业资源环境"节用保育"措施全面落地见效，环境友好型、资源节约型农业生产经营方式基本形成。

一、耕地利用效率明显提升

耕地是农业生产的重要物质基础，也是"三元双向"循环农业最基本资源。庆阳市落实最严格的耕地保护制度，强化规划管控和土地执法，推进耕地质量建设，促使土地开发强度与利用效率的均衡统一，耕地质量等级和利用效率稳步提升，推动耕地产出效益最大化。

（一）**耕作条件持续改善**。立足耕地自然条件，以提高种植业生产效率和土地产出能力为重点，高质量推进高标准农田项目建设，采取"小块变大块、分散变集中"的方式，实施梯田改造和土地平整，配套田间道路

和灌溉设施，农业耕作条件得到显著改善。2021年以来，全市累计整治田块112.43万亩，新打（维修）机井319座，新建（维修）提灌站、小电井、蓄水池、大口窖等水利设施5649座，埋设低压输水管道1946公里，新建农田排水渠372公里，田间机耕路2131公里、生产路1008公里，建成高标准农田326.25万亩，高标准农田占永久基本农田的比重由2020年的26.7%提高到42%，农田基础设施建设得到全面加强，耕地宜机化程度得到大幅提升。

（二）**耕地质量提级晋档**。通过发展"三元双向"循环农业，大量农作物秸秆、畜禽粪便、菌渣菌糠等农业废弃物经发酵堆肥处理还田，提高土壤有机质含量，改善土壤性状，极大提升了耕地质量。一方面，持续实施"沃土工程"，全域开展土地综合治理，分区域、分类别推进耕地地力建设，促使土壤理化性状进一步改善，提升耕地质量等级。另一方面，大力推进耕地有机质提升行动，综合采取增施有机肥、种植绿肥、秸秆还田、粪污处理还田等农艺措施，改良土壤、培肥地力。近年来，全市每年推广施用有机肥450万亩、秸秆粉碎还田170万亩、种植绿肥10万亩、施用新型肥料40万亩，2024年每千克土壤有机质含量达到12.77克、耕地质量等级达到7.50等，较2020年增加0.36克、提升0.1等。

（三）**土地利用集约高效**。根据国土利用空间规划和资源禀赋，统筹配置土地资源，推动种植业、养殖业和菌业空间结构优化调整，实现土地资源高效利用。耕地保护方面，坚守耕地保护红线，明确耕地利用优先序，常态化推进撂荒地动态清零，全市耕地保有量始终在969.54万亩以上。耕地管控方面，加强粮食生产功能区管控，探索推广粮粮、粮经、粮菜、粮薯等复种套种模式和"一年两熟"或"两年三熟"农业耕作制度，粮食生产空间得到有效拓展，粮食生产安全得到有效保障。耕地利用方面，充分利用作物、畜禽在生育过程中的时间差和空间差，因地制宜发展立体种养和林下经济，林药套种、林荫育菌、林下养殖等林下经济产值达到近10亿元，土地利用效率和产出效益稳步提升。

二、农业用水效率持续提升

庆阳市是典型的资源性、工程性、季节性严重缺水地区之一，水资源短缺成为制约农业发展的关键因素。在发展"三元双向"循环农业过程中，庆阳市坚持节水优先的理念，统筹配置水资源，通过采取工程节水、农艺节水等综合性节水措施，大力发展节水农业，提升水资源利用效率。

（一）**节水布局明显优化**。工程建设布局上，依托"一纵三横、百库千池"水网建设体系，北部干旱区推广"四位一体"补充灌溉技术，重点实施集水滴灌工程，南部高效农业区以粮食产能提升和主导产业培育为主，重点实施智慧灌区工程，农业节水灌溉体系加速布局。种植结构布局上，在稳定粮食作物种植的基础上，适当压减高耗水作物种植面积，扩大低耗水耐旱作物种植面积。北部山区重点发展中药材、饲草等耐旱型作物，中部沿河川区重点发展设施蔬菜和食用菌产业，中南部塬区重点发展苹果产业，农业用水结构性矛盾得到有效缓解。

（二）**工程节水逐步扩大**。立足庆阳雨养农业实际，因地制宜布局实施百万亩高标准农田节水补充灌溉工程，规划建设补充灌溉面积100万亩，充分利用现有水库水、地表径流水等，建设一批淤地坝、集水池，配套提灌设施，加强水资源高效开发利用，有效解决"卡脖旱"问题。依托高标准农田建设项目，坚持就地蓄水与坡面集雨相结合，因地制宜配套集雨池窖，稳定提升集雨补灌面积。全域推广设施节水技术，引进推广日光温室膜面集雨等建造技术和膜下滴灌、微灌、滴渗灌等节水生产技术，大力推广"水窖+蔬菜（果园）+滴灌""水窖+粮油+管（点）灌"等节水模式，推广以膜下滴灌为主的水肥一体化技术11万亩以上。截至2024年底，全市有效灌溉面积达到77.97万亩，高效节水面积83.08万亩，农田灌溉用水系数达到0.586。

（三）**农艺节水纵深推进**。在农作物种植上，综合应用合理施肥、蓄

水保墒、地膜和秸秆覆盖保墒、良种选育、秸秆还田覆盖等技术措施，每年推广全膜双垄沟播技术300万亩以上，充分利用有限降水，水资源的利用效率显著提高。在果园、蔬菜大棚积极推广滴灌、渗滴、微灌及集雨软体水窖、水肥一体化技术，配套应用生根粉蘸根、幼苗套袋技术，减少栽植环节水耗，提高水资源的配置效率。在畜禽规模养殖场和水产养殖场，积极配置自动饮水系统，推广尾水循环利用、节水型机械干清粪等技术和工艺，大幅度降低了养殖水耗。同时，累计清退苗林地等耗水育苗近40万亩，压减麒麟西瓜等耗水作物近15万亩，有效减少了农林生产对水资源的过度依赖和消耗。

三、农业废弃物资源化利用水平大幅提升

庆阳市坚持把农业废弃物综合利用作为"三元双向"循环农业发展的关键环节，制定出台相关政策措施，引导农业生产经营主体积极探索，加大新技术应用和新产品开发力度，加快构建回收体系和循环利用链条，提升了农业废弃物的肥料化、饲料化、原料化、燃料化以及基料化利用水平，农业废弃物资源化利用的规模日趋扩大、标准日趋完善，产业链条不断延伸，实现了"变废为宝"。

（一）**实现农作物秸秆高效利用**。健全秸秆收储运体系，形成"农户定点交售、村级网点收集、乡镇存储转运、企业加工利用"的秸秆收储运体系。因地制宜推广秸秆粉碎腐熟还田、炭化还田、生物质菌剂快速腐熟还田等技术，加强秸秆青贮、黄贮、氨化、微贮、颗粒饲料等技术应用，积极发展沼气生物燃气、热解炭气肥联产等能源化利用技术，推动以秸秆为原料生产食用菌菌棒和作物栽培基质，促进秸秆肥料化、饲料化、燃料化和基料化转化增值。建成秸秆固化成型企业10家，年回收利用农作物秸秆140万吨以上，秸秆综合利用率达到91.5%，其中肥料化、饲料化、燃料化、基料化利用占比分别为8%、71%、20.7%、0.3%。

（二）**实现果木弃枝多元利用**。在发展"三元双向"循环农业过程

中，立足庆阳果园面积大、废弃果木枝条多、资源化利用水平不高的实际，积极探索果木枝条肥料化、饲料化、燃料化、原料化加工等多元化利用技术，每年消纳果木弃枝20余万吨，果木枝条综合利用率达到64.5%。探索果木枝条资源化利用方式，对于低龄和木质化程度轻的枝条，采取粉碎还田的方式，配套施入腐熟剂，不仅增加了土壤有机质含量，也提高了土壤疏松程度。对于枝龄长、木质化程度高、氮素含量丰富的枝条，主要用来加工菌棒和菌袋。对于碳元素含量丰富的枝条，积极推广压缩固化成型技术，主要生产生物质颗粒燃料，年生产成品近10万吨。

（三）**实现畜禽粪污综合利用。**依托西峰区、宁县、镇原县畜禽粪污资源化利用整县推进项目，扎实推进畜禽养殖场（户）粪污收集处理设施提升改造，积极引导大型养殖企业加工生产有机肥、建设沼气工程，规模养殖场开展粪污就地就近消纳，规模以下养殖场采用堆肥处理，散养户推广堆沤发酵池生产农家肥，实现粪污综合利用。以畜牧养殖大县和规模养殖场为重点，全面推广绿色种养模式，突出畜禽粪便堆肥、粪便装填菌类基质等资源化利用模式，构建涵盖玉米种植、秸秆饲料利用、养殖粪污利用、有机肥加工、食用菌生产、牛床垫料等生产环节的"三元双向"循环发展模式，畜禽粪污综合利用率达到83%。

（四）**实现菌糠菌渣创新利用。**积极探索食用菌生产废弃物利用新机制新模式，以肥料化、基料化、饲料化、燃料化利用为方向，推进菌糠、菌渣等菌业废弃物综合利用。在示范企业的带动下，部分合作社和广大农户就地取材、就近堆肥，实现了菌糠菌渣等生物资源的链式闭环利用。同时，积极推广生物质气化炉，将菌渣粉碎、烘干、制棒、炭化处理，利用菌渣做燃料，提高热值和气化效率。在蔬菜生产基地，探索利用菌渣发酵产物与其他育苗基质混合栽培蔬菜，降低生产成本，提高蔬菜产量和品质。在规模养殖场，探索用菌糠作为饲料添加剂，为畜禽养殖提供氨基酸和菌类多糖。通过菌渣菌糠的资源化利用转化，带动全市食用菌废弃物综

合利用率达到95%。

第二节　农业面源污染明显降低

农业面源污染防治事关生态文明建设，事关农业绿色发展和乡村全面振兴。庆阳市在发展"三元双向"循环农业过程中，精准识别污染"病灶"，分症施治拔除"病根"，全方位推进农业面源污染治理，擦亮了田园绿色底色。

一、农田"白色污染"得到有效治理

庆阳作为典型的传统旱作农业区，农作物覆膜面积常年稳定在400万亩左右，农膜年用量3.1万吨左右。从"三元双向"循环农业发展起步阶段，庆阳市就将废旧农膜回收利用纳入重要内容，提出了"源头控制、过程管理、末端治理"的思

庆阳市2021—2024年废旧农膜回收率

2021年	2022年	2023年	2024年
85.8%	86.3%	86.6%	87.2%

路，持续加大农膜回收利用力度，每年回收量在2.7万吨以上，回收率稳定在85%以上，农田地膜残留量逐年降低，农业农村生态环境持续改善。

（一）**收储体系日趋完善**。在回收加工体系建设方面，采取资金扶持、项目支持、政策引导等方式，鼓励引导市场资本、社会力量积极参与废旧农膜回收加工。同时，鼓励支持现有加工企业改造升级和技术研发，构建形成了"县有加工企业、乡有回收网站、村有回收网点"废旧农膜回收加工体系。在收购网点建设方面，按照"十有"标准（有固定场地、有专门人员、有明确标示标牌、有完善制度、有辐射区域、有拉运车辆、有计量设备、有消防设施、有台账、有考核），加大奖补力度，扩容提升回

收网站（点），废旧农膜回收加工覆盖面逐年提升，有效解决了废旧农膜从地头到加工企业的"回收难、难回收"等问题。全市建成废旧农膜回收加工企业15家、回收网站483个，年生产塑料颗粒2.5万吨左右，产值达到3200万元，生态效益持续提升。

（二）示范推广成效显著。大力开展加厚高强度地膜覆盖技术指导，加大不小于0.015毫米加厚高强度地膜在农作物上的推广应用，年推广加厚地膜覆盖100万亩。同时，探索研究"一膜两用""一膜多用"、地膜减量茬口优化模式，提高农膜可收集利用水平。加大废旧农膜捡拾机械推广力度，将地膜回收利用机械纳入农机补贴范围，小四轮拖拉机与滚筒式、耙齿式配套使用的废膜捡拾机得到大面积应用，实现一次性完成田间残膜的起膜、捡膜、集膜、堆膜等作业，废旧农膜捡拾机械化水平不断提高。

（三）政策机制不断健全。用足用好中央及省级财政农业生态环境保护资金，采取"以旧换新"的方式，按照5千克废旧地膜换取1千克标准新地膜，引导农民捡拾田间农膜。采用"以奖代补"方式，按照回收加工量，对废旧农膜回收加工企业落实补贴政策。加强农膜残留定位监测，建立废旧农膜残留长期定位监测点110个，定期开展本区域农用薄膜残留监测，兑现考评奖励政策机制，推动农膜回收利用。全市农田地膜残留量平均值为每亩1.02千克，低于甘肃省平均值每亩1.3千克，农田总体处于清洁水平。

二、化肥减量增效深入推进

化肥是促进农作物增产的重要农业投入品。庆阳市坚持以"精、调、改、替"[1]为技术路径，集成推广测土配方施肥、有机肥替代化肥、秸秆还田、水肥一体化等化肥减量增效技术，化肥用量（折纯）从2021年的8.08万吨减少到2024年的7.68万吨，减少化肥使用量0.4万吨，实现了化

---

[1]"精、调、改、替"：是指精准施肥、调整施肥结构、改进施肥方式、有机肥替代化肥。

肥总用量的负增长。

（一）**测土配方施肥全面覆盖。**持续巩固粮食作物测土配方施肥取土化验、田间试验等阶段性成果，稳步扩大果树、瓜菜、油料等作物测土配方施肥技术应用范围，开展田间试验研究及土壤样品采集、分析化验，完善测土配方施肥基础数据库和施肥指标体系，调整施肥方案，修订施肥参数，创新施肥方式，优化氮、

庆阳市2021—2024年农用化肥折纯量

8.1万吨 7.9万吨 7.8万吨 7.7万吨

2021年　2022年　2023年　2024年

磷、钾配比，在更大规模、更高层次上推进测土配方施肥工作。同时，在春耕秋种等农业关键季节，及时发布作物肥料配方、施肥建议卡、技术明白纸、宣传挂图，做到了科学施肥技术进村入户、配方肥料落实到田。2021年以来，每年推广测土配方施肥技术730万亩以上，基本实现了主要农作物全覆盖，综合技术覆盖率达到90%以上、肥料利用率达到42.5%。

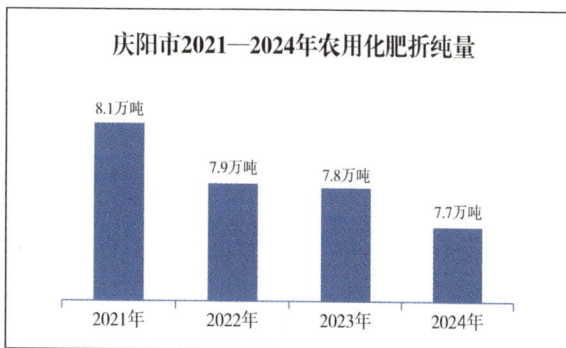

（二）**传统施肥方式改进优化。**立足农业生产需求，依托肥料生产企业、社会化托管服务组织，充分发挥种粮大户、家庭农场、专业合作社等新型经营主体的示范带动作用，集成"新技术、新产品、新机具"应用，开展速效与缓效、大量与中微量元素、有机与无机、养分形态与功能融合的新产品高产高效施肥技术研究，引导新型经营主体应用缓控释肥、水溶肥、生物有机肥、配方肥等新产品，推广机械深施肥、种肥同播、有机无机配施、水肥一体化、叶面施肥等新技术，引进无人施肥机、智能配肥机、立式深旋耕作机、有机肥抛撒机、有机肥液喷洒车、带状复种一体机等新机具，全面提升科学施肥水平。2021年以来，累计示范推广新型肥料160万亩、水肥一体化42万亩、"三新"集成配套技术10万亩。

（三）**化肥多元替代行动成效明显。**立足本地种植业、养殖业基础，充分利用有机肥资源，示范推广"有机肥+N""有机肥+配方肥""有机肥+水肥一体化""有机肥+机械深施"等有机肥替代化肥技术模式，每年有机肥施用面积450万亩以上，从源头上严格控制化肥使用量。大力推广绿色种养循环技术，实施绿色种养循环试点项目，建立"小型养殖合作社畜禽粪便快速简易堆腐还田""中型规模养殖场畜禽粪污一体化设施腐熟处理还田""大型养殖企业粪污生产商品有机肥处理还田"等粪肥还田机制，探索推广蔬菜作物"机械转运—管道喷洒技术"、粮食作物"大车转运—小车喷施沼液—机械深耕翻压技术"、果园"机械开沟—机械转用沼液灌溉—机械填埋技术"等粪肥还田技术模式，每年实施粪肥还田50万亩，带动农业绿色高质量发展。

三、绿色防控水平稳步提升

庆阳市积极践行绿色植保理念，深入推进农药使用量零增长行动，坚持减药与保产统筹、数量与质量并重、生产与生态协调、节本与增效兼顾，加强监测预报，强化统防统治，促使全市农药使用量由2021年的640.24吨减少到2024年的637.59吨，主要农作物农药利用率达到43%，实现农药减量增效目标。

（一）**病虫害监测预警更加精准**。聚焦主要粮油作物和经济作物重大病虫害绿色防控，在全市7个县区布设自动化监测点35个，在重大病虫害发生源头区、迁飞过渡带、疫情传入高风险区布设小麦和马铃薯等粮食作物病虫害监测点120个、草地贪夜蛾监测点950个、苹果蠹蛾监测点130个，实时监测、持续追踪，数字化监测、网络化传输、模型化预测体系全域布局，病虫情监测预报准确率达到

庆阳市2021—2024年农药使用情况

年份	农药使用量
2021年	640.24吨
2022年	638.99吨
2023年	637.77吨
2024年	637.59吨

95%以上，早期预警能力明显增强，提高了科学用药的及时性和精准度。

（二）绿色防控技术广泛应用。全域全产业推广农业防治、生物防治、物理防治等绿色防控技术，大力推广抗性品种、健康栽培、轮作倒茬、深耕除草等农艺措施，采用灯诱、性诱、色诱、食诱等诱集技术，实现病虫害绿色防控。推广应用天敌昆虫、植物源农药、微生物农药和发酵生物农药，有效减少了化学农药的使用量，大大降低了农药残留，使农产品更加安全、健康。2024年，全市绿色防控覆盖率达到55.2%，较2021年提高了20个百分点。环县成功创建全国农作物病虫害绿色防控示范县，西峰区、华池县成功创建全国农作物病虫害绿色防控整建制推进县。

（三）统防统治工作成效显著。加强一村一个植保机防服务队建设，以点带面推进阶段性代防代治向全程托管服务转变。组建村级专业化植保机防服务队1034个，认定市级农作物病虫害应急防治队4个，社会化防治体系加速布局，统防统治和应急防控能力得到全面提升。年均实施小麦"一喷三防"190万亩，秋粮作物"一喷多促"17万亩，2024年全市三大粮食作物病虫害统防统治面积达到339.8万亩次，覆盖率47.9%，较2021年提高10个百分点。2025数字中国创新大赛—农林植保场景赛在庆阳举办，总结推广了庆阳典型经验做法。

第三节　农村人居环境显著改善

随着"三元双向"循环农业体系构建，农业废弃物资源利用水平大幅提升，农村人居环境得到显著改善，带动乡村建设、乡村治理一体推进、纵深发展。

一、和美乡村建设有序推进

庆阳市立足乡村人口居住分散、基础条件相对滞后的实际，着力打造具有关中文化元素、黄土高原特点和陇东民居特色的宜居宜业"和美乡村",明确了乡村建设由点及面、循序渐进的工作思路,实现了乡村建设由表及里、形神兼备的全面提升。

(一)乡村基础设施持续改善。紧盯"农村基本具备现代生活条件"目标,围绕"5155"示范建设、"和美乡村"创建行动、农村"八改"工程[1],坚持乡村生产、生活基础设施一起抓,逐县区建立了乡村建设项目库,不断加强乡村建设项目布局、项目统筹、项目管理,有力有序推动农村生产生活条件持续改善。2021年以来,全市累计谋划入库项目1333个,投资总额23.5亿元,改造农村户用卫生厕所30.96万户,新建自然村组硬化路1239公里,实施农村饮水(供水)项目60个,农村危房及抗震改造1811户,新建改造10千伏线路805公里、0.4千伏线路1407公里,新(改)建5G基站391座,天然气管线延伸至20个乡镇,完成农户改气1.45万户,建成农村清洁能源综合利用示范村21个,有效推动了公共基础设施向村覆盖、向户延伸,提升了农村生产生活水平,促进了农业农村现代化,擦亮了和美乡村宜居底色。

(二)乡村宜业水平明显提升。随着"三元双向"循环农业发展格局的构建形成,"牛羊猪鸡、果菜菌药"等优势特色产业规模逐步扩大,产业循环链条持续增强,农业产业化水平不断提高。随之而来的设施农业、观光农业、农村电商、视频直播、冷链物流等农业新产业新业态应运而生、蓬勃发展,为农业提质增效、农民增收创收、农村发展创新等提供了澎湃动力。全市成功打造了华池县南梁红色小镇、合水县花溪谷农旅融合、庆城县药王洞养生旅游、正宁县瓜菜川区、镇原县平泉镇设施农业、西峰区显胜乡城郊旅游、宁县邠宁党支部红色长廊等极具庆阳特色的乡村建设示范样板。特别是探索形成的庄子峁生态农庄"吃、住、行、游、购、娱"一体化融合发展模式,荣获第七届农村创业创新

---

[1]"八改"工程:是指改厕、改路、改水、改房、改电、改气、改厨、改院。

项目创意大赛省级一等奖，为黄土高原山区农文旅融合发展探索了路子，提供了典型案例。

（三）乡村治理效能不断增强。 聚焦乡村治理的重要领域和关键环节，坚持党组织领导的自治、法治、德治"三治"合一，积极创新，大胆实践，探索乡村治理新路径。先后总结形成了庆城县"361°"乡村治理、环县党建引领乡村治理"135"模式、正宁县"道德银行""积分超市"等具有庆阳乡土气息的乡村治理模式。镇原县平泉镇被命名为全国乡村治理示范乡镇，合水县何家畔镇产白村、环县合道镇沈家岭村被命名为全国乡村治理示范村，农村既充满活力又稳定有序。乡村建设不仅物质生活要富裕，精神生活也要富足。全市1261个行政村修订完善"一约四会"[1]制度，通过党员干部带头示范，开展"庆阳好人"、道德模范评选，组织举办村BA、村晚等文化体育活动，深化精神文明建设，引导农民群众崇德向善、见贤思齐，推动移风易俗走深走实，乡村社会文明程度进一步提高。

二、农村垃圾污水治理成效明显

"三元双向"循环农业的发展，不仅减少了农业废弃物排放，也带动农民群众增强垃圾分类意识和"变废为宝"的理念，垃圾不落地、柴草不乱堆、污水不乱泼成为自觉行动，农村环境面貌焕然一新。

（一）农村垃圾得到高效处理。 庆阳市聚焦农村生产生活垃圾分类减量、统一收集和无害化处理，编制《庆阳市农村垃圾治理提升五年行动实施方案》，统筹推进农村垃圾治理。随着农业废弃物回收体系的不断健全，利用水平的持续提高，产生效益的日益凸显，广大农民对于农业废弃物和农村生活垃圾不再一概而谈，垃圾收运处置更加高效。一方面，通过将农作物秸秆、果木枝条、畜禽粪便、菌糠菌渣等农业废弃物转化为有机

---

[1]"一约四会"：一约是指村规民约，是村民群众依据党的方针政策和国家法律法规，结合本村实际，为维护本村的社会秩序、社会公共道德、村风民俗、精神文明建设等方面制定的约束规范村民行为的一种规章制度。四会是指红白理事会、道德评议会、禁毒禁赌会、村民议事会。

肥料、菌袋基料、生物质能源或其他有价值的资源，有效避免各类农业废弃物成为垃圾，从源头上减少了农村垃圾数量。另一方面，1261个行政村全部实现生活垃圾"户分类、村组收集、乡镇转运、县区处理"收运处理全覆盖，农村生活垃圾治理工作由专项整治向长效纵深转变，做到了陈年垃圾全面清理，新生垃圾日产日清。目前，庆阳市农村生活垃圾无害化处理率达到100%，资源化处理覆盖率达到87.5%。

（二）**农村污水得到有效治理**。庆阳市编制《庆阳市农村污水治理行动方案》《县域农村污水治理专项规划》，采用污染治理与资源利用相结合、工程措施与生态措施相结合、集中与分散相结合的建设模式和治理工艺，统筹整合乡村建设项目资金力量，实施村级环境整治和污水治理项目，以项目带动提升治理水平。全市357个行政村完成人居环境整治，309个行政村完成农村污水治理。华池县被列入第一批全国农村生活污水治理综合试点县，探索形成了符合庆阳市农村人口分散、黄土高原自然地理实际的"3个4"[1]农村污水治理模式，治理成果和经验受到生态环境部认可。

三、村容村貌实现整体提升

庆阳市坚持以发展"三元双向"循环农业为契机，在建设美丽田园和清洁养殖小区的同时，以广大农民为主体，把整治行动由农业向农村领域拓展，以"望得见山、看得见水、留得住乡愁"为目标，积极推进村容村貌改造提升，农村生态环境持续向好，村民获得感、幸福感不断提升。

（一）**村庄规划应编尽编**。坚持规划先行，制定《村容村貌提升导则》《村庄规划编制实施方案》，按照"科学规划、分类编制、突出特色、绿色发展、开门编规"的要求，突出外改风貌、内改格局，分层分类编制"多规合一"实用性村庄规划，共调整优化村庄分类1261个，编制村庄规划872个，实现了乡村规划管理全覆盖。

---

[1]"3个4"：是指污水治理采取"4种形式"，资金筹措采取"4个一点"，运维管理实行"4项机制"联动模式。

（二）**清洁村庄全域覆盖**。坚持最小投入、最小干预原则，突出"三清一改"[1]、拆危治乱、提升风貌等重点，打好村庄清洁行动"春夏战役""秋冬战役"，由村庄面上清洁向屋内庭院、村庄周边拓展，注重清理死角盲区，拆除违规占用、长期废弃、存在安全隐患或影响村容村貌的畜禽圈舍、残垣断壁、露天茅厕、枯井旱窖，所有行政村均达到清洁村庄标准，合水县、华池县被评为"全国村庄清洁行动先进县"，村庄公共空间进一步扩大，乡村"颜值"全面提升。

（三）**乡村风貌焕然一新**。依托"三北"、"天保"、国土绿化试点示范等林草生态建设工程，科学推进乡村绿化美化，累计建成"一村万树"工程达标村928个，实施河流沿线面山植树造林面积84.18万亩，持续擦亮乡村发展底色。同时，在境内6条市级（长庆桥—西峰—庆城高速段、庆城—城壕—南梁—太白—庆城高速段、西峰—宁县—正宁段、西峰—北石窟寺—镇原段、西峰—合水段、庆城—环县—甜水堡段）和36条县区级农村风貌提升重点区域，按照"整洁有序、美化绿化、风貌美观"三个层次，以线带面、层级延伸，坚持"林田路房村"齐抓共治，重点改造住宅内部功能和总体风貌，突出鲜明村庄特色和线路区域特点，乡村风貌由"局部美"向"全域美"、"一时美"向"时时美"转变。

---

[1]"三清一改"：是指清理农村生活垃圾、清理村内塘沟、清理畜禽养殖粪污等农业生产废弃物，并改变影响农村人居环境的不良习惯。

第三章 社会效益

"三元双向"循环农业的持续发展，引导干部群众解放了思想，转变了观念，激发了乡村发展活力。庆阳市各县区立足资源禀赋，因地制宜发展乡村新业态，实现了传统农业向现代农业的理念之变，依赖资源向依靠科技的动力之变，种养二元向种养菌三元双向循环的格局之变，取得了良好的社会效益。

第一节 实现传统农业向现代农业转变的理念之变

政策措施推行的力度、最终发展的成效与执行者、参与者理念转变的深刻程度密切相关。整体来看，经过三年多的积极实践，庆阳市干部群众对"三元双向"循环农业的认识不断增强、理解逐步深化，在理念和思维层面发生了四个方面的明显变化。

一、从传统农业转向现代农业

传统农业是在自然经济条件下，利用人力、畜力、手工工具、铁器等为主的手工劳动方式，靠世代积累下来的传统经验发展，以自然经济居主导地位的农业类型。由于受思想观念、传统模式的影响，庆阳农业发展与东部沿海地区和省内先进地区相比还有相当差距。分析其原因主要有两个方面：一是思想观念因循守旧，转变农业发展方式的内生动力不足。庆阳广大农民群众长期习惯于雨养农业、靠天吃饭，满足于自给自足的小农经济，缺乏通过改善农业基础设施条件来提高作物产量、增加产出效益的积极性和主动性。二是发展路径固化依赖，对新技术、新装备、新模式的适

应能力不强。庆阳有"春耕、夏耘、秋收、冬藏"的传统，习惯于寒来暑往、周而复始，农民群众对接受新事物、学习新技能的认知和意识不够，农业产业结构调整、发展方式转变长期滞后。现代农业是用现代发展理念引领农业，用现代物质条件装备农业，用现代经营形式发展农业，用现代科学技术改造农业，用现代产业体系提升农业，用现代新型农民推进农业，由自然经济变为商品经济，成为国民经济中具有较强竞争力的现代产业。从传统农业转向现代农业就是要提高农业机械化、水利化和信息化水平，提高土地产出率、资源利用率和劳动生产率，提高农业综合效益和竞争力。

庆阳市通过发展"三元双向"循环农业，坚持规模效益并重、节本增效并举，推动绿色低碳循环农业发展，引领广大干部群众实现了思想大解放和观念大转变，助推庆阳农业加速由传统农业向现代农业转变。一方面，发展方式实现重大转变。农业发展由单纯地注重数量和速度增长，转到主要依靠优化产业和产品结构，提高质量和效益上来。由单纯地依靠资源开发，转到主要依靠提高资源利用率和持续发展能力的方向上来，庆阳农业呈现"种植业绿色化、畜牧业集群化、菌业工厂化"的良好态势。另一方面，农业发展的市场化导向更加明确。坚持以深化供给侧结构性改革、推动农业高质量发展为主线，围绕生产经营规模化、生产要素科技化、生产方式集约化、产业服务社会化、农产品标准化聚焦发力，推动农产品从完全自给自足向完全形成商品转变，提升农产品附加值，推动农业产业化经营水平不断提升。

二、从资源简单消耗转向绿色循环利用

庆阳市是传统农业大市，适宜的气候条件，非常适合农牧业发展，种植业、养殖业规模和体量大。但长期以来的种养二元结构致使农业产业结构过于单一，化肥、农药的大量使用致使土壤肥力下降，加之每年产生的大量农业废弃物只能通过简单物质消耗处理、资源化利用率不高，农业发

展高投入、低产出、低效益的问题较为突出。"三元双向"循环农业很好地解决了农业废弃物无害化处理和资源化利用的问题，实现将原来的"生态包袱"变成了"绿色财富"，既充分发挥了庆阳农业的资源优势，又有效解决了农业生产所带来的环境污染问题，使农业真正走上了绿色循环发展之路。

在这一发展路径的引领下，绿色、生态、低碳成为庆阳农业发展的主旋律，正在由资源简单消耗向绿色循环利用加速转型。首先，探索推广了一批绿色种养模式。总结推广了肉羊养殖"五全五化"、苹果生产"三高五化"、肉鸡生产"四链四化"、生猪生产"三定六统一"等高质高效绿色生产模式。累计建成"两减一增"果园50.1万亩、百亩以上绿色生产示范果园16个、百亩以上设施蔬菜生产基地52个、食用菌标准化生产基地42个。其次，打造了一批绿色融合发展平台。成功获批整市创建国家农业绿色发展先行区，建成国家现代农业产业园2个、国家农业现代化示范区1个、国家级食品安全示范县1个、肉羊全产业链典型县1个，创建全国农业产业强镇4个、全国"一村一品"示范村镇8个。最后，拓展了农业废弃物多元化利用途径。农作物秸秆从过去以饲料化利用为主转向肥料化、饲料化、基料化、燃料化、原料化"五化"综合利用，畜禽粪污从过去以肥料化利用为主转向肥料化、能源化、垫料化、基料化、饲料化多元利用，食用菌种植产生的菌糠、菌渣既可以做有机肥，也可以分解处理做饲料，还可以做生物质燃料，利用方式多样。

三、从分散粗放经营转向集约高效经营

长期以来，庆阳农业以小农经济为主，单家独户凭经验从事种养产业，产业基地规模偏小，生产方式简单粗放，农业生产效率低。产品少且质量参差不齐，资源利用率和农产品商品化率都不高，农业抵御应对自然风险和市场风险的能力不足。农业比较效益偏低，主导产业对农民增收的贡献十分有限。从分散的千家万户生产单元向集约的规模化经营转变，从

粗放的传统生产方式向高效的标准化生产模式转变，是推动庆阳农业产业化水平提升的必由之路。

通过发展"三元双向"循环农业，推动农业规模化、标准化、集约化发展，实现了从分散经营、各自为政到集约集群、协作共进的转变，实现了从粗放生产、传统制作到标准统一、商品生产的转变。首先，产业集聚度持续增强，形成了环县肉羊、镇原县肉鸡、庆城县和宁县苹果、西峰区生猪、华池县中药材、合水县奶山羊、正宁县肉牛、全市食用菌的"一县一业、一县多业"特色产业布局。其次，农业基础设施持续改善，在规模种植基地、规模养殖小区和食用菌生产基地，大力推广智能化水肥管理系统、格架保护系统、设施防灾系统、节能温控系统、自动给排水系统，农业防灾减灾能力明显提升，庆阳"雨养农业、靠天吃饭"的生产条件基本扭转，基础设施条件不断改善。最后，经营主体持续壮大，以实施产业链链长制为抓手，大力引培龙头企业，培育了一批链主企业和骨干企业，全市农业龙头企业、合作社、家庭农场等新型经营主体不断发展壮大，分别达到396家、7774个、6453个，2024年农产品加工转化率由2021年的55%提升到63%。

四、从"长啥种啥"的自然经济转向"啥好种啥"的市场经济

随着经济全球化进程的进一步加快，农业经济的发展空间也越来越广阔，已经由自给自足的自然经济向供需关系主导的市场经济转变，最显著特征就是消费决定生产。过去的庆阳农业是在传统耕作条件下，顺应自然环境的被动生产，主要解决温饱生计的问题，所以农民能种活什么就种什么、什么能吃饱就种什么。特定的自然条件和长期的耕作习惯，共同决定形成了农民群众"长啥种啥"的思维定式和种植模式，以玉米、小麦为主的单一产业结构，造成了农产品商品化率低，农民增收受限。

在"三元双向"循环农业的加力推动下，农业生产效益凸显，广大群众主动顺应"啥好种啥"的市场导向，优化产品结构，加大品牌营销，农

业比较效益得到有效发挥，农民收入水平明显提升。从产业结构多元化来看，大力发展设施农业，引进现代化先进技术，从过去仅仅依靠玉米、小麦的种植结构，逐步向食用菌、设施蔬菜、中药材等市场需求旺、价值收益高、综合效益好的多元结构拓展，在一定程度上突破了自然条件的限制，逐步适应市场的多样化需求。养殖业坚持走差异化、特色化的路子，突出早胜牛、陇东黑山羊等产品价格和生产效率具有比较优势的特色畜种，提升市场竞争力。从品牌效益显现来看，培育形成庆阳苹果、庆阳早胜牛、环县羊羔肉、庆阳黄花菜、庆阳白瓜子、庆阳小米等一批地理标志农产品，注册并培育了一批农业区域公用品牌、企业商标和产品商标。庆阳瑞雪苹果凭借脆爽多汁，果肉细腻、果皮光洁、香味独特、易贮易运的优良品质，成功地在水果市场中崭露头角，受到更多消费者的青睐。2024年提出了瑞雪突围战略，以每年6万亩的改造量，逐年扩大种植面积，市场占有额稳步提升，知名度和影响力不断扩大。从产业助农增收来看，引导龙头企业、合作社、家庭农场等新型经营主体，构建优势互补、利益共享的产业化联合体，将种养农户镶嵌在产业链上，开展合作经营和标准化生产，不断提升农业抗风险能力和农产品市场竞争力，让庆阳特色农产品不但"种得好""长得好"，而且能够"卖得好""赚得多"。

第二节 实现依赖资源向依靠科技的动力之变

科技创新是现代农业发展的主动力。庆阳市着眼解决农业科技创新能力不强、农业科技推广应用水平不高、农业劳动力科技素质偏低、农业科技示范作用发挥不明显等短板，坚持把科技创新作为发展"三元双向"循环农业的有力支撑，聚焦农业科技成果转化、科技服务水平和劳动者科技素质提升，推动农业由过去单纯依赖土地、降水等自然资源向依靠科技创新驱动转变。

一、农业科研成果转化明显加快

现代科技加速向农业生产、加工等领域渗透，农业新品种、新技术、新装备、新模式得到大力推广，农业科研成果不断从实验室走向田间地头，科技对农业增长的贡献率由2020年的60%提高到2024年的63%。在农业科研成果创新方面，聚焦种业振兴，联合科研院所和育种企业，不断强化技术攻关，粮食、畜禽、苹果等新品种选育硕果累累。庆阳市农科院自主培育的鲜食玉米新品种庆科糯660、庆科糯6号技术成果成功转让。庆环肉羊制种有限公司联合崖州湾国家实验室建设现代肉羊种业研发（甘肃）基地，加快"中环肉羊"新品种培育。天津奥群牧业公司在庆城县建成现代化肉羊"育繁推"一体化产业园，培育"奥白肉羊"舍饲专门化肉羊新品种。居立果业有限公司建成苹果脱毒苗木组培实验室和现代化苹果脱毒苗木繁育基地，年生产矮化脱毒苗木100万株，有效保障本地安全用种。甘肃欣盛创优菇业公司建成庆阳市食用菌菌种研发平台，自主培育出了适合本土大规模推广种植的香菇新品种，弥补了庆阳食用菌菌种研发短板。在新品种新技术迭代升级方面，紧盯粮油生产、设施蔬菜、畜禽养殖、中药材生产、食用菌栽培，加快品种更新换代，调优品种结构。加大关键适用技术普及推广，种植业示范推广了以全膜双垄沟播技术为核心的旱作农业生产技术，以少免耕、深松耕为代表的保护性耕作技术，以粮、薯、菜、油、草等一年两熟或两年三熟的多元化复种技术，果业示范推广了高接换优、间伐改造、水肥一体化和矮化密植栽培等技术，菌业示范推广了爱尔兰新型食用菌大棚生态种植模式，示范推广黑木耳菌棒吊袋栽培技术和双孢菇工厂化全产业链生产模式。2024年，全市引进试验示范新品种130个、新技术40项。在新装备和新机具应用方面，抢抓"东数西算"枢纽节点城市建设机遇，围绕智慧种植，建成一大批智能日光温室物联网应用示范点。围绕智慧畜牧，建成肉羊、肉牛、生猪、肉鸡产业信息化管理平台，不断提升现代畜牧业科技水平。庆阳晶晶生物科技公司系统性整合国内最先进的全自动菌棒生产、灭菌、接种设备组装成国内顶级的全自动黑木耳菌种生产线,年产木耳菌棒5000万棒优先供应本地企业。围绕智能装备,庆阳加强小麦、玉米等主要粮食作物全程机械化和特色产业采收机具开发,推广"北斗+农机"应用。新引进农机具10大类1900多台,农机总动力达到220万千瓦,主要农作物耕种收综合机械化率达到79%,智慧农业应用水平正在不断提升,农业数字经济赋能乡村振兴效果正逐步显现。

二、农业科技服务水平持续提升

庆阳市聚焦农技推广服务"最后一公里"问题,将农业社会化服务有机嵌入"三元双向"循环农业全链条,加快构建以公益性推广体系为基本、多主体参与的"一基多元"农业技术推广体系,引导农技推广人员把论文写在大地上,把成果送到千万家。首先,服务主体多点开花。建成农业社会化服务组织1796个,社会化服务面积保持在840万亩(次)左右,助力粮食生产和优势特色产业提质增效。围绕稳粮增产,发挥乡镇示范性农机合作社、村级植保机防服务队作用,推动集约高效生产、病虫害绿色防控和统防统治。围绕提果增效,以"苹果首席专家+龙头企业+合作社+服务公司(队)"机制为依托,补齐劳力、技术、管理和营销短板。围绕扩畜增养,以良种区域供应中心、饲草料配送中心、专业动物防疫公司、羊毛剪理公司4类服务组织为支撑,构建覆盖畜禽养殖产前产中产后的一站式、全链条服务模式。围绕扩量提质,探索形成"共建体系、灵活托管、优化服务、全程监管"中药材全产业链生产托管模式。围绕保菜增供,突出蔬菜育苗生产和营销服务,加快构建集新品种引进、示范、育苗、外销、售后为一体的优质瓜菜种苗供应链。围绕养菌增绿,以废弃物综合利用服务组织为纽带,以肥料化、基质化、燃料化利用为方向,加快补齐菌渣处理短板,推动种养菌废弃物循环利用,实现产业融合发展。庆城县智航植保机防服务队购置大疆植保机等专业设备,广泛开展高效无人植保业务,年机防面积2万多亩,累计达到15万亩以上。华池县木生源生

物能源有限公司,年消化利用秸秆、废弃菌棒等农林废弃物5万吨以上,最大限度促进菌渣菌糠资源化利用。其次,服务方式不断优化。实施千名农业科技人员下基层强服务行动,健全服务基层一线长效机制,用专业优势和服务实效为乡村振兴添动能、提质效。引导下派蹲点,900名农业科技人员到乡村、到生产科研基地、到新型经营主体开展技术服务,帮助破瓶颈、解难题。鼓励支持兼职创新,100名农业科技人员到农业产业化龙头企业、农民专业合作社等新型经营主体兼职服务。稳妥引导离岗创业,鼓励支持有创新精神、有创业能力的农业科技人员,到市内创办领办农业企业、农民专业合作社等新型经营主体,推进创业创新做示范、强引领。加强培训指导,分县区分产业组建12支农业科技服务队,巡回开展培训,强化农业生产关键技术推广应用。最后,服务能力持续提升。利用全国农业农村远程教育平台开展农业科技人员知识培训,提高农业农村工作政策理论和专业技能水平。依托省级重点人才项目、省市科技项目、"三区"科技人才项目,开展食用菌、苹果、中药材、肉羊等产业农技人才培养计划,培训农技人员1600多人(次),培养了一大批农业科技主力军和服务队,为乡村振兴提供了重要人才保障。

三、农民群众科技素质显著增强

庆阳市聚焦培育"有文化、懂技术、善经营、会管理"的高素质农民队伍,让更多的"老把式"变成了"新农人"。专项培训带动能力明显提升,依托乡村振兴人才培育"百千万"计划、乡村振兴带头人"头雁"项目和高素质农民培育项目,紧紧围绕"牛羊猪鸡、果菜菌药"八大主导产业提质增效和先进实用技术推广应用需求,聘请省内外专家教授和本地专业人才授课,通过集中培训、现场观摩、线上学习等方式,有效提高了农民的生产经营能力、科技应用能力、创新创业能力与带动增收能力。2021—2024年,全市共培育高素质农民41008人、合作社理事长4380人。职业教育助推活力有效激发,充分发挥市、县两级农广校农民教育培训主阵地作用，秉持"面向基层、面向农村、面向农民"办学理念，开展以高素质农民为主体的农村实用人才、农村基层干部和农村能人为主体的中等职业教育，2021年以来共招收531名学员，广大农民的教育水平持续提升，为乡村振兴注入源源不断的生机活力。人才培育激励效用充分发挥，编制修订《庆阳市农村实用人才认定办法》《庆阳市农村实用人才职称评审实施细则》，以"头雁项目"培育、农民学历提升、乡村振兴人才培训"百千万"计划等为抓手，采取专家教授请进来、"田秀才、土专家"走出去的人才培育机制，加大农村实用人才培训和职称评审认定，累计评审认定农民职称2465名，他们在现代农业技术、农产品电商、乡村旅游等领域发挥了重要引领作用，带动农民群体科技素质全面提升。

第三节　实现种养"二元"循环向种养菌"三元双向"循环的格局之变

"三元双向"循环农业的发展，改变了庆阳传统农业以"种植+养殖"为基本架构的"二元"结构，引入食用菌产业作为循环纽带和新的增长点，使之成为与种植业和养殖业齐头并进的独立产业，构建起"种植+养殖+食用菌"相互促进、互为支撑、循环一体的"三元"架构，推动庆阳农业基础更加稳固、农村地区更加繁荣、农民生活更加红火。

一、农业发展空间大幅拓展

"三元双向"循环农业的成功实践，使农业生产的对象由谷物、动物拓展到微生物，开辟了农业发展的新领域，是庆阳践行大食物观的具体行动。从供给侧看，在资源环境约束日益收紧的大背景下，仅仅依靠多种多养来提升农业产值的空间十分有限。而食用菌产业的兴起，不仅使农业生产过程中产生的大量废弃物有了可利用的渠道，更重要的是食用菌产业对土地空间、质量没有过高要求，这种"不与粮争地争肥"的特性，突破了

农业产业对耕地的特殊依赖和资源环境的约束，拓展了农业和农村经济新的增长空间。从需求侧看，随着人们生活水平提高，更加注重饮食健康和营养均衡，食用菌作为保健食品，种类繁多、营养丰富，深受消费者喜爱，市场需求巨大，发展前景广阔。大力发展食用菌产业，必将激发出新的消费需求，拓展新的产业增长空间，构建起多元化食物供给体系。

二、主导产业效益显著增长

"三元双向"循环农业体现绿色发展导向，坚持农业"三品一标"一体推进，推行标准化生产、生产过程管控严格、产品质量可追溯，契合了人们对食用农产品绿色安全、健康养生的追求，相较普通农产品具有更高的溢价。在农产品出现结构性过剩、产区竞争日益激烈的形势下，通过推广应用绿色循环的生产方式，减少了生产过程中的物质和能源消耗，降低了生产成本，提高了农产品附加值，使产品更加具有竞争优势。绿色生产过程本身也提供了良好的生态产品和旅游价值，带动了乡村旅游、研学体验、休闲康养、农村电商等乡村第三产业的蓬勃发展。同时，立足"一县一业、一乡一业、一村一品"的特色产业体系，以农户为基本单元，按照"大规模+小群体"的思路，引导农户积极发展小庭院、小家禽、小手工、小买卖、小作坊等"五小产业"，打造特色民宿，开发特色餐饮，促进乡村旅游业发展，拓展了农民增收空间。

三、农业资源循环利用空间更加畅通

"三元双向"循环农业模式将食用菌产业嵌入农业产业循环链，延展了农业生态循环链条的长度，增加了物质循环利用的途径和方式，使原来诸如硬杂木等通过种植业和养殖业无法利用的废弃物的再次利用成为可能，而且经过利用之后产生的经济价值成倍增长。特别是"双向"循环思路的建立，使农业废弃物有效利用程度大幅度提高，农业生产过程基本没有需要特别处理的废物，做到了"榨干用尽、永续循环"。2024年，庆阳市果木枝条综合利用率达到64.5%，农作物秸秆综合利用率达到91.5%，畜禽粪污综合利用率达到83%，菌糠菌渣利用率达到95%，分别较2021年提高3.3、4.7、1.8、3个百分点。

四、城乡融合发展格局加快构建

"三元双向"循环农业的发展，创造了更多的就业机会，促进了经济资源和生产要素在城乡之间的双向流动，优化了组合方式，提高了配置效率，扩大了乡村经济总量。随着农业特色产业的持续发展壮大，乡村发展机会增多，原来从事房地产业和工商业的投资人把目光转向农业和农村，纷纷投向乡村特色产业。实业资本向农村的转移，也带动信贷资金及科技、信息、人才等要素下乡进村，为乡村振兴注入了要素活力。庆阳市抢抓"东数西算"国家枢纽节点城市建设机遇，积极建设庆阳农业产业云平台，在数字技术的加持下，水肥智能化管理、农产品质量追溯、产品直播销售等行业领域加速发展，农业众筹创新发展，"认领一棵树""认养一只羊"等成为新时尚。依托新媒体平台，村民把手机变成"新农具"、把农民变成"新农人"、把直播变成了"新农活"，通过"新媒体+产业"的方式，闯出了一条新媒体助力、农文旅融合发展的乡村振兴新路子。乡村仓储物流快递产业的不断升级，邮政快递和18家快递公司的营业网点布设到乡镇和部分中心村，主要农产品生产地配套建成了农产品批发市场和地头交易市场，农产品销售更加便捷，形成了从产地到消费终端的城乡一体化冷链物流网络。实施"百村万名新农人"培育计划，引导大学生、退伍军人、返乡青年回流农村，为乡村振兴提供了人才支撑。

第五篇

案例篇 AN LI PIAN

第一章　主体带动类

案例一　引"源头活水"　促"开花结果"
助推食用菌产业高质量发展

——庆阳晶晶生物科技有限公司发展食用菌产业纪实

　　庆阳晶晶生物科技有限公司（以下简称晶晶生物）是西峰区重点招商引资企业，成立于2022年3月，是一家集食用菌菌种研发、食用菌教学培训、食用菌食品加工、食用菌销售为一体的现代化食用菌龙头企业。晶晶生物位于西峰区彭原镇鄢旗坳村，注册资本1000万元，现有技术人员24名，其中高级工程师3名，专业技术力量雄厚。2022年8月，在西峰区委、区政府的大力支持下，晶晶生物投资6000万元建成庆阳木耳菌种选育基地，配套建成育种室、培养室等附属设施和教学试验种植大棚20座，目前拥有国内最先进的全自动木耳菌种生产线、自动控制系统和国内最先进的液体菌种发酵培养技术。近两年来，晶晶生物以高端的目标定位、现代化的设施设备、先进的生产工艺及强大的技术支撑，引领带动全市木耳产业高质量发展。

树立先进理念　高端定位发展

　　晶晶生物成立之初，坚持以工业化思维谋划农业，把"农业产业"做成"标准工业"作为公司的奋斗目标，力争把木耳育种从"小作坊"做成"标准工厂化"生产，把木耳育种由"分散式"变成"集中式"，合格率从不到50%提升到99.9%以上。目前，已建成投产全自动装袋机、全自动装筐机、全自动上下架机、全自动高温高压灭菌柜、全自动液体菌种接菌机等全自动木耳菌种生产线，并自主研发设计适合木耳产业的自动智能区域传输，使接菌前产品、培养中的产品、产后成品有序分区域传输，杜绝了人接触产品造成染菌的质量问题，实现了木耳菌棒生产从装袋、装筐、翻筐、灭菌、接菌、培养直到传输物流"自动化""智能化""工业化"和"技术领先化"。

加快菌种选育　破解菌种难题

菌种是食用菌产业高质量发展的关键。西峰区海拔高、光照足、昼夜温差大，非常适宜黑木耳生长，但在食用菌菌种培育上还存在菌种培养周期长、品种抗逆性差等问题。为了真正把适合本地种植的优质、高产木耳品种选育出来，晶晶生物积极引进龙头企业技术力量和高校专家技术团队，加快建设食用菌良种选育体系，加大新品种引进扩繁力度，优化推广主栽优良品种，先后引进新品种木耳10个，其中：玉木耳品种3个、黑木耳品种7个，目前已开始小批量适地生产，成功后将完全实现木耳"一年三茬"种植。同时，晶晶生物广泛引进国内最先进的液体菌种发酵培养技术，实现菌种的快速大量扩繁，为菌棒工厂化生产奠定了坚实的基础。目前，每支试管可扩繁成100个1000毫升摇瓶，每个摇瓶可扩繁成1个1000升的发酵罐，每个发酵罐可接种4万个菌棒，菌种培养周期缩短5~7天，实现了液体菌种首次在木耳产业上集中推广应用。

落实四项措施　提升菌棒产能

在木耳菌棒生产中，晶晶生物将新技术的引进和应用作为突破口，通过制棒自动化、灭菌国标化、接菌标准化、养菌智能化，加快实现食用菌产业高质量可持续发展。制棒自动化。引进国内最先进的全自动制棒生产线7条，每小时可生产菌棒1.1万棒（1600棒/条），日产10万棒，年产量

达到2500万棒。根据初步估算，二期扩能后，日产量可达到20万棒，年产量达到5000万棒，极大地降低了用工成本，提高了生产效率。灭菌国标化。采用医用级别的高压灭菌锅打造无尘无菌、恒温恒湿恒氧环境，冷却区采用万级无尘环境，接菌区采用百级无尘环境，培养室采用十万级无尘环境，运用抽真空反复加压技术，以天然气清洁能源为燃料，按照制药高压蒸汽灭菌标准，温度121℃，压力0.11MPa，6小时即可完成灭菌，有效降低了菌棒的灭菌时间（常压灭菌14小时）。接菌标准化。引进全自动定量接菌机，采用医药标准的生产环境，避免人员进入造成细菌感染，降低了人工接种污染菌棒的概率，解决了接菌量不均的问题。每台接菌机每次接种16个菌棒，每个棒接种25毫升菌种。养菌智能化。使用具有自主知识产权的专用培养架及智能化恒温养菌技术，配套高等级空气净化系统营造优良养菌环境，仅需35天即可完成菌丝培养，并能使菌棒合格率达到99%。

强化技术支撑 提升管理水平

紧扣"产业链"，打造"人才链"。晶晶生物从管理到生产，十分重视科技应用和人才培养，与西南科技大学、宁夏职业技术学院、陇东学院、甘肃省农科院、庆阳市农科院等多个高校和科研院所建立合作关系。依托东北木耳技术团队，引进教授级高级人才6名，经过不断的探索实践，以结构利于通风、方便农户操作为特点，制定了统一的木耳吊袋种植大棚建设标准（棚宽10米，长40米，每棚可挂菌棒2万棒），建成"木耳种植大棚教学示范区"。同时，针对庆阳木耳种植人才短缺、技术匮乏的问题，积极整合公司人力资源，发挥技术特长，主动延伸服务边角，定期在全市木耳种植基地开展技术巡回指导和科技培训，年培训从业技术人员200多人。为了确保实现食用菌产业高质高产高效，晶晶生物立足菌种培育关键核心，持续加快50座育种、培养、试验种植大棚建设进度，力争使科技成为产业发展的有力动能。

建立销售平台　实现互利共赢

晶晶生物自创建以来一直秉持"发展壮大企业、造福一方百姓、实现互利双赢"的初心和使命，始终将群众聚集在产业链上，并探索建立了"四统一"（即统一提供菌种、统一技术指导、统一生产标准、统一订单回收）联农带农机制，搭建了企业+农户的销售平台，形成"做给农民看、领着农民干、带着农民赚"的产业发展局面。近年来，晶晶生物先后承接周边47个村集体发展资金1000万元入股，按10%比例固定分红。先后与西峰区彭原镇，镇原县三岔镇、屯字镇、南川乡等食用菌生产基地建立长期稳定合作关系，带动从事挂棒、采摘等务工人员500多人参与木耳生产，务工收益达到410多万元。2024年，3个车间生产木耳菌棒3800多万棒，产值达到7600多万元，除供应本市外，还销往甘肃天水、四川、陕西山阳县及柞水县等地，经济效益十分可观。

案例二　扩规延链创品牌　培育道地好药材

——华池县恒烽中药材苗林有限公司培育打造中药材示范品牌

华池县位于子午岭自然保护区边缘，境内野生中药材资源丰富，且具有日照时间长、四季温差大、土壤深度厚等中药材生长优势条件，孕育着丰富的中药材资源和优良的中药材品种。近年来，华池县恒烽中药材苗林有限公司（以下简称恒烽公司）充分利用区位优势、资源禀赋和群众意愿，大力推进中药材产业链式发展，着力构建"龙头企业+合作社+农户"的产业生产经营体系，持续推动中药材产业扩规延链、提质增效、快速稳定发展。

筑梦前行十六载　从"1.2亩牛蒡子"成长为链主企业

据《华池县志》记载，自秦、汉始，华池境内岐黄之术便有流传，生长黄芪、黄芩、甘草等中药材约571种，其中植物药材528种，68种载入《中华药典》名录，26种为国家出口药材，有"陇东中药材库"的美誉。恒烽公司董事长姚文智已从事中药材行业17年，2008年他初次在自家地里种植了1.2亩牛蒡子，当年便实现净收入3500元，比传统农作物收入翻了好几番。2014年，姚文智注册成立华池县俊益中药材种植农民专业合作社，吸纳带动五蛟镇刘家湾村20余名药农加入合作社，中药材种植规模达到500亩以上。2015年12月，恒烽公司正式成立，注册资金1500万元，下设1个农机服务合作社，5个中药材种植农民专业合作社，建成中药材标准化种植基地2175亩、种苗繁育基地625亩，与农户订单种植中药材2600余亩。2024年底，公司资产总额达到1.03亿元，固定资产8763万元，年销售收入29863万元，实现利税225万元。

历经十六年的华美蜕变，恒烽公司已从最初种植1.2亩牛蒡子的家庭化生产小作坊，逐渐成长为下设2个产业示范园区、拥有7条加工生产线和2.6万亩优质药源基地，集中药材育苗试验、种植、加工、生产、销售、技术培训、科研实验为一体的甘肃省农业产业化重点龙头企业、庆阳市中药材产业链主企业。

扩规延链创品牌　推动中药材产业实现链式发展

按照"党建引领、政府引导、龙头驱动、主体带动、群众联动"的产业发展机制，持续扩大种植规模、延伸产业链条、抓好品牌创建。一是种植规模化。恒烽公司积极构建以黄芪、黄芩为主的"63211"中药材种植结构布局（6万亩黄芪，3万亩黄芩，2万亩板蓝根，1万亩柴胡，1万亩金银花及其他），建成万亩仿野生种植片带5个、千亩绿色标准化示范基地30个、种子试验基地3处1000亩、种苗繁育基地6处5000亩，带动华池县完成中药材种植13.4万亩。二是加工精深化。恒烽公司投资1.2亿元在县城南区建设占地135.35亩的恒烽中药材产业园，建成中药材初加工、种子加工、饮片切制、特色饮料、精华萃取、康养水、酸枣仁加工等加工生产线7条，研制推出金银花系列、黑果花楸饮料、黄芪醋饮等多款产品。三是技术标准化。依托中国医学科学研究院中药材研究所、甘肃省农科院、甘肃农业大学、陇东学院、市县农技单位等技术支撑，公司先后筛选黄芪、金银花、甘草、丹参等适宜华池县种植的中药材品种20多个，掌握了10多种中药材的生产技术及黄芪、金银花等4种中药材的种苗繁育技术，总结了黄芪、黄芩、甘草等无公害生产技术规范3个，申请国家发明专利2项、新型实用发明专利4项，协助制定中药材地方标准8个。建成恒烽中药材产业园科研基地、设立省级中药材专家工作站、布设岐黄中药材科创展示馆，在五蛟镇刘家湾陇东药用植物展示园集中展示中药材品种111个，收集整理中药材标本100余种。四是产品品牌化。恒烽公司先后注册

了"陇东恒烽""陇大""锦翠园""陇原野生酸枣"等商标，认证"黄芪、黄芩、甘草和金银花"有机产品4个，创建"黄芪、黄芩、柴胡、甘草"GAP基地4个。2024年10月13日—15日，"红色生态南梁 岐黄道地好药"——首届南梁生态药材产业大会成功举办，中国中药协会、中国医学科学院药用植物研究所以及省内外的280多名专家学者、企业代表齐聚华池，提升了"南梁生态药材"市场知名度和品牌影响力，推动形成了"南梁生态药材"生产标准体系。

践行企业社会责任　示范引领产业增效带动农民增收

近年来，恒烽公司积极响应国家实施乡村振兴战略的号召，主动履行企业社会责任，通过建立"农企联结、分工协作、风险共担、利益共享"的利益联结机制，采取土地流转、吸纳就业、订单种收、托管服务、配股分红等方式抱团发展，带动华池县1.5万农户2024年完成中药材种植13.4万亩，实现总产量4.3万吨、总产值8.48亿元，户均增收8540元、人均增收1900元以上。

恒烽公司积极为周边的群众提供就业机会，通过生产链条的延伸带动不同技能的农民就地就近就业。近3年来吸纳中药材种植基地农户、产业园区周边农民工、困难群众等就业300余人，人均年增收3～5万余元。为易地搬迁户提供就业岗位100多人，人均增收13000元以上。累计发放土地流转、劳务用工等各类分红资金3853万元，其中2024年分红资金702.1万元，最高一户分红104960元，最低一户分红1050元。

抓种质、促转型。瞄准高品质药材生产需求，把种子种苗繁育作为产业发展核心，将成为陇东乃至西北地区种子种苗生产供应中心作为企业发展目标，推动产业提质转型。扩基地、提效益。坚持规模化仿野生种植主体模式，充分挖掘可利用土地资源，稳步扩大规模，提高整体效益，发挥龙头企业示范引领作用，带动华池县每年中药材种植总面积达到13万亩以上。创品牌、强引领。围绕打造南梁生态药材，加快构建生态药材，生产标准体系，创建标杆型高质量生产基地，加快道地主导品种地理标志认证步伐，培育知名品牌、打造"拳头"产品，引领中药材产业持续健康发展。延链条、保增收。紧盯全民大健康需求和趋势，稳固前端原料品质优势、加大后端精深加工力度，继续巩固和完善全产业链发展格局，依托好药材，提升市场竞争力，全面筑牢乡村振兴和农民增收基础。

恒烽公司牢记习近平总书记"中医药是中华民族的瑰宝，一定要保护好、发掘好、发展好、传承好"的重要指示精神，未来发展将以壮大中药材特色产业为核心、以深化农企社互助协作为纽带、以中药材品牌化建设为方向、以技术创新与科技研发为路径，持续推动中药材产业实现从"一株药"到"一条链"的成功蜕变，积极创建陇东优质药源基地，擦亮"南梁生态药材"品牌，力争中药材产业总产值达到10亿元以上。

案例三　深耕一园蔬菜　带富一方百姓

——甘肃（镇原县）聚广利农业科技有限公司示范带动蔬菜产业高质高效发展

近年来，镇原县以"三元双向"循环农业发展模式为引领，依托茹河、洪河、蒲河流域"三河三川"资源优势，引进甘肃聚广利农业科技有限公司（以下简称聚广利公司）建成集"蔬菜新品种研发、种苗培育、设施农业种植、农产品收储加工、调味品及休闲食品生产销售等"为一体的现代化农业全产业体系。建成3个万亩瓜菜示范片带和3个千亩设施蔬菜生产区，推动蔬菜产业由单一种植向集群发展、精深加工、高端市场销售延伸，促进一二三产深度融合。引领全县年发展设施蔬菜3.5万亩，瓜菜总面积稳定在30万亩以上。

全链条布局　提升产业竞争优势

一条完整的产业链，"链主"企业就是火车头。聚广利公司始终聚焦蔬菜产业转型升级、提质增效、全产业链培育，不断推进产业链纵向发展和链上各环节横向拓宽，打造蔬菜全产业链集群。聚广利公司千亩现代设施蔬菜种植基地完成投资7000万元，建成连栋塑料大棚68栋，玻璃数字智能温室2栋1.42万平方米，每年种植西红柿、辣椒、黄瓜、香葱等新优品种蔬菜。建成的集温、湿、光、水、肥、气自动控制于一体的数字化、智能化育苗中心，年蔬菜育苗超2亿株，年产值3000万元。聚广利公司万吨果蔬加工中心已完成投资5000万元，建成蔬菜冻干、烘干、打酱、冷冻预制等生产线5条，年加工辣椒酱、烘干辣椒、冻干果蔬等产品2万吨，年产值2亿元。2025年，公司计划投资7000万元，新实施辣椒数字化智慧工程项目，预计2025年6月建成投产，年加工辣椒酱、火锅底料等产品10000吨，年可增加产值1亿元。目前，公司正在与西北农林科技大学洽谈合作，规划投资5000万元，建设庆阳市蔬菜生物设计育种科技创新中心，建办500亩加工型专用辣椒育种基地，建立拥有组培室、人工气候室、分子实验室的综合育种平台，进一步提升西北地区蔬菜新品种的研发能力。从选种、育苗、种植到加工、销售，聚广利公司在镇原县已经建成了一套完整的产业链条，为后续产业升级和企业发展奠定了坚实基础。2022年落地以来，累计完成投资1.2亿元，建成了蔬菜"智能育苗、品种培育、集约种植、订单生产、精深加工"五大板块，形成了集选种、育苗、种植、加工、销售为一体的标准化、规模化、科技化、数智化经营模式和"以市场为载体、以农民为主体"的现代农业助农增收新模式。

科技化引领　建设高质高效园区

科技是农业农村的第一生产力。从"一粒良种"到"一园好菜"，聚广利公司不断强化与区域央企、社企、国企的联动合作，依托西北农林科技大学、西华大学等科研院校的技术优势和专家资源，组建了一支专注于现代农业领域的核心团队，通过"三大行动"，实现蔬菜产业提速转型和高质量发展。实施品种优化行动，开展天亿6号、高辣16等加工型辣椒引进筛选示范8个，公司试验示范6个鲜食辣椒新品种，其中从四川引进的螺丝椒6号、线辣3号产量高、色泽红艳，成为剁辣椒酱的适宜品种。实施品质提升行动，聚广利公司设施蔬菜基地大力推广基质穴盘育苗、水肥一体化、环境因子自动监测与调控等新技术，实现育苗集约化、管理数智化、水肥节约化。实施品牌打造行动，打造了聚利振源辣椒、番茄、蚕豆等多个绿色农产品品牌，提升市场竞争力、提高农业附加值。先后与京东、美团、华润万家、百果园等国内领先的电商平台、连锁超市、农批市场建立供销关系，产品销售全国，出口韩国、日本、德国等多个国家。

镇原县农技中心技术员李银军说："习近平总书记'中国要强，农业必须强，中国要美，农村必须美，中国要富，农民必须富'所赋予农业人肩上的重担。近几年我们依托聚广利农业科技公司，我县北部乡镇的辣椒产业快速发展，带动种植农户不断提升经济效益。全年指导全县种植辣椒3.6万亩，完成订单辣椒3万亩，全年辣椒产量达到了2.31万吨，平均亩产值1847.2元。真正实现让农户种有所收的效果。"

市场化运营　打造强村富民支柱

通过做给群众看、带着群众干、帮着群众赚，最终实现群众自主经营，带动群众增收致富，是乡村产业发展的关键。聚广利公司通过"龙头企业管两端，群众生产中间干"的方式，带动群众及村集体以土地流转、就近务工、订单种植、入股分红等方式，共享全产业链收益。企业共流转土地1040亩，涉及农户163户，每年群众土地流转收入62.4万元。基地所在村年增加村集体收入150万元。每年在聚广利公司设施蔬菜基地和果蔬加工中心就近务工的群众超过300人，生产旺季每天用工达到600人，年实现劳务增收600万元左右，人均年收入在10000元以上。聚广利公司市场部王建广说："镇原县的气候条件非常适宜种植剁酱辣椒，所产辣椒辣味足，色泽红艳品相好，深受镇原家乡饭馆的喜爱。今年公司在镇原县委、县政府扶持下发展订单辣椒3万亩，从前期的技术培训、合同签订、农资选择、智能育苗、移栽定植、田间管理，到后期辣椒收购，都做到了全程跟踪，让种植户看到了希望，尝到了丰收的喜悦。辣椒数字化智慧工厂建成后，可增加就业岗位60多个。除务工增收外，公司还通过辣椒育苗、订单收购等方式，带动镇原0.7万户群众种植订单辣椒3万亩，年产值1亿元，户均增收15000元以上。公司在镇原投资建设了辣椒酱加工厂，收购的辣椒在镇原加工成辣椒酱后发往四川郫县，由当地的企业再生产，由于打通生产、加工等环节，辣椒不存在运输和销售难题，可以为群众带来稳定收入。"

第二章　全链开发类

案例一　创新"四化四链"发展模式　打造百亿级肉鸡全链集群

——甘肃（镇原县）圣越农牧发展有限公司发展典型案例

近年来，镇原县紧扣"农业优先型、工业主导型"发展定位，把肉鸡产业作为兴业、强县、富民的"一县一业"首位产业，引进福建圣农集团，成立甘肃圣越农牧发展有限公司（以下简称圣越农牧），以工业化思维建成1.2亿羽白羽肉鸡全产业链条，探索形成的"四化四链"（种质原料安全化、饲养加工自动化、管控检测标准化、管理系统数智化，全产业链推进多元板块耦合衔接、全供应链推进产品供应内向循环、全循环链推进资源利用变废为宝、全价值链提高商品附加值）发展模式，建成西北地区规模最大、产业链条最完整的肉鸡产业集群，为提升农业综合效益、壮大县域经济、拓宽农民增收渠道提供了有力支撑。

"一体化"建设推动产业集群成链

2018年10月，通过招商引资，福建圣农集团正式入驻镇原县，并成立圣越农牧，规划投资60亿元，按照"三步走"战略（第一步兼并重组，恢复3000万羽产能。第二步扩能上产，达到1.2亿羽产能。第三步并购上市，启动"1.2亿+"产能扩建），实施1.2亿羽白羽肉鸡全产业链项目。目前，圣越农牧已累计投资51.13亿元，建成种鸡养殖场14个，肉鸡养殖场42个，孵化中心、肉鸡加工厂、饲料厂、有机肥厂各2个，分子膜发酵基

地和物流中心各1个，公司现有固定员工2800多人，产能达到1.2亿羽。2024年，完成肉鸡饲养1.05亿羽，出栏屠宰9043万羽，生产鸡肉产品20.78万吨，饲养量占到全省的四分之三以上，实现销售收入19.8亿元。

2023年10月，圣越农牧实现并购上市，成为庆阳市第一家上市民营公司，肉鸡饲养量占全省肉鸡饲养总量的75%以上，助推镇原县跻身国家现代农业产业园创建行列。公司多元辐射拓展市场促融合，推进冷链物流，实施品牌战略，建成仓储配送中心1处，入驻恒冰物流、美团优选、韵达快运等企业22家，开展低温贮藏和冷链运输，可在三日内将产品运至西安、北京、上海、成都等国内主要城市。凭借"自繁、自养、自宰"全产业链模式的优势，圣越农牧生产出的肉鸡生制产品高效、安全、新鲜，现已成为肯德基、麦当劳、华润万家、大润发等35个餐饮巨头和大型商超的长期战略合作伙伴，彻底打响"圣越肉鸡"品牌，鸡肉产品出口蒙古国、香港、俄罗斯等2510吨，实现外汇收入2838万元。

"优字头"服务护航项目速效并进

圣越农牧自成立以来，始终以"优先支持、优质服务、优惠政策"的三优措施，保障1.2亿羽白羽肉鸡全产业链项目顺利推进、量质齐升。一是以优先支持全面给力。省委、省政府连续5年把白羽肉鸡全产业链项目列为省级重大建设项目，确定省级领导专门包抓推进。市委、市政府高度关注项目进展和公司发展，党政主要领导多次深入生产建设一线调研指导，通过专题办公会、"政银企"对接会等为公司破难纾困。镇原县坚持支持圣越农牧就是支持镇原发展、为圣越服务就是为镇原发展服务，研究建立"七个一"工作机制[1]，为项目顺利推进保驾护航。二是以优质服务

---

[1]"七个一"工作机制:指形成一个思想共识,成立一个领导小组及工作专班,商定一个分三步实施的项目发展计划,制定一份年度任务和月进度责任清单,落实一套配套扶持政策,组建一支技术服务队伍,坚持一套"周例会、月调度、年考核"制度。

集中蓄力。在"双千""双百"帮企行动中,市、县政府主要领导主动靠前对接、全程跟进协调,以优质高效的服务激发企业创新活力,聚力打造"办事更高效"的政务环境、"公司更满意"的政策环境、"配置更合理"的要素环境、"支撑更有力"的设施环境、"活力更充盈"的产业环境、"关系更优良"的政商环境,助力圣越白羽肉鸡产业集聚发展、提速增效。三是以优惠政策倾斜助力。省、市、县三级先后为公司配套扶持资金2.6亿元,协调银行贷款18.32亿元,落实减税降费2874.18万元。同时,为公司协调产业园、种鸡场、养殖场、生产用地5196.75亩,配套新建供水工程60处,增容改造输配电线路72公里,新修生产道路119公里,招工6000多人、招聘高校毕业生40名、派遣驻场技术干部30名。同时,通过执行单独水价、最优交易电价、整合宽带线路等措施,平均每年为公司节约水费155.36万元、电费281.1万元、网络服务费56万元。

"全链条"创新赋能企业聚势前行

在长期的产业实践中,圣越农牧探索形成"四化四链"循环生产模式,为公司注入了源源不断的动力,走出了一条科技赋能高质量发展的创新成长之路。其中,引进的中国首个自主知识产权祖代种鸡配套系SZ901,实现了种质原料安全化。孵化、饲养、加工等环节全程微电脑控制温度、湿度、饮水、喂料及通风,实现了饲养加工自动化。全产业链开展食品农残、食品营养等82个项目检测,实现了管控检测标准化。引进环境监控、全程可视、GPS定位等多项智能操控系统,实现了管理系统数智化。全产业链推进多元板块耦合衔接、全供应链推进产品供应内向循环、全循环链推进资源利用变废为宝、全价值链提高商品附加值,实现了多样化初加工,引进国际先进肉鸡屠宰自动化生产线,采用自动风冷降温技术、自动切割转挂技术,提高鸡肉制品冷冻、冷鲜肉、精细分割等初加工水平。精细化深加工方面,正在建设圣农食品(甘肃)有限公司熟食加工

厂，计划总投资 2.5 亿元，设计产能 3.6 万吨，新建肉制品深加工生产线 6 条，主要采用油炸、蒸烤、蒸煮等工艺生产鸡肉熟食制品。高端化综合利用加工，引进畜禽粪便生物处理技术，实现日处理鸡粪 1300 吨，年生产有机肥 12 万吨，采用干燥蒸煮器技术，对羽毛、鸡骨、鸡肠等下脚料进行高温高压处理，年加工羽毛、鸡肠 5 万吨，生产肉骨粉等高蛋白饲料 1.3 万吨。

"四化四链"循环生产模式，确保了"优质玉米种植烘干—饲料加工—种鸡育雏—种蛋生产—鸡苗孵化—肉鸡养殖—屠宰分割（冷冻品）—熟食加工（调理品）—冷链物流-废弃物综合利用"十个链条耦合衔接，"种—饲—养—加—销—余料转化"六大板块闭环供应，构建起了"资源—产品—废弃物—再生资源"的高质量循环全产业链。

"百亿级"集群带动多业跨界融合

一业兴，百业旺。圣越农牧开辟了镇原县乃至庆阳市现代农业发展的新局面，有力地助推当地农业转型升级、农户增收致富、县域经济提速发展。带动农民增收致富，建立"龙头企业+合作社+基地+农户"联农带农机制，2024 年仅消耗饲料 37.9 万吨（饲料主要原料是玉米、豆粕和小麦），实现本地化供应玉米 20.9 万吨、小麦 9.5 万吨、豆粕 7.5 万吨，带动全县 10 万多户农民种植玉米 70.9 万亩、小麦 47.9 万亩、大豆 5.26 万亩，实现纯收入 10.5 亿元，户均增收 2.1 万元。公司固定用工 2600 余人，年务工收入 1.8 亿元。流转土地 726 户 3670 亩，年收入 184 万元。助推三产融合发展，项目全部建成后，年总产值将达到 100 亿元以上，直接吸纳就业 1 万人，间接服务就业 10 万人，可实现利润 11 亿元，税收 2.7 亿元，同时消化大量玉米、小麦等农产品，有效带动全县种植养殖、冷链包装、餐饮住宿、商贸物流、交通运输、建筑房产等一二三产融合发展。引领农业转型升级，圣越农牧"四化四链"发展模式，形成了十个链条耦合衔接、六大板块闭环供应、"资源—产品—废弃物—再生资源"高质量循环的全产业链，为全县草畜、瓜菜、苹果、中药材等其他农业产业延长链条、开展招商引资、实现转型升级发展提供了示范样板和经验借鉴。

"四化四链"模式加速了肉鸡产业转型提质，引领镇原现代农业蓬勃发展。圣越农牧崛起助推镇原县域经济高质量发展。在这片充满生机与活力的黄土地上，勤劳智慧的镇原人民依靠肉鸡产业发展引领正在绘制着幸福美好的新生活画卷。

案例二　坚持绿色发展　健全苹果产业体系
——宁县建立"三高五化"模式加快苹果产业全链条发展

宁县苹果产业历史悠久，种植面积较大，品种多样，技术成熟，管理体系完善，引来了众多果业企业考察投资。近年来，宁县依托国家现代农业苹果产业园建设，全力打造现代苹果全产业链，探索建立"三高五化"（高定位、高科技、高效益，苗木良种化、栽培矮密化、生产机械化、水肥一体化、产品标准化）苹果生产模式，以工业化思维、现代化理念、标准化生产，形成优质种苗、高端基地、储藏分拣、电商销售、外向加工融合发展的现代苹果产业体系，产生了良好的社会效益、经济效益和生态效益。

厚植产业优势　打造高端苹果基地

沃野田畴，雨露润泽。近年来，宁县充分利用国家农业产业园创建契机，大力推进苹果产业提质增效，全面厚植产业振兴新优势。一是充分发挥地理优势。宁县地处"天下黄土第一塬"董志塬，位于全国苹果生产最佳纬度区，是农业农村部区划的中国优质苹果栽培的最佳优生带，完全符合全国苹果区划报告提出的优质苹果生产的7项气象指标和6项辅助指标。宁县海拔高、光照足、温差大、土质疏松且土壤富含微量元素，具备苹果生产得天独厚的自然条件，苹果种植历史悠久，口碑极佳。二是积极打造种苗优势。宁县引进推广最先进的无毒、无性繁育技术，选取最优质的砧木，研发培育适于本地生长的M9-T337等自根砧苗木，持续引进、推广"红、黄、绿""早、中、晚熟"的苹果矮化密植新品种20余种，建成种质资源圃300亩、新品种试验田100亩，收集优质品种200多个，建成全国最大矮化自根砧苹果基地，被农业农村部和财政部认定为国家现代农业产业园。三是培育壮大规模优势。宁县严守耕地红线，对适栽区域、已栽基地插花地块及老果园挖除的塬面地块，全面发展矮化自根砧苹果，通过低效果园改造、密闭园改造、配置授粉树等方式，全县优质果园面积保持在25万亩，其中矮化密植11万亩。充分利用和盛工业园区企业及电商物流中心的优势资源，建设了集高端种植、贮藏加工、分拣包装、电商物流、质量检测、果旅融合等为一体，占地1000亩的西部苹果国际商贸港。

强化科技支撑　支撑引领绿色发展

科技是农业发展的第一推动力。宁县持续规范生产技术，强化院企合作，完善配套设施，持续强化苹果产业科技支撑。一是统一技术规范。研究制定《矮砧密植苹果病虫害防治技术指引》《矮砧密植苹果肥水一体化管理技术规程》《M9-T337自根砧繁育技术规程》等11项生产技术规范，通过中国国际贸易促进委员会在全国团体标准平台进行发布，形成全县统一生产标准。二是成立技术团队。充分发挥科研和技术优势，与西北农林科技大学、甘肃农业大学、陇东学院等3所高校合作建立教学基地，定期开展技术指导和技术培训，落实配方施肥、科学修剪、高接换优及病虫害防治技术。聘请美国华盛顿州立大学卫德鲁成立落地团队，建立苹果田间大学，举办"技术沙龙"，开展人才培养、决策咨询、新产品新技术推广示范、科学研究和成果推介。三是强化数字赋能。充分利用全国一体化算力"东数西算"枢纽节点政策机遇，建立果园大数据中心，通过卫星实时遥感，掌握果园的气象、生产、土壤、销售等情况，配套"慧种田"App，及时为农户开展技术、农事、农机、价格等服务。四是完善配套服务。开展果园春季低温冻害防治试验，搭设配套防雹网、防霜机、防雹炮台，购买苹果灾害保险，降低霜冻、冰雹等自然灾害影响。推行苹果"期货+价格保险"，在苹

果滞销时启动"三个零利润"营销（贮藏、在线销售、快递），保证果农稳定增收。

强化延链补链　加快产业融合发展

宁县结合苹果产业发展因地制宜，做大做强果产品精深加工延链补链强链文章，大力培育以龙头企业、合作社、家庭农场等各类新型农业经营主体分工协作、促进苹果产业规范化、精细化管理，持续构建涵盖苹果种植、加工、包装、物流、电商、会展、销售、休闲的全产业链体系。一是加快招商引资"扩产能"。积极探索新业态新模式，促进苹果产业从单一化向多元化发展转变。在西部苹果国际商贸港大力开展招商引资，引进建设苹果干、浓缩果汁和苹果粉等项目，建成两层高标准苹果主题梦工厂，涵盖电商直播、果品质量检测、会议培训室、果产品和文化展览等功能，配套完善集住宿、餐饮、休闲娱乐、购物于一体的庆新庄园酒店、昊智酒店2个、大型超市1个。引进从事浓缩苹果汁生产与出口的庆阳宁州长城果汁有限公司，年收苹果原料10万吨，出口欧洲、美国等国家，年创汇收入超1200万美元。二是精准分拣定级"强供给"。将不同品质的果品进行分类，提高果品的附加值和市场竞争力，全县建成高标准分拣及商品化处理线3条，通过对每个苹果全角度拍照40张，将苹果分选为26个等级，每小时可完成20吨苹果的分级和包装，进一步细分苹果消费市场和消费群体，让每一枚苹果"金"光闪闪，实现了好果卖好价。三是完善冷链物流"优布局"。通过整合政府项目，累计建成果品冷库、气调库和果蔬保鲜库47座，库容能力达到20万吨，实现了周年新鲜供应、"错峰"销售。引导金农公司、庆新果业公司、众合合作社、太阳圣火、惠泽塬等果业企业先后入驻西部苹果商贸港，协同发展农业产业化联合体，实现产业技术、物流设施共享。入驻商贸港的庆新、金农公司分别建成2万吨苹果保鲜库和智能化分选包装线，库容能力达到4万吨。四是开展精深加工"提质效"。

按照等外果"吃干榨尽、增值增效"的思路，建成加工企业16个，疏花果和果皮加工苹果多酚，生产面膜。残次果生产果汁、果粉，高拣果加工苹果细胞水、冻干食品等。引进从事生产冻干苹果干（粉）等创新产品的新动力食品科技（甘肃）有限公司，投资运行绿色冻干食品生产线，年产冻干苹果干（粉）等3万吨以上。引进沃众农业苹果专用黄腐酸有机肥厂，为周边果企与合作社提供了全方位的技术支持与优质肥料供给。

做强后端市场　构建品牌价值体系

打造区域特色品牌是提升农产品价值、实现农民增收的有效途径。宁县通过建立完善市场营销、带农增收机制模式，持续加强后端市场打造，优化农业全产业链附加值，不断提高农业生产效率和提高市场竞争力。一是建立"农业+电商"模式。西部苹果国际商贸港以庆新电商中心为纽带，通过阿里巴巴、天猫、拼多多等平台发展苹果销售网店与微商，将宁县苹果先后销往国内外20多个省市（州），2024年销售量5.8万吨、销售额2.55亿元，每年稳居全国同类销售企业前列，荣获"阿里巴巴1688"十大实力供应商奖。二是建立"线上+线下"模式。积极开拓北京、上海、天津、浙江等地区市场，出口新加坡、东南亚等国外市场，与北京新发地批发市场、大润发、阿里数农等国内知名企业建立了合作关系。三是建立"联农带农"模式。组建国有金农扶贫开发有限公司，负责建园、经营、管理。成立聚农资金专业合作社，组织5914户脱贫户、241个村集体入股金农公司，负责监督公司运行。引导鼓励农户以土地、资金入股获得财产收入，三者结成利益联结共同体，提高了苹果产业发展的组织化程度。西部苹果商贸港年消化苹果量达35万吨，季节性带动就近转移就业1500多人，极大地促进了全县苹果生产企业的协同发展，为宁县苹果产业的壮大和县域经济的持续繁荣注入了强劲动力。

案例三 健全肉羊产业体系 激活"全链开发"新动能

——环县坚持"五全五化"全链推动肉羊产业提质增效

环县是古边塞要地，古时为农牧交错地带，拥有760万亩天然草场和1.7万条富含矿物质沟道的土地，以其得天独厚的自然条件孕育了营养物质丰富、易消化的优质牧草，为羊产业的发展提供了坚实的基础。近年来，环县立足资源禀赋，抢抓全产业链典型县和国家农业现代化示范区机遇，坚持以构建产能相促、循环互补的"三元双向"循环绿色农业为主线，聚焦"五全五化"绿色养殖体系建设，持续健全完善"三羊开泰"产业体系、"七位一体"经营体系、"五级二元"生产体系，持之以恒走"引育繁推一体化、种养加销一条龙"的全产业链、全价值链、全循环链高质量发展路子。

全舍饲工厂化养殖

环县坚持工业化思维发展现代羊业，外引内育加快现代化基地建设，全面普及推广工厂化养殖模式。一是引培现代化制种基地。引进培育全国现代设施农业创新基地——甘肃庆环肉羊制种基地，联合澳洲肉羊技术专家，自主研发输送带饲喂系统、母子栏和羔羊补饲栏等先进设施设备，依托物联网控制系统，建立全国第一套机器人自动饲喂、记录分析、手持式扫描、产品信息追溯等汇聚一体的羊群管理系统，生产设备联网数占智能化、自动化设备总量的比例达到60%以上。二是建办自动化规模养殖场。2018年来，按照"八有"标准和"五统一"建设要求，对照供水、通风、清粪、饲喂"四个自动化"标准，对建办的368家养羊合作社圈舍进行全面升级改造，普及成羊羔羊"分圈养"、孕前孕后"分灶吃"等精准精细管理模式，以数字化、智能化管理提升生产效率，全县湖羊基础母羊年均产羔达到3.2只以上，羔羊平均成活率达到95%以上。

全价饲料标准化饲喂

在推进"三元双向"循环农业模式的探索推进中，环县按照"粮经饲统筹、种养结合，以羊定草、以草保羊"的思路，全面推进粮草、粮经、粮饲循环综合利用。一方面，调优推广"环县配方"。大力推广科学配方养殖、加大配方饲料科研攻关，深化与中国农科院兰州畜牧与兽医研究所、国家乡村振兴重点帮扶县科技团队合作，研发调优零添加、零激素、零药物的"环县配方"饲料，示范推广全混合日粮（TMR）、全发酵日粮（TMF）技术和定时定量、分群精准饲喂。另一方面，生产配送"平价饲料"。坚持优化饲草配比和全日粮喂养模式，以培育"有机羊""药膳羊"等高品质羊肉产品为重点，依托建成配方饲草料加工点34个，年生产配送平价配方饲料1.8万吨以上，支持养殖场户降本增效配方饲喂，保障环县羊肉肉质鲜美、营养丰富、有机低碳。

全基因组良种化选育

环县以良种为基础，以科技为支撑，从良种选育入手，坚持科技创"芯"赋能"种业振兴"。一是建成先进的研发平台。庆环公司与国内外专家合作建成"两线四室两中心"（冻精生产线、胚胎生产线，基因组育种实验室、基因编辑实验室、营养分析室、疫病检测室，人工授精中心、胚胎移植中心）研发平台，配备移动式CT扫码仪、肉羊屠宰试验车间等先进设备，正在与崖州湾国家实验室合作建设现代肉羊种业研发（甘肃）基地。二是成立顶级的科研团队。联合崖州湾国家实验室、中国农科院、国家乡村振兴帮扶科技团队、甘肃农业大学等科研院校一百多名专家、教授建立国际、国家、地方"三支团队"，开展人才培育、科技开发、肉羊新

品种等专精特新技术研究和新技术示范推广等工作，推动本地产业与国际技术全面接轨，逐步把环县建成国家级良种培育输出基地，全国先进肉羊生产性能、肉品质测定和种羊鉴定中心。三是掌握前沿的攻关技术。为推进肉羊产业科技成果在环县的转化与应用，支持庆环公司联合崖州湾国家实验室、中国农业科学院兰州畜牧与兽药研究所等科研团队创新推广"五个一"制种技术（一天配1000：利用人工授精技术，每天可以配种1000只基础母羊。一扫三二一：利用B超技术，可以知道母羊怀孕是三胎、两胎或者单胎，为补饲分栏提供科学依据。一变36：利用胚胎移植技术，一年内每只顶级母羊可以复制成36只同样优秀的个体。一比1万：一只优秀公羊的基因，每年可以满足1万只基础母羊的繁殖需要。一测定多羔：通过基因检测技术，筛选出染色体带双"G"基因的高产羊群）和"三级二元"杂交提产行动，合作开展肉羊基因编辑研究、湖羊种质资源研究、规模化肉羊克隆、湖羊全组织发育图构建试验等良种繁育技术研发，累计培育"中环肉羊"核心育种群5571只，移植克隆胚胎5774枚，完成多胎基因检测3060只、性能测定3157只，成功突破羔羊快速繁育和优质肥羔生产两项技术难题。建成二元杂交示范场87个、示范户1424户，示范带动全县养殖场户实施"三级二元"杂交提产行动，全年人工授精授配湖羊基础母羊5.74万只，为环县肉羊优秀基因大范围推广、优秀个体加速复制带来了更多的创新成果和发展机遇。

全畜群动物疫病净化免疫

树牢"舌尖上的安全"理念，环县坚持把动物疫病防控作为以羊产业为主的畜牧业健康发展、动物产品质量安全、公共卫生和生物安全的"基本盘"。一是消毒灭源。采取全民动手、集中时间、统一行动的方式，大力实施"大清洗、大消毒"行动，指导消毒23万余场（户）/次，有效净化了养殖环境、阻断了传播途径。二是动物防疫。坚持"属地管理、部门监管、分级负责、群防群控、联防联控"的工作机制，采取政府购买服务的方式，择优选聘村级产业指导员262人，履行动物防疫、技术服务、保险办理等"七大员"职责，保障了免疫密度和效价的"双达标"，构筑了坚实有效的免疫屏障。三是布病净化。2019年来，按照"分类净化、挂牌管理"的原则，在全省率先开展"无规定动物疫病区"创建工作，采取七轮全覆盖检测净化和6个100%分类检测净化相结合的方式，检测羊只595万只（2024年检测羊只30.15万只），成功创建甘肃庆环肉羊制种公司无疫小区，布病净化成效明显，达到县级控制标准。四是智慧监管。严格落实产地检疫、调运监管、屠宰检疫等制度，在"甘肃省动物检疫监管平台"开启动物检疫监督智慧监管功能。2024年，共落地监管、产地检疫、屠宰检疫畜禽75万只（头、羽），注册备案养殖场企户3371家，监测入库规模养殖场户267家，"瘦肉精"检测排查羊只35.3万只，确保"环县羊肉"品与质相合、质与价相符、价与效双升。

全过程废弃物资源化利用

按照"减量化、无害化、资源化、生态化"的原则和"源头减量、过程控制、末端利用"的治理路径，环县探索小农户闭合循环和养殖场企大区域互动循环"两种模式"，推进畜禽粪污减量化生产、无害化处理、资源化利用，形成"畜禽—有机肥—饲草""畜禽粪污—集中收集—有机肥生产"种养互补循环体系。2024年全县产生畜禽粪污160.08吨，其中综合利用量133.06吨，粪污资源化利用率达到83.12%，为打造环县绿色、有机羊肉产品品牌奠定了坚实基础。围绕构建闭合循环模式，推行化肥减量行动，鼓励养殖户定期对养殖圈舍打扫清理，采用"堆肥发酵还田、田间地头覆土发酵"等方式实施粪肥还田、种粮保产、种草养羊。围绕构建区域循环模式，引进沃农生物、正禾有机肥厂，促进化肥减量化、草品有机化利用。支持养殖场企配套建设标准化"三防"堆粪场（防雨淋、防渗漏、

防外溢）2万平方米以上，污水收集池、化粪池、雨水收集池5.2万立方米以上，有效减少粪（污）水外流，雨污分流健康养殖。建成病死畜禽无害化处理收集暂存点11个，对病死畜禽统一收集、集中处理，有效降低了动物疫病传播风险和面源污染风险。

案例四　延链补短　做全产业

——西峰区创新"1234"模式助力生猪产业延链补链

近年来，西峰区把生猪产业作为"一县一业"主导产业，按照"强龙头、建基地、延链条、育业态、强监管、增效益"的思路，以正大集团为龙头，以"三定""六统一"为支撑，通过"1234"模式实现生猪全产业链发展，推进饲料加工及粪污资源化利用，构建繁育加销一体化生猪产业格局。2024年，全区生猪饲养量达到30万头，生猪产业实现产值20亿元。

"1"："一个集团龙头"构建联结机制

西峰区探索形成了以正大集团为带动，以"三定"模式为支撑，以"六统一"为核心的"136"生猪产业发展机制，降低了生猪价格波动市场风险，确保了生猪产业稳定发展。以正大集团为龙头的群众利益联结机制。通过"龙头企业+合作社+农户"的生猪产业发展体系，拓展生产经营、入股分红、务工就业、土地流转、资产租赁等多元增收渠道，保障群众持续稳定增收。"三定"模式为支撑的产业稳定发展机制。通过定仔猪、饲料价格，定育肥猪回购标准，定育肥猪回购价格，确保养殖户在养殖环节每头生猪20～25元的稳定收益，并根据市场不同行情获取梯次养殖报酬。目前，全区以"三定"模式组织生产的育肥基地15处，存栏规模7.74万头。"六统一"为核心的质量效益保障机制。通过统一良种繁育、饲料供应、技术指导、疫病防控、购买保险、回收屠宰，有效防控生猪养殖疫病风险，促进全区生猪产业稳定发展。

"2"："两个全覆盖"实现助农增收

"三定"模式不仅解决了传统养殖户生产效率低、销售渠道窄等问题，而且通过统一供应和管理，降低了市场及疫情风险，提高了生产效率，促进了农业产业化的发展，实现了全区5230户已脱贫建档立卡户和97个村集体入股分红"两个全覆盖"。区属国有公司、合作社先后承接脱贫户入股资金9700多万元，按照5%～8%的比率进行分红。仅生猪一个产业，村均年可分红1.2万元，3151户脱贫户年均分红1280元，2079户三四类已脱贫户户均分红960元。既填补了村级集体经济发展的空白，又破解了贫困户不能合理利用扶贫资金发展产业的难题。2024年上半年，在毛猪价格每千克14元的情况下，非"三定"养殖户每头育肥猪亏损约200元左右，"三定"养殖户养殖单头毛猪仍可获利70元，近期市场毛猪价格为16元每千克，"三定"养殖户养殖单头毛猪可获利289元。

"3"："三个集群"完善产业链条

西峰区围绕打造生猪产业"三个集群"，构建起完整的生猪繁育、育肥、屠宰、加工、销售一体化全产业链。前端拓展种猪繁育。从国外引入曾祖代原种猪进行祖代种猪选育，建成正大集团彭原草滩6000头祖代种猪场及雨润集团彭原上何2000头、天兆集团后官寨沟畎600头、上海贝格曼肖显2400头、广州珏辰芮岭2400头种猪繁育场5处，存栏能繁母猪1.34万头，年白猪繁育能力35万头，有效保证全区仔猪供给需求。中端扩大育肥规模。按照"龙头企业引领、合作社组团发展、农户入社多元增收"的思路，组建区属国有农投企业康峰富民公司，建办生猪养殖合作社100个，通过招商引资、承接产业资金、鼓励企业和合作社自筹、撬动银行贷款等多种方式，共建成500头以上规模育肥基地30处，其中正大集团建成3处，区属国有农投企业4处，合作经济组织建成23处。2024年，全区生猪存栏量15.01万头，出栏15.04万头，生猪产业实现产值20亿元。后端延伸加工销售。建成雨润集团100万头、正大集团30万头、宗瑞5万头生猪屠宰加工生产线，设计生猪年屠宰量135万头。正大集团在西峰城区布设正大优鲜旗舰店1处、肉食品专卖店6处，推行"中央厨房+冷链配送+直营门店"模式，通过线上线下结合促进产加销融合发展，实现从基地、工厂到餐桌的"一条龙"生产供应，推动生猪全产业链循环发展。

"4"："四大工程"助推绿色发展

西峰区现有500头以上生猪规模养殖场35处，全年产生畜禽粪污42万吨。为有效解决粪污污染及资源化利用问题，实现养殖到种植的循环发展，按照"种养结合、循环发展"的思路，争取中央预算内投资补助粪污资源化利用整县推进项目，实施粪肥利用"四大工程"（全区15个规模养殖基地新建PE膜暂存池5万立方米，200户规模以下养殖户建设30立方米集成式水泥粪尿一体暂存罐120个，购置吸粪车20辆，建设年15万吨农业废弃物集中处理中心1处），项目建成后，将对全区规模养殖场和养殖大户的养殖粪污进行集中收运、无害化处理及有机肥生产，年均可为36万亩粮食、13万亩优质苹果、0.5万亩樱桃提供有机肥料。同时，采用粪水还田技术，对发酵后的粪肥进行精深作业、就近还田，实现粪污资源化利用和果菜有机生产，粪污资源化利用率将达到95%以上。2025年计划招引新建产业化饲料加工厂1处，为生猪养殖提供优质饲料，形成以养促种、以种促养的循环发展格局。

案例五　铆足"牛劲"兴牛业　链式开发生"牛财"
全力推动肉牛产业链式发展

——正宁县全链条打造肉牛产业核心品牌

正宁县聚焦"陇东早胜肉牛"核心品牌，以龙头企业为牵引，以产销对接为导向，坚持联动推进、良种繁育、营养保供、扶持保障、拓市营销多措并举，走出了"科技企业保种扩繁供良种、千家万户订单养牛搞繁育、合作社回收牛犊吊架子、龙头企业育肥屠宰深加工、有机肥厂以粪换肥双循环、饲草企业科学配方搞配送、专业乡村连片集群扩规模"的发展路子，全力打造陇东早胜肉牛全产业链、全价值链、全循环链发展。2021年，正宁县在全省现代丝路寒旱农业优势特色产业三年倍增行动现场推进会、全市现代农业产业体系现场推进会推广了正宁经验。

强化政策扶持　专班高位推动

正宁县坚持以利好政策撬动，行政专项推动为路径，推动肉牛全产业链开发。一是出台利好政策。在深入调查研究的基础上，编制陇东早胜肉牛产业五年发展规划，出台《"早胜牛"肉牛产业发展扶持办法》《肉牛产业贷款贴息管理办法》等一揽子配套政策，明确了龙头企业、家庭农场、养殖专业村、专业户奖补标准，为产业发展注入了强心剂。先后累计整合各级各类财政资金2亿多元，入股企业（合作社）配股资金1.1亿元、落实肉牛"见犊补母"补贴18096头3619.2万元。二是搭建融资平台。推行"政府+企业+银行+保险+合作社（养殖户）"养殖联合体合作运营模式，搭建"银企担"合作平台，发放涉牛支农贷款1.52亿元，落实肉牛农业保险补贴174.23万元，鼓励肉牛养殖户购买商业保险378万元。

三是组建工作专班。成立农业产业化提升工作领导小组，组建产业突破提升工作专班，建立"五个一"（建立一个产业一套班子、一套实施方案、一套扶持政策、一套专家团队、一套考核体系）工作机制，县级干部挂帅，抓谋划、抓争引、抓落地、抓推进，制定《重点工作重大项目主导产业担当作为抓落实考核办法》，激励引导各级干部担当实干，为发展壮大肉牛产业提供了坚实保障。

壮大基地规模　龙头示范带动

正宁县以产业链链长制为抓手，围绕"四化"（基地规模化、生产标准化、营销品牌化、产业集群化）目标，全力推动肉牛产业集群式发展。一是建基地扩规模。着眼规模化、集群化、全链条发展，规划建设"三园一场一馆三中心"（2万头现代肉牛产业园和2个5000头肉牛产业示范园，国家级良种繁育场，陇东早胜肉牛科技展览文化认知馆，良种繁育（选育）中心、大数据中心、饲草营养配送中心），培育形成五顷塬、西坡2个肉牛养殖专业乡镇，高红、石湾子、龙咀子、佛堂、李家川村、解川村等7个专业村，招引肉牛养殖龙头企业20多家，培育发展肉牛养殖专业合作社36家、家庭农场76个，发展养殖大户228户、散养户2314户、6头以上标准化示范户1107户。二是保种质扩种群。按照"保种扩繁、提纯复壮、高效繁育"的思路，优选保种，发挥早胜牛地理产品标志优势，开展早胜牛种质资源普查、提纯复壮、保种繁育工作，采取基因测序、系谱鉴定等技术手段，对早胜牛种质资源进行研究，建立早胜牛遗传资源库，组建早胜牛保种群，实施陇东早胜牛种群复兴计划。先后建成国家级良种繁育基地、陇东早胜肉牛良种繁育（选育）中心、50头种公牛站及采精大厅。三是创品牌拓市场。立体化创品牌，设计"陇东早胜肉牛"品牌标识，制作肉牛产业发展专题片，聘请全国畜牧协会牛业分会会长许尚忠为陇东早胜肉牛代言，邀请张保和创作拍摄《你说这牛牛不牛》陇东早胜牛

产业宣传音乐快板，充分挖掘陇东早胜牛历史渊源和文化内涵，建设陇东早胜牛科技展览文化认知馆和大数据中心，打响"陇东早胜牛"品牌。多层次拓市场，坚持线下线上结合，推进"农超对接"，通过东西部协作、网络直播带货、在一线城市设立销售窗口（专柜）等方式，拓宽销售渠道，申请注册了"正小红"高端早胜肉牛雪花牛肉品牌，开展优质牛肉品鉴、牛肉美食节活动和系列专场推介会，开发以陇东早胜牛文化为元素的地方特色产品，"把好品摆上好架板、让好肉卖出好价钱"。四是抓科技赋新能。由吴建平教授牵头与世界6名一流肉牛专家组成团队，联合开展陇东早胜牛提纯复壮、良种繁育等技术攻关。实施陇东早胜肉牛产业发展千人培训计划，深入开展饲养技术、饲草配方、成本管控等培训，分层分类培训养牛管理人员、专业技术人员、养牛大户等1080人次，招聘大学生"牛官"26名。组建专业技术服务团队，实现了94个村全覆盖。县乡124名防疫人员分片包抓企业、合作组织、家庭农场、养牛大户等主体450多个，开展全天候常态化技术服务和疫病防控，形成上下联动、多点发力的技术服务保障体系。

科学配方饲养　提质赋能拉动

肉牛大发展，粮草是关键。饲草保障是发展肉牛产业的重要基础。正宁县积极采取国家"粮改饲"项目，通过开展订单种植，优化饲草配方，实行统一配送，建立一套完备的饲草生产体系。采取"扶持群众种草+招引企业做草+统一配方供草"的方式，保障饲草料供应。订单种植，以"粮饲一体化"为方向，大力推广全株玉米青贮技术，加快建设优质饲草种植加工基地，形成了稳定、优质、高产的饲草原料供应保障体系。依托草业公司、合作社和养殖大户，与农户签订青贮玉米回收协议，积极扶持群众种草，推广玉米全株青贮，按照每亩1200元的价格回收。群众年均种植玉米10万亩、紫花苜蓿0.5万亩、小杂粮3万亩，其中种植青贮玉米达

6.6万亩，玉米秸秆转化利用率达到85%以上。每年提供青（黄）贮饲草26.4万吨以上。优化配方，建设正环荣饲草加工厂和禾丰早胜肉牛营养配送中心，采取"扶持群众种草+招引企业做草+统一配方供草"的方式，推动秸秆"全转化"，供应优质"全日粮"，由"有什么喂什么"向"需什么喂什么"转变。建立"饲草银行"，在饲草中添加富含欧米伽3的紫苏油渣，推动饲草由"自产单一料"向"配方营养料"转变，形成陇东早胜肉牛饲料"正宁配方"。统一配送，统一配方供草，支持养牛企业和饲草加工企业生产满足陇东早胜牛营养需求的饲料产品，建立"饲草银行"，推动饲草由"自产单一料"向"配方营养料"转变，形成陇东早胜牛饲料"正宁配方"，构建集种植、青贮、加工技术一体化的优质陇东早胜牛营养保障体系。

聚力全链发展　多元融合联动

正宁县坚持"全产谋划、扩规提质、要素聚集、全链发展"，做强产业链、打造循环链、提升价值链。一是种植绿色化。鼓励公司、合作社、农户使用有机肥种草，建成有机肥厂3家，年推广有机肥、农家肥替代化肥15万亩以上，粪污资源化利用达95%以上，推动形成了"有机草—有机牛—有机肥—有机草"种养循环模式，实现种草养牛两促进、品质效益双提升。二是带动多元化。结合农村"三变"改革，积极探索建立利益联结机制，藏牛于户、联动发展，采取寄养代繁、户托社养、股份合作、订单养殖等多种方式，对生产的长到150～200千克的牛犊，由合作社不低于1万元的价格回收。对体重300千克左右的架子牛，由龙头企业回收集中育肥，带动农户养牛3.5万头。参与肉牛养殖户户均年纯收入7万元左右，带动务工就业1.09万余人（其中脱贫户2700余人）。三是发展融合化。建成顶旺肉牛屠宰及肉食品加工厂和农产品仓储保鲜、冷链物流及配送中心，开发牛肉干、牛骨粉、牛皮腰带等产品，推动了农业由"卖原字号"向

"卖制成品"转变。围绕肉牛产业延链扩链，带动发展餐饮养生、民俗旅游、田园体验等业态，建立了集加工、生产、仓储、食品销售为一体的全产业链项目矩阵。

案例六 "三端"发力 推动奶羊产业"全链"融合
——合水县大力构建奶羊全链条产业体系

近年来，合水县以发展"三元双向"循环农业为导向，聚焦创建奶羊省级现代农业产业园，以"繁育基地强种源、养殖扩群优奶源、羊乳产销增财源"为主线，围绕"一个中心、六大体系、多点发展"布局，累计投资5.81亿元，倾力培育奶羊"一县一品"特色产业，逐步形成链条完整、功能多样、业态丰富、利益联结紧密的奶羊产业格局，构建集种养、加工、销售、服务于一体的现代化全链条产业体系，擦亮了以产业兴旺促乡村振兴的靓丽名片。

"前端"深研细谋 产业化布局强引领

合水县地处子午岭腹地，植被水源充足，资源禀赋独特，为畜牧业发展提供了绝佳条件。近年来，合水县把奶羊产业作为促进农民增收致富的特色优势产业，充分结合奶山羊个头小、吃得少、繁殖快、乳质优，对场地、饲料要求不高，投入少且收入相对稳定的特点，按照"龙头引领、示范带动、多点发展"的思路，科学谋划布局，加大政策扶持、技术支持力度，优化良种繁育，全面提高奶羊产业综合生产能力。一是科学制定产业规划。按照省、市现代丝路寒旱农业优势特色产业三年倍增行动计划，谋划提出实施奶羊培育工程。科学编制《合水县现代农业产业园（奶羊）建设规划（2021—2025年）》，研究制定创建方案，全面梳理项目库，借助农业供给侧结构性改革、乡村振兴战略实施等重大战略机遇，明确发展目标、核心区域，在10个乡镇大力发展奶羊产业，2025年奶羊存栏达到11万只以上，培育形成合水奶羊"一县一业"优势特色产业。"立足'小而

特、特而优',聚力打造县域特色优势产业,通过积极构建现代农业产业体系,全面拓宽群众增收致富渠道。"二是精准研制扶持政策。研究制定奶羊产业发展实施方案,出台支持中小养殖场(户)发展、羊只补助、圈舍补助、粪污处理补助、驻场兽医补助等3大类12项政策,支持类型相同的合作社进行重组或组建区域性农民专业合作社联合社,鼓励群众新(扩)建养殖场、新建家庭农场、发展分散养殖,实现增收致富。目前,累计发放奶羊产业补贴资金2100万元。三是深入推进地校合作。着眼科技赋能,采取"政府主导+科研团队"模式,与西北农林科技大学签订地校合作协议,引进经验丰富的专家团队,通过研发推广现代化育种技术、奶羊养殖技术规范、育成羊饲养管理规范、TMR饲喂规范,建立了萨能奶山羊系谱档案和良种核心群、东弗里生奶羊良种繁育群、奶羊新品种核心群,全面提升了奶羊产业科技化水平。四是持续优化良种繁育。针对奶羊品质参差不齐、产奶量不稳定等问题,建成标准化奶羊良种繁育中心,从澳大利亚进口萨能奶山羊1550只、东弗里生奶羊200只,利用基因精准选育技术,对全县奶羊种群进行改良,每年为规模化养殖场和分散养殖户供应优质高产奶羊2500只以上,预计2026年全县奶羊良种覆盖率可达到95%以上。

"中端"集群扩量　精细化服务优保障

在奶羊产业发展中,合水县坚持种养结合、农牧一体,以打造奶羊示范乡镇、核心养殖区块为抓手,按照建设标准、饲养技术、疫病防治、良种供应、技术培训、鲜奶收购"六统一"管理方式,全面发展壮大奶羊产业。一是扩大养殖规模。采取"招引、强内、培优、树品"的方式,按照"龙头引领、示范带动、多点发展"的思路,持续扩大养殖规模。目前全县奶羊饲养量达到10.5万只,建成奶羊繁育中心1个、奶羊养殖场151个,辐射带动全县10个乡镇打造集饲草种植、饲料生产、羊只养殖、鲜奶收购于一体的奶羊示范点，发展一般养殖户1023户，引进羊奶收购加工销售龙头企业2个。二是强化饲草供应。大力发展以紫花苜蓿、饲用玉米、甜高粱为主的优质饲草生产基地，引导群众在撂荒地、塬边四咀和旧庄基复垦等地块种植饲草，全县饲草面积达到4.4万亩。全面推广饲草青贮、秸秆裹包青贮、全株青贮等加工技术，开展订单生产，提高生产、加工、收储能力，建成饲草料收贮加工厂16个，年生产青贮、干草等各类饲草料15万吨，促进秸秆饲料转化应用。三是健全技术服务。借助西北农林科技大学技术团队力量，为全县奶羊养殖场（户）提供全方位养殖技术服务。选派优秀骨干人员到西北农林科技大学、大型养殖场、奶羊生产基地等跟班深造、实践锻炼、现场学习，培育本土化"羊专家"28名，为全县奶羊产业发展提供技术保障。张洪运是合水县农兴农民养殖专业合作社的一名饲养员，每天除了照料自己合作社的奶山羊，经常帮助周边养殖户指导养殖技术，为了给奶山羊提供舒适的饲养环境，羊舍里都用竹板搭建起"羊床"，奶山羊的日常活动都在"羊床"上，这样可以实现羊、粪分离。"奶山羊比较娇贵，习性温顺，喜欢干净……"提到奶山羊的饲养方法，张洪运说得头头是道，已是周边小有名气的"奶羊专家"。四是加强疫病防控。成立县畜牧兽医站和12个乡镇农业农村综合服务中心，聘请动物防疫员81名，建立技术人员包乡、包养殖场（户）制度，规模养殖场均有驻场兽医。坚持春秋两季布病采血和抽样检测，全面提升疫病防控能力，确保奶羊产业健康发展。"通过全面执行奶山羊'程序化免疫'技术规范，落实全年5种疫苗7次防疫工作要求，完成羊只春秋两季布病采血和抽样检测，提升疫病防控服务能力。"合水县中申农科有限责任公司总经理杨寅晨说。五是优化配套设施。以秦直乳业实验室为依托，采购生鲜羊乳检测仪器设备、检测所需的试剂试纸，由西北农林科技大学专家团队提供技术支持，建成生鲜羊乳检测中心1个，为全县奶羊养殖场（户）提供生鲜羊乳检测服务，同时对羊乳不合格原因进行分析，提出改进措施，

提供技术指导。

"后端"多元融合　链条化发展增效益

合水县围绕全产业链、全价值链、全循环链建设，在奶羊产业调结构、转功能、提质量、增效益上积极探索，走出一条现代化奶羊产业发展新路子。一是完善联农带农利益链。大力推行"龙头企业+合作社（家庭农场）+农户"的联农带农模式，鼓励支持规模养殖场、家庭农场通过富余劳动力培训、产业扶持、科技入户等方式，调动农户参与奶羊产业发展的积极性，合作社每养殖50只奶羊，带动1户农户养殖10只奶羊。目前，全县奶羊全产业链总产值13.69亿元，带动群众务工1.8万人次，户均增收3万元。二是畅通产销对接供应链。立足县域自然条件优势，携手西安百跃羊乳集团，建成百跃羊乳（合水）古象有限公司，研发百跃菁优、纽贝能素、益贝比3种品牌和9个系列的婴幼儿乳粉配方、13个系列的调制乳粉。培育甘肃秦直乳业有限公司，创建"古象缘"品牌全脂羊奶粉、学生营养羊奶粉等4款产品，成功塑造了区域品牌，构建市场效应明显的产销体系。公司选择在合水县落户，一方面看重合水县"古象"牌奶粉近半个世纪的乳粉生产经验和奶羊产业发展的良好前景，另一方面是合水县良好的生态环境，丰富的饲草资源以及悠久的养殖传统，都给产业发展打下了良好的基础。三是构建粪污利用循环链。大力构建"三元双向"循环农业体系以搭建种养良性循环、协调发展绿色桥梁为目标，对全县奶羊养殖场产生的粪污进行集中资源化循环利用，通过引进生物发酵、高效有机肥生产、配方施肥等先进技术，建成有机肥生产企业3家，年处理粪污5.5万吨，生产有机肥2万吨，实现奶羊养殖场清洁生产、生态农业建设和循环经济均衡发展，经济、社会和生态效益有机统一。四是做活三产融合产业链。以创建"合水羊乳"品牌为突破，利用县域优势文化资源，突出打造乡村旅游，推动农村景区化、农业旅游化，构建星罗棋布、串珠成链的全域旅游格局，形成集良种繁育、规模养殖、产品研发、智能加工、现代物流、农文旅融合为一体的全产业链发展格局。

合水县奶羊产业必将成为黄土高原崛起的乳业新高地，必将成为合水县壮大县域富民产业、构建多元化食物供给体系、培育乡村新产业新业态的成功典范。

第三章　创新循环类

案例一　践行绿色发展理念　全力打造黄土旱塬循环农业新优势

——庆阳市以"三元双向"循环模式引领农业绿色高效发展

庆阳市是传统农业大市，素有"陇东粮仓"美誉。在推进农业农村现代化建设新征程中，庆阳市以整市创建国家农业绿色发展先行区为统揽，创新实践了以种植业为基础、畜牧业为牵引、菌业为纽带的"三元双向"循环农业，聚焦"四个一体"精准发力，推动形成了种养菌产业双向互促、废弃物资源循环利用、农业面源污染有效治理、特色产业延链增效的绿色低碳发展模式。

突出提质增效　八大主导产业快速壮大

庆阳市始终把"三元双向"循环农业作为农业现代化的庆阳行动方案和绿色生态农业的庆阳模式，按照"保粮、扩畜、提果、增菜、养菌、优药"思路，加快发展现代生态低碳循环农业产业。一是加速推进绿色高效种植。实施百万亩优质苹果基地改造提升行动，提质改造老旧果园6.38万亩，新建200亩以上山地果园示范点8处，苹果面积稳定在133万亩左右，瑞雪等新优品种占比明显提升。2024年苹果产量156万吨，同比增长6%。以设施蔬菜为突破口，新建百亩生产基地12个，累计达到52个。2024年全年蔬菜面积达到102.1万亩、产量112.6万吨，分别较上年增长6.6%、4.9%。持续推进中药材产业道地化、规范化、集约化发展，2024年全市中药材种植面积55.62万亩、产量13.8万吨，分别增长4.4%、10.5%。二是持续扩大现代规模养殖。落实"稳栏扩群增养""见犊补母"等到户奖补政策，新改扩建规模养殖场79个、新增牛羊养殖专业乡镇5个、专业村29个、新培育养殖大户2038户，规模化养殖比重达到64.5%。2024年，全市牛、羊、猪、鸡饲养量分别达到75.29万头、604.91万只、175.17万头、1亿只。出栏分别达到25.4万头、239.2万只、93.6万头、8584.2万只。三是加大培育多元生态菌业。制定出台《庆阳市食用菌产业发展奖补实施方案》，全市引培食用菌生产龙头企业29个、培育合作社和家庭农场41个、发展食用菌生产户554个，新建食用菌生产基地15个，累计达到42个，建成食用菌大棚4167个4622亩，全年菌棒产量突破2亿棒、产量达到4万吨，分别增长2.3倍、1.6倍。

紧盯绿色低碳　双向循环体系加快构建

庆阳市健全"农户定点交售、村级网点收集、企业加工利用"的农业废弃物收储利用体系，加快构建"区域大循环、产业中循环、企业小循环"格局。一是农作物秸秆加工利用水平持续提升。积极招引废弃物资源加工利用企业，建成农作物秸秆、果木枝条等农业废弃物收储利用企业13家、饲草料加工企业29家。探索农村生物质清洁能源利用模式，培育提升生物质燃料公司10家，推动农作物秸秆和果木枝条饲料化、基料化、燃料化利用。2024年消纳利用农作物秸秆126.9万吨、苹果剪枝21.8万吨，综合利用率分别达到91.5%、64.5%。二是畜禽粪污资源化利用能力不断加强。实施畜禽粪污资源化利用整县推进项目，推动粪污集中收集、处理、利用，提升粪肥还田效率。引培有机肥加工企业18家，加快畜禽粪污肥料化、基料化利用。2024年消纳利用畜禽粪便932.6万吨、综合利用率达到83%。三是菌糠菌渣综合利用效率显著提高。积极引培菌糠加工利用企业，推广生物质气化应用，培育壮大菌棒生产主体12家，促进菌糠菌渣肥料

化、饲料化、燃料化利用。2024年消纳利用菌糠菌渣7.6万吨、综合利用率达到95%。

突出增产增收　特色产业链条持续延伸

庆阳市坚持全链开发，实施农产品精深加工延链行动，促进产业链、价值链、供应链"三链同构"，三产融合发展。一是大力推进特色产业延链补链强链。全面落实产业链链长制，以链主企业和骨干企业为重点，统筹推进初、精、深加工，发展全环节绿色食品加工业，增强多样化初加工、细选化精加工、高端化深加工，着力细化"牛羊猪鸡"养殖产品向肉质、皮毛、骨骼、内脏全流程加工，倾力彰显"果菜菌药"种植产品精选分类、脆化汁化、标识包装、保鲜储运、品质和颜值，推动"八大主导农产品向全产业链、全价值链纵深加工和提质增价"迈进，优势特色产业链产值达到520亿元。二是规范培育提升经营主体。建立目标企业培育库，专人盯办、跟踪衔接、精准扶持，助推企业提档升级、稳产增产，新增营收2000万元以上转规农产品加工企业4家，新培育营收1000万元以上农产品加工企业11家，全市农业产业化龙头企业达到389家。深化农民专业合作社规范提升行动和家庭农场培育行动，新培育家庭农场283个，累计达到7774个，"五有"合作社占比达到64.18%。三是加快推进品牌体系建设。全面落实"甘味"品牌市场体系建设"三个全覆盖"要求，积极推进"甘味出陇"行动，外出参加农产品展销推介活动15场次，在兰州设立首家庆阳"甘味"农特产品直营店。大力实施苹果品牌培育十大工程和瑞雪苹果单品突围战略，组织召开2024年中国苹果年会暨庆阳苹果商贸洽谈会，庆阳苹果列入国家体育运动员保障食品，荣登国家地理标志品牌百强榜。举办"寻味环州、厨艺会友"全国环县羊羔肉烹饪大赛，"环县羊羔肉"入选国家地理标志品牌百强榜、第二批全国农业生产"三品一标"典型案例。

创新机制模式　绿色生产技术集成推广

庆阳市始终把绿色理念贯穿农业生产全过程，总结推广高质高效生产技术模式，绿色现代农业快速发展。一是绿色生产模式更加成熟。经过探索实践，环县"五全五化"肉羊养殖模式、宁县"三高五化"苹果生产模式、镇原县"四化四链"肉鸡生产模式、西峰区"三定六统一"生猪生产模式及"菌种研发、袋料生产、养菌出菇、加工销售、菌糠利用"全产业链食用菌生产模式等绿色生产模式不断成熟，推动特色产业规模化、标准化、绿色化生产。二是农业绿色技术广泛应用。实施农药化肥减量增效行动，集成推广全膜覆盖集雨保墒、测土配方施肥、病虫害绿色防控、绿肥还田等绿色生产技术，主要农作物统防统治率、绿色防控率分别达到47.9%、55.2%，化肥、农药有效利用率分别达到42.6%、43%。推广应用高架舍饲养殖、节水节料饲喂、机械自动清粪等绿色养殖技术，畜禽粪污综合利用率稳定在80%以上。三是联农带农机制不断健全。建立"龙头企业+合作社+农户"的利益联结机制，推行"龙头企业管两端、中间生产群众干"的经营方式，探索推广"企业借棒、农户还菇""企业统一建棚、农户返租经营""企业统一供棒、订单保价收菇、农户建棚养菌"等经营模式，带动农户发展特色产业，拓宽增收渠道。

强化综合施策　要素保障体系日臻完善

庆阳市坚持政策保障、科技支持、财政扶持、贴息贷款等方面综合施策，有力支撑农业绿色转型发展。一是政策体系不断健全。先后出台《关于构建三元双向循环农业发展格局加快推进农业农村现代化的实施意见》《庆阳市财政扶持农业产业发展贷款贴息办法》《关于进一步加快推进庆阳市绿色金融发展的实施意见》等政策，有效保障绿色循环农业高质量发

展。二是科技支撑更加有力。实施强科技行动，实施乡村振兴人才培育"百千万"工程和"头雁项目"，鼓励引导1126名农业科技人员下沉一线蹲点服务，指导建办农业科技示范点161个，示范推广新品种145个、新技术38项。探索多元化复种套种模式，有效提高土地产出效益。三是资金支持持续加大。紧盯国家农业绿色发展先行区创建、高标准农田建设、乡村建设等重点工作，安排实施国家农业绿色发展先行区创建项目39个、有效衔接项目824个，争取到位各类项目资金39.04亿元。设立产业发展基金和贷款贴息资金，把衔接推进乡村振兴补助资金70%以上用于产业发展，引导新型农业经营主体贷款12.38亿元、贴息4361.59万元，撬动引领产业转型升级、延链增效、绿色循环发展。"三元双向"循环农业模式相继入选第二批全国农业绿色发展典型案例、中国改革2023年度地方全面深化改革典型案例，"推进农业废弃物资源循环利用、减轻农业面源污染"的有效做法得到中央第四生态环境保护督察组高度肯定。

案例二 贯通"三元双向"循环菌业纽带
打造设施农业绿色发展新高地
——宁县甘农蘑力（庆阳）农业发展有限公司厚植食用菌产业推动种养菌闭合发展

近年来，宁县紧盯"三元双向"循环农业发展规划和现代生态农业发展方向，按照"政府引导、企业主体、市场运作"的原则，以龙头企业建办作为产业发展的切入点，引进成立甘农蘑力（庆阳）农业发展有限公司（以下简称甘农蘑力），大力发展食用菌产业，全力打造"小麦秸秆堆肥发酵蘑菇基料、周年化菌菇种植、有机菌菇深加工、冷链储运配送、菌渣有机肥"生物农业全产业链项目，加快构建农业废弃资源循环利用体系，初步形成以双孢菇为主的食用菌全产业链条。

深耕基地建设　释放示范引领效应

基地建设是推进食用菌产业发展的基础。宁县以甘农蘑力为引领，带动建设示范乡、示范村、示范户。一是加强基地续建强规模。积极推行甘农蘑力"项目园区建设、生产体系建设、科研体系建设、销售体系建设、联农带农"五步并举，建成爱尔兰示范大棚36座，Ⅰ、Ⅱ、Ⅲ次发酵隧道一期3+9条隧道，全自动智慧菇房18间。目前，示范大棚每棚年产鲜双孢菇50吨，销售收入达到40万元。二是培育示范乡村强带动。培育焦村镇、和盛镇示范乡镇、示范村各2个，由村集体或村办合作社领办，在焦村镇任村、长官村各建成230平方米爱尔兰菇棚12座，每座投资40万元，每村年产双孢菇1200吨，实现收入840万元。三是壮大示范农户队伍增收入。推行"企业供料、农户还菇""企业统一建棚、农户返租经营""企业统一供料、订单保

价收菇、农户建棚养菌"等模式，通过龙头企业、乡镇示范基地带动，在焦村镇、新庄镇、太昌镇、新宁镇各发展示范户50户，和盛镇发展80户，示范农户累计达到280户，每棚年平均产值约6万元，纯利润约2万元。

强化科技创新　构建技术攻坚格局

宁县坚持以市场需求为导向，强化人才、科技双向支撑，招募技术、金融、财务、行政管理、销售等专业人才，建立科学的现代企业管理组织架构。一是深化院企科研合作。与美国DMP公司、施尔丰公司、荷兰GTL公司等行业知名公司及浙江大学、甘肃农业大学、陇东学院、庆阳市农科院等高等院校、科研院所建立科研合作关系，外聘知名专家、教授、行业领头人作为技术合作伙伴，形成长期"研、产、学"合作体系。二是引进先进生产技术。采用荷兰进口的世界一流高科技设备，生产工艺采用最先进的三次隧道基料发酵技术和DMP菇房智能化温控栽培技术，与传统技术相比，出菇时间缩短了17天，出菇量可增长一倍，每年可实现投放基料6批次，每批次采菇三茬。三是优化技术服务保障。组建成立技术服务和保障小组，加强与甘肃省农科院食用菌研究所、甘肃农业大学食品工程学院等科研院所的紧密合作，引进推广食用菌新品种、新技术，开发食用菌加工新产品，研究食用菌产业发展关键难点问题，形成产、学、研一体化的技术服务体系。

突出循环利用　推动全链闭合发展

宁县充分发挥食用菌全产业链链主作用，打通循环链、提升价值链，促进蘑菇堆肥（基质）生产、工厂化种植、精深化加工，持续推动菌菇储运配送、菌渣有机肥生产等全环节提升、全链条增值、全产业融合。一是完善农业废弃物收储利用体系。围绕构建"三元双向"循环农业格局，持续健全"农户定点交售、村级网点收集、乡镇中心贮运、企业加工利用"机制，带动建成源之生畜禽粪污综合利用项目和秸秆回收站3个，发展壮大有机肥厂3个、麦草收购企业（合作社）7家。二是大力推广无害化综合利用模式。加快作物秸秆、残次菇的回收利用，通过丰源草业等企业，引进恒瑞康、源之生等加工企业，进行菌黄酮、有机肥生产。年可消化小麦秸秆14万吨、鸡粪9万吨、生产基料28万吨、产出菌渣生物有机肥20万吨，形成"种养业→食用菌生产→生物提取→有机肥生产→种植业"的良性循环，实现了种养主体联动发展多方共赢。三是健全完善循环利用体系。健全完善种植业、养殖业和菌业废料利用加工体系，持续推进农作物秸秆和食用菌废料"饲料化"，猪粪污、农作物秸秆、食用菌菌糠"肥料化"，果木弃枝、菌糠加工"基料化""燃料化"，持续提高绿色循环利用效率，减少排放污染，增加经济效益，全县农作物秸秆、果木枝条、畜禽粪便、菌糠转化利用率分别达到92%、65%、88%、95%以上。

完善联农带农　激活助农增收引擎

宁县坚持品牌建设与联农带农统筹推进，按照"做给农民看、帮着农民干、带着农民赚"的思路，推行"龙头企业+合作社+村集体+农户"模式，注册"甘农蘑力"品牌商标，搭建线上线下销售平台，将周边农民深度镶嵌在产业链条上，帮助群众实现顾家、增收"两不误"。一是引导农民务工"挣薪金"。以甘农蘑力食用菌基地为依托，从双孢菇生产、产品包装、物流运输等环节出发，通过与北京锦绣大地农副产品批发市场、西安盒马鲜生超市、庆阳百佳超市等签订直供协议，吸收培训产业工人860多人，形成用工工资收益，人均年收入达到4.2万元以上。二是引导农民入股"分股金"。通过推行"龙头企业+合作社+村集体+农户"的模式，带动发展食用菌重点村2个，建棚24座。带动60个村集体经济发展，年分红收入5万元以上。三是引导农民生产"得现金"。以爱尔兰大棚为样板，以焦村镇为中心，3年内建设农户专用大棚815座，形成食用菌集中种植区，带动农户增收，户均年收入达到10万元，并吸纳3000多人就业。

案例三 科技赋能 "三瑞"飘香

——庆城县以科技创新赋能苹果产业高质量发展

庆城县地处苹果生产的"黄金带",四季分明、雨热同期,是农业农村部划定的全国优质苹果最佳适生区,得天独厚的自然条件孕育出了品质上乘的优质果、生态果、有机果。自1952年,庆城县政府在马岭王湾子和县城南门新建2处苹果园艺场起,庆城苹果产业已经走过了七十多年的发展历程,实现了从乔化到矮化、从经验化到现代化、从单家独户到千家万户、从零散经营到规模发展、从默默无闻到声名远扬的蝶变,走出了一条"小苹果、大产业"的特色产业振兴之路。全县果园面积达25万亩,苹果全产业链产值20.16亿元,其中以"三瑞"为代表的新优品种引领苹果产业迈入"自育品种为主"的新时代,全县苹果产业结构不断优化升级,苹果产业成为庆城县农村经济第一大支柱产业。

创"芯"突围 奠定产业地位

过去,庆城果农栽植苹果树只能选择国光、富士、元帅等传统品种,同质化严重,竞争力不强。2012年,西北农林科技大学赵政阳教授挂帅领衔,在庆城县成立苹果试验示范站,开展苹果产业关键技术联合攻关、高层次人才联合培养和新技术新品种试验推广。在庆城县创新推广郁闭低效果园间伐改造、旱地矮化密植栽培建园、优质苗木繁育、重茬建园、高接换优等技术,实现了庆城苹果从盲目追求产量到无公害、绿色、有机等果品品质大幅提升的革命性转变。在栽培技术变革的同时,试验示范站驻站专家团队浓缩、重组了100多年来世界苹果发展史中所有苹果品种的优良基因,培育出了瑞雪、瑞阳、瑞香红"三瑞"苹果。色香味俱全的"三瑞"苹果,不仅饱含着研发团队20多年科技攻关的辛勤耕耘,更融入了地方特色品牌理念和浓浓的历史文化情怀。根据近三年市场销售反馈,"三瑞"苹果以其卓越的品质赢得了消费者的广泛赞誉,产生了显著的经济社会效益。赵政阳教授戏称:"瑞香红就是果中茅台、瑞雪就是果中五粮液。"如今,在庆阳果农中流传着这样一句话,"苹果种三瑞,效益翻三倍"。短短五年时间,庆城县"三瑞"苹果栽植面积位列全国第二,"三瑞"苹果实现了从无到有的产业突围,农民从业收入累计达2.8亿元,相较于传统品种效益提升300%。

从"苗"出发　夯实产业根基

苗木是苹果产业发展的"根"。以前,庆城县的苹果苗木全靠外调。2014年,庆城苹果试验示范站在蔡家庙乡指导建成了全市首家优质矮化苹果苗木繁育基地,也是省内最大的"三瑞"苹果苗木繁育基地。2024年,又在白马铺镇王畔村建成青砧瑞雪苗木繁育基地200亩,实现了苹果产业发展最关键的环节——"根"的自主。秀木成林,良苗成势。庆城县按照"塬区矮化、山区乔化"的产业布局,培育形成了南部乔化园提质增效区、中东部残塬矮化密植区、山区乔化短枝新栽区三大苹果生产片区。目前,庆城县"三瑞"苹果栽植面积达到6万亩,占全县苹果栽植面积的24%。在栽植过程中,瑞雪苹果展现出较强的适应性和抗逆性,成为最受果农欢迎的品种,按照当前每斤6元左右的市场收购价格,瑞雪产值可达2.61亿元,已经成为带动庆城县苹果产业发展的新引擎。

育"才"为先　助推产业发展

功以才成、业由才广。苹果产业的发展离不开专业技术人才的支撑。庆城县依托全国品质最优的苹果产业基地、技术力量雄厚的苹果试验示范站,不仅培育了一批地方"土专家",带动了一批本土"田秀才",壮大了

苹果产业技术服务团队，还吸引了众多国内知名专家学者前来庆城指导产业发展，开展学术交流。聘任西北农林科技大学教授组建庆阳现代苹果产业技术体系专家组，以旱作技术集成示范为主，制定了8项业内领先的地方标准，形成了符合庆阳生产实际的全产业链《标准汇编》，总结推广庆阳苹果生产8项关键技术，构建了庆阳苹果技术服务的新格局。探索推广"高定位、高科技、高效益，苗木良种化、栽培矮密化、管理机械化、水肥一体化、产品标准化"的"三高五化"模式，示范推广"建园栽植、树体管理、沃土保墒、简化修剪、花果管理、绿色防控、提质增效、节本增效"的"西农"旱地果园技术，标准化示范园建设居全市领先水平，苹果园管理水平得到全面提升，苹果商品率达到85%以上，优果率接近70%。

塑"牌"扩圈　提升产业影响

搭建好平台，拓展朋友圈。庆城县将"打响品牌、引领方向、享誉世界"作为提升苹果产业影响力的不懈追求。通过整合"赤诚""庆州壹品""赤蜜SOD""金诚"等县域苹果品牌资源，集中推广"庆阳苹果"区域公用品牌，构建"甘味品牌+区域公用品牌+企业商标品牌"的品牌体系，发挥"品牌+形象+标识+包装"的拳头效应，实现品牌价值的大幅提升。积极参加"农博会""农交会""农高会"等各类节会，举办"苹果品质鉴评""苹果花开美庆城""苹果开园采摘""我为果农卖苹果"等宣传推广活动，与香港福兴栈鲜果进出口有限公司、广州众和成农产品交易有限责任公司、东莞东城梁梅水果行等果品经销企业达成长期合作协议。庆城县先后被评为全国苹果生产重点县、全国首批无公害苹果生产基地创建示范县，入选中国苹果产业50强县。在2024年中国苹果年会上，来自海内外的800多名专家学者、果业客商咸聚庆城，共同见证瑞阳、瑞雪、瑞香红的高光时刻。国家体育总局训练局将庆阳苹果列为国家队运动员备战保障产品，并向庆城县金诚果蔬等3家公司颁发授权牌。在苹果品鉴会上，庆城县选送的苹果样品取得21金22银的喜人成绩，白马铺镇的两颗果王更是拍出了3388元的高价。

庆阳福地，天赐瑞果。"三瑞"苹果不仅是苹果产业发展的重大创新成果，也是中国农业领域的重大突破，为庆城果业发展异军突起带来了新的机遇。庆城县将紧盯"结构持续优化、市场竞争力明显增强、科技贡献率稳步提升"的发展目标，全力推动"三瑞"苹果高质量发展，带动全县苹果产业走出了一条生产投资小、果农收益高、群众分散经营与合作组织全程服务相结合的现代果业发展路子，让"小苹果"真正成为群众增收的"幸福果"和"致富果"。

案例四 "菌光互补"闯出食用菌产业发展新路径

——华池县建立"菌光互补"模式提升联农带农效益

"食用菌"这个名词，五年前很多华池人还不知道，但如今在县内已是相当"火热"，老少皆知。究其原因，这种变化得益于全县食用菌产业的兴起、发展和壮大。近年来，华池县依托资源优势，坚持市场导向，健全完善政策引导、龙头带动、农户参与的利益联结机制，探索形成了以种植业为基础、养殖业为支撑、菌业为闭环的"三元双向"循环农业发展模式。城壕镇党委书记夏峰表示，城壕镇是全县"三元双向"循环农业的开创地、先行者，建成的"菌光互补"示范产业园为全县食用菌产业发展做出了示范引领作用。产业园、农电企业并驾齐驱，互促互融，实现了菌光互补、效益叠加，为全县食用菌产业快速发展创出了一条新路径，更为广大农民拓宽了增收渠道。

强强联手开新局

华池县具有种植食用菌得天独厚的气候条件，县内东部子午岭林缘区乡镇拥有丰富的野生菌种资源，为此，县委、县政府紧紧抓住这一有利优势，全力推动食用菌产业转型升级。通过深入学习讨论，深切"悟"，带领干部和合作社走出去看，深入"学"，引进两当县黄波菌业科技有限公司企业家和技术人员，深情"帮"，带动和促进干部群众思想变革，弥补思想上的差距短板，优先在城壕镇发展食用菌产业。庆阳双升农业开发有限公司总经理顾清云说："2022年2月，公司成立初期，为更好、更顺利地融入当地食用菌产业发展，我们积极与华池县富民种养专业合作社携手合作，入驻北京国电远鹏已建成运营的光伏产业园，并更名为华池县现代农业'菌光互补'示范产业园，充分利用产业园原有光伏板下空地，积极探索、大胆实践"菌光互补"循环农业发展模式，尝试种植全日照露地黑木耳，对于光伏基地周围的连片闲置地块，根据地形地势，搭建起大小不等的小拱棚，用于种植市场更加畅销的香菇，同时成功试验种植了羊肚菌、灵芝、猴头菇等其他品种。园区一期建成光伏发电基地8MWP（峰值兆瓦）、食用菌生产车间1700平方米、冷库1座储藏能力500吨，配套智能云管理灌溉系统1套。二期改造提升光伏发电基地12MWP（峰值兆瓦），光伏板下搭建大棚160座，年栽植黑木耳、香菇、榆黄蘑等菌类1000万棒以上，产值5000万元以上。通过强强联手，带动城壕镇26户易地搬迁户和当地群众共同发展食用菌这项朝阳产业。"

积极探索找路径

"菌光互补"是华池县在食用菌产业培育中的一个创新探索。具体来说，就是将食用菌种植和光伏发电相结合，集光伏产业和食用菌产业为一体，实现光伏板上发电，光伏板下高效种菇，带动光伏食用菌采摘观光旅游模式，打造现代光伏食用菌产业链，开拓新时代特色高效农业创新之路，这是华池县"菌光互补"的奋斗目标。华池县积极开展了"菌粮间作、菌粮轮作、菌菌轮作、菌菜轮作"等食用菌复合种植模式探索研究，通过在同一地块上种植多种食用菌或与其他作物套种，以实现土地资源的最大化利用和经济效益的提升，创新提高单位土地面积复种指数。近年来，在复合种植模式下，城壕镇余家砭村开展全日照地栽木耳、钢架大棚木耳及香菇标准化栽培，城壕镇庄科村建立珍稀菌类示范点，探索"羊肚菌—灵芝"轮作栽培，实现了一年两收。城壕镇太阳村建立食药用菌示范点，利用现成资源多元化发展，改造钢架大棚种植平菇，流转土地并带动有意愿的群众在露地起垄袋栽天麻。同时，城壕镇大力推广农林废弃物代料栽培技术，坚持循环利用原则，切实加强对玉米副产物综合利用，分别

以玉米秸秆、玉米芯作基料，开展赤松茸种植试验研究，加快食用菌生产由资源消耗型向农林废弃物再利用型转变，确保"菌光互补"长远发展，助力"三元双向"循环农业向纵深发展。

菌种选育研发是决定食用菌产业成败的关键。城壕镇持续强化食用菌优良菌种研发、科研攻关、技术集成示范推广、科技机制创新、技术培训指导，加快成果运用转化，推行规模化、科技化、标准化发展，不断提高食用菌产业发展科技水平，逐步实现由企业集中养菇出菇向农户自己建棚种植、向生态搬迁点辐射转移，带动农民调整单一种植模式，促进生产方式转变，真正把食用菌打造成惠及群众的富民产业。

联农带农促发展

食用菌既是高效生态产业，也是新兴朝阳产业。在产业发展中，华池县坚持"公司＋合作社＋基地＋农户"的生产经营模式，按照"统一原料、统一技术、统一菌种、统一养菌、统一种植、统一销售"的"六统一"运营机制，助推全县食用菌产业高效快速发展。通过典型示范、辐射推广，实现变废为宝、综合利用，带动农业生产方式、农民生活方式变革，弥补立地条件差、种植业结构单一等基础条件的硬件差距。吸纳带动周边群众从"旁边看""务工学"到"自己种"，食用菌种植产业发展队伍越来越壮大，公司、村集体、群众的收益明显提升。富民种养专业合作社负责人杨山勇介绍："我们注重加强与双升公司的长期合作，2024年带动全镇种植黑木耳800余万棒、香菇230万棒、榆黄蘑50万棒，种植赤松茸、灵芝、羊肚菌等近100亩。通过流转土地、资金入股、劳务协作、保底分红等方式，我们先后带动山庄乡4个村、城壕镇3个村发展壮大集体经济，带动普通农户、已脱贫户和易地搬迁户参与分红和生产经营。"据了解，双升公司以每亩500元的土地流转费用，每年助力山庄乡实现土地流转收入11万元、城壕镇实现土地流转收入48万元，每年向村集体分红25万元。长期提供固定就业岗位50个，年共计提供岗位400余个，群众务工收入达到600多万元。同时，双升公司还组织12户群众种植榆黄蘑和赤松茸，积极推动余家砭村旅游观光采摘、食用菌培训、绥远寨城址保护展示等休闲娱乐为一体的农旅融合发展，为当地群众铺就了一条产业增收的新路子。

创新思路求突破

利用光伏板下的闲置土地发展食用菌产业，是华池县实施乡村振兴战略，加快产业融合升级的全新实践。近年来，城壕镇坚持将资源优势向地方经济发展优势转变，在发展中审时度势，统筹规划，优化布局，调整结构，以创新发展的工作思路不断前行，在爬摸行进中不断壮大，积极推行"菌—光"互补种植模式，将食用菌种植和光伏发电有机结合，为全面建设社会主义现代化幸福美好新华池注入源头活水。根据不同菌类的生长特性，灵活选用钢架大棚栽培香菇和羊肚菌，光伏板下空地种植露地黑木耳，小拱棚栽培榆黄蘑。开展"鲜食玉米+赤松茸"的"粮菌""羊肚菌+灵芝"的"菌菌"等食用菌复合种植模式探索研究，创新提高了单位土地面积复种指数，群众种植收益明显提升，参与产业发展的热情持续上涨。在原来黑木耳、香菇生产基础上，适度发展当前市场前景较好的玉耳、榆黄蘑等菌类，让前者的废料成为后者的原料，做到废弃物循环生产，实现农业可循环、可持续发展。同时，强化企业之间的合作共赢，推进庆阳双升公司与华池县木生源生物能源加工处理厂、甘肃德勇生态农牧科技有限公司协同合作，加强废弃菌棒回收利用及燃料化、肥料化利用，进一步延伸产业链条。

案例五 小小羊肚菌 撬动大产业
菌粮菌菜轮作开启产业发展新模式
——正宁县建立菌粮菌菜轮作模式破题循环农业堵点

正宁县坚持把食用菌产业作为推动"三元双向"循环农业的闭环关键和新的经济增长点，按照"规模化生产、市场化引导、集约化经营、标准化管理"的思路，采取"公司+合作社+基地+农户"发展模式，着力推动全县食用菌产业破题开局、提质增效，成功探索走出一条"菌粮循环""菌菜循环"农业发展新路子。

建强基地 夯实产业发展"盘子"

坚持规划引领、建强基地，示范带动绿色发展。一是优化布局。按照"因地制宜、分类指导、区域布局、特色发展"的原则，在县域内气候适宜、资源丰富、基础条件良好的区域，布局食用菌生产基地，初步形成以正宁县现代示范园食用菌产业发展示范区为核心辐射带动，山河镇董庄村、蔡峪村、永正镇王沟圈村、宫河镇东里村4个片带为重点，各乡镇多点开花发展食用菌产业的"一核四带、多点支撑"产业格局。目前，全县建成食用菌生产示范乡镇4个、专业村7个、示范户12户、食用菌生产基地8个，建成食用菌生产大棚543座409亩（平菇生产基地2个，菇棚30座29亩。羊肚菌生产基地3个，大棚513个380亩，实际种植面积约254亩）。二是育强龙头。积极引进食用菌生产龙头企业6个，以正宁县丰农农业发展有限公司为引领，培育壮大俊祥、丰苑菇家庭农场等种植大户，示范推广钢架拱棚"菌+粮""菌+菜"种植模式及"企业+合作社+基地+农户"生产模式，带动群众利用房前屋后闲置地块搭建小拱棚种植食用菌，不断扩大食用菌产业规模。目前，全县新培育食用菌生产经营主体达10家。三是创新模式。充分利用羊肚菌种植与蔬菜、粮食、瓜类种植季节差、时间差，创新"菌菜轮作""菌粮轮作"新模式，让土地效益最大化。"菌粮轮作"探索建立"羊肚菌+马铃薯（红薯）+菠菜（油菜）"轮作新模式，集中利用每年11月至下年4月种植羊肚菌，羊肚菌采收后5月份种植土豆、红薯等粮食作物，有效解决经济作物与粮争地问题，大幅增加种植收入。2024年，正宁县嘉泰茂盛农业发展有限公司（以下简称嘉泰茂盛），利用宫河示范园区老旧日光温室进行"羊肚菌+土豆"轮作种植，羊肚菌亩产1300斤、土豆4000斤，菌粮轮作每亩产值可达到7万元，其中羊肚菌产值6.6万元、土豆0.4万元。"菌菜轮作"紧盯羊肚菌采收结束后的关键时间节点，在每年5月份抢种黄瓜、普罗旺斯西红柿等蔬菜，9月至10月种植菠菜、油菜等蔬菜，实现一年两收、一年三收目标。2024年，甘肃合万家现代农业发展有限公司（以下简称合万家），在宫河示范园区高标准日光温室进行"羊肚菌+蔬菜"轮作种植，羊肚菌亩产1500斤、蔬菜30000斤，菌菜轮作每亩产值可达到11万元，其中羊肚菌产值7万元、蔬菜4万元。

补齐短板　筑牢产业发展"柱子"

正宁县按照全市"三元双向"循环农业总体要求，坚持补短板、强弱项，促进产业可持续发展。一是促进种业发展。统筹抓促菌种研发、引进和推广，培育适宜正宁县栽培的优质食用菌母种，提高"菌林1号"液态菌种适应性和稳定性，提升嘉泰茂盛、俊祥菇业原种扩繁栽培种能力，支持鑫育捷、丰苑菇等企业进行栽培种扩繁，有效降低食用菌生产成本。二是带动群众发展。采取"企业管两端、群众管生产"的经营方式，支持嘉泰茂盛、鑫育捷、合万家、金辉时代等公司示范推广菌粮、菌菜轮作模式，年内新建山河解川、周家西庄、永正佛堂、西坡五畔等基地4个，带动全县100户群众利用房前屋后院内闲置地块搭建小拱棚种植羊肚菌，不

断扩大羊肚菌产业发展规模。三是坚持示范带动。组织召开全县羊肚菌栽培示范现场推进会，示范推广钢架拱棚"菌+粮""菌+菜""菌+瓜"等种植新模式，通过订单种植、保价回收方式，大力推广"菌菜轮作""菌粮轮作""菌瓜轮作"，壮大食用菌产业规模。积极招引优质食用菌工厂化生产企业，推动食用菌产业发展。四是实现持续发展。不断健全完善企业投资、政府支持的投资收益机制，企业带头、农户参与的联农带农机制，资源循环、全链受益的产业循环机制"三项机制"，制定羊肚菌产业发展奖补办法，前端重点在基地建设、菌种研发、生产种植上予以支持，后端重点在辅料加工、肥料生产上予以支持，实现菌业可持续发展，促进产业大循环。

六化并举　延长产业发展"链子"

正宁县坚持以羊肚菌为主、平菇等品种搭配，推动食用菌产业延链补链、多元转化增值。一是紧盯自主化。建成羊肚菌菌种研发、扩繁生产线2条，成功研发和试种合万家羊肚菌液体菌种"菌林1号"，实现羊肚菌菌种自主化供应。二是紧盯基料化。依托嘉泰茂盛、俊祥菇业等主体，收购当地养殖业、种植业产生的牛粪、鸡粪、玉米芯、小麦秸秆、果木枝等农业废弃物，建成菌棒生产线3条，年产菌棒1100万棒（袋）。三是紧盯饲料化。依托县内现有饲料加工企业，将食用菌菌糠、菌柄、菌根加工成饲料，用于饲喂牛、羊、猪、鸡等畜禽。四是紧盯肥料化。依托合万家将全县产生的粪污、农作物秸秆、尾菜、食用菌菌糠等加工成有机肥，建成菌棒废弃物无害化处理生产线1条，年处理废弃物3万吨、生产有机肥3万吨。五是紧盯燃料化。依托庆阳宏炬燃料有限公司，将食用菌菌渣加工成清洁燃料，用于烘干食用菌，有效降低企业生产成本，解决烘干燃料问题。六是紧盯商品化。配套建设冷藏保鲜库、冷链物流车和分拣、烘干、初包装等设施，保证了鲜菇高质量供应。目前，已打造食用菌品牌5个，年产鲜菇1350吨，总产值1800万元，全县食用菌产业实现"三元双向"闭环发展。

强化保障　打好产业发展"根子"

正宁县始终把强化服务保障作为助推产业发展的关键。一是加强组织保障。成立食用菌产业发展工作专班，一个产业建立一套班子、一个实施方案、一套扶持政策、一套专家团队、一套考核体系工作机制，定期研究协调工作中的困难和问题，一体推进食用菌产业大发展。二是优化技术服务。积极与科研院所合作交流，引进适宜正宁县生长的食用菌新品种，进行菌种培养和繁育。定期组织食用菌企业、合作社负责人、村集体经济组织带头人和种植大户进行外出考察，开展技术培训，学习借鉴先进经验，掌握生产技术，提高生产水平。通过提升嘉泰茂盛、俊祥菇业原种扩繁栽培种能力，支持鑫育捷、丰苑菇等企业进行栽培种扩繁，建立羊肚菌菌种研发、扩繁生产线2条，平菇菌种扩繁线1条，合万家羊肚菌液体菌种"菌林1号"的成功研发和试种，有效保证了正宁县食用菌种植菌种自主化供应。三是加大政策支撑。研究制定《正宁县财政扶持农业产业贷款贴息意见》《正宁县帮扶项目联农带农实施细则》《正宁县羊肚菌产业发展奖补办法》等一揽子政策，采取以奖代补、贷款贴息等方式进行扶持，推进食用菌产业快速发展。四是强化机制保障。按照经营主体带动农户生产的思路，农户建棚、种植前段按照"政府揽大头、农户投小头"原则予以奖补，生产销售过程中采取订单生产、种植托管、产品代销、资产租赁、保底收购、劳务用工等方式，建立利益联结机制，实现经营主体与农户在产业链上优势互补、分工合作。

案例六 果木枝条变废为宝 发展菌业助农增收

——甘肃（庆城县）鹏旭农业科技有限公司因地制宜推动果木枝条基料化利用

近年来，庆城县立足资源禀赋和产业基础，坚持"强龙头、扩规模、创品牌、带菇农"的思路，培育引导甘肃（庆城县）鹏旭农业科技有限公司（以下简称鹏旭农业）突出效益、循环"两个关键"，不断实践，探索出了利用果木枝条制作菌棒的"鹏旭经验"，食用菌产业呈现出强大的生命力和良好的发展前景。

艰辛创业 努力探索产业新路

鹏旭农业紧盯全市"三元双向"循环农业发展新导向，发现食用菌产业是一项朝阳产业，市场需求大，经济效益好，为了熟悉生产流程，前往宁夏学习食用菌规模化种植管理及制棒技术。创业开始，在河北遵化基地以每个5元的价格订购了5万个菌棒，成功培育出了第一茬香菇。但由于生产规模小、市场竞争力弱，只能以低于市场两成的价格销售。即使这样，公司依然决定高薪聘请技术员，持续改善香菇品质，扩大生产规模。经过3年的发展，成功在西安欣桥果蔬批发市场站稳了脚跟，全年共产出香菇38万斤，利润达到了100万元。

作为庆城县第一家规模化食用菌生产企业，公司填补了当地市场空白，实现了庆城县食用菌产业化发展零的突破，蹚出了发展"三元双向"循环农业的新路子。

就地取材　果木枝条资源利用

公司虽然挣钱了，但经过算账对比，外调菌棒成本高，利润所剩无几。为了降本增效，公司决定挖掘本地资源，尝试自己生产菌棒。通过了解，庆城县年产果木枝24万吨（其中直径5cm以上的约7万吨），每吨价格280～300元，如果利用苹果果木枝条代替桦栎木作为基料成本就会降低很多。第一次投资10万元建成苹果木屑基料化加工生产线1条进行试验。以每吨300元收购驿马镇周边的废弃果木枝条2700吨，先将收集废弃的果木枝条粉碎成木屑，将粉碎后的果木木屑与其他配料，如麸皮、石膏粉等，按照一定比例混合均匀，控制含水量在适宜范围内。之后将混合好的物料装入塑料袋中，进行装袋定型。再通过灭菌、接种、打眼、养菌等步骤，制作出了第一批香菇菌棒，经过细心管理发菌培养，长出的香菇肉厚柄短、香味浓郁，受到了客商青睐。经试验对比，本地果木枝条制棒有四大优势：一是木质硬度较高。苹果木具有与桦栎木相当的硬度，适合作为食用菌菌棒制作的基料，可以完美替代桦栎木。二是营养物质丰富。苹果木的糖分、纤维素、粗蛋白、铁与钾含量均高于硬杂木，生产的香菇不但气味芬芳，而且营养丰富、口感细腻，深受市场青睐。三是出菇质优量高。果木菌棒产出的香菇具有菇型圆整、菇质厚实、耐储存、耐运输等优点，单棒可以出菇6茬，产量同比提高8%～10%。四是价格低廉实惠。苹果枝条收储价格与桦栎木作基料相比，每吨便宜100元，有效降低了生产成本。试验成功后，公司于2022年再次投入100万元改造升级了菌棒生产线，年收储加工果木枝条1.7万吨，生产菌棒1000万以上，销售额达4500万元以上。

通过不断探索，庆城县形成了"农户定点交售、村级网点收集、龙头企业收储加工"的废弃果木枝条利用体系，降低了生产成本，增加了群众

收入，使果农户均增收2000元左右。

龙头引领　培育壮大产业集群

作为庆城县食用菌产业先锋，鹏旭农业在各项政策的支持下，探索出统一原料采购、统一菌种培养、统一菌棒生产、统一技术指导、统一生产标准、统一产品包装、统一品牌销售和菇农分散生产的"七统一分"生产管理模式以及成熟技术，为食用菌发展提供了可借鉴的经验，极大推动了全县乃至全市食用菌产业链条化、规模化、标准化发展。目前，公司带动庆城县建成食用菌生产基地7个、生产大棚1700栋，年生产食用菌2700吨，实现产值5100万元。与此同时，公司也充分利用其行业影响力加强与政府有关部门的协调沟通，推动出台了《庆城县食用菌产业发展规划（2022—2025）》，有效改善了庆城食用菌产业发展环境。比如县财政列支专项资金，以奖代补，对从产业园购买菌棒达到10万棒的企业（合作社）和1.5万棒以上的种植户，分别按每棒0.5元、1元的标准进行补助。对通过贷款开展经营生产的企业和种植户，按照100%、80%、60%的比例连续三年给予贴息扶持。这些政策有效促进食用菌产业快速发展，也吸引了更多的资金流入食用菌发展行业。

联农带农　多渠道增加群众收入

以鹏旭农业为代表的庆城县食用菌企业，以规模经营为依托、以利益联结为纽带，注册了"悦堡里"商标，通过"龙头企业+合作社+农户"的发展模式，推行"保本让利供菌棒、订单收购包销售、大棚返租带菇农、就近务工促增收、土地流转增收益、技术服务提质效"的六种联农带农机制，推动果木枝条循环利用、食用菌产业全链增值，带动群众多环节就业、多渠道增收。目前，全县建成食用菌生产基地5个、菌粮蔬"三元双向"循环农业现代示范园1个，带动3家企业、3个合作社、1000多户农户参与食用菌产业，仅吸纳制棒、采菇等务工人员970余人，户均增收8600元左右。

鹏旭农业在"三元双向"循环农业发展中做出了积极探索和有益尝试，以"小菌菇"激活了"大产业"，成为庆城县食用菌产业发展的"领头雁"，品牌影响力稳步提升，产业链条持续延伸，不仅得益于县委、县政府的大力支持，更得益于企业对科技创新的不懈追求，还得益于同心同向、联农带农的利益联结机制，成为助力庆城农业产业高质量发展的新引擎，也为其他产业的发展提供了借鉴和启示。

案例七 健全机制强监管 创新模式促利用

——宁县创新"四个三"工作法落实落细种养循环（粪肥还田）项目

近年来，以实施全省畜禽粪污资源化利用整县推进项目为依托，宁县加快推进绿色种养循环农业发展，坚持特色产业发展与生态环境保护并重、畜禽养殖污染防治与废弃物资源化利用齐抓，推动有机肥替代化肥，提高农产品品质，推动绿色循环农业高质量发展。

压实"三方责任" 落细落实各级重点任务

宁县坚持以畜禽粪污资源化利用为出发点，以第三方社会化服务组织为瞄准点，以腐熟农家粪肥还田为落脚点，不断转变农业发展方式，改善农村生态环境，提高种养循环效益。一是领导小组主管责任。成立了由县长任组长，分管副县长任副组长，农业、环保等相关部门和乡镇负责人为成员的全县畜禽粪污资源化利用工作领导小组，定期研究部署畜禽粪污资源化利用工作，保障畜禽粪污资源化利用工作的高效推进。二是行业部门协调责任。各相关行业部门结合实际，制定科学合理实施方案、强化全过程监控、加强粪肥质量监管、明确项目运行模式、推广应用成熟技术模式。定期召开专题会议、开展实地督导等方式，督促跟进项目进度，协调解决突出问题，落实落细推进职责。三是党委农办监管责任。将畜禽粪污资源化利用工作纳入年度目标责任制考核内容，层层签订目标责任书，进一步细化工作任务、靠实工作责任。同时，采取"四不两直"方式，常态化督查，定期进行通报，对工作不力、粪污治理方面问题较多的乡镇及时提醒约谈、重点督查督办，确保工作全面落实。全县畜禽饲养量190.18万头（只），畜禽粪污产生量127.4万吨，利用量117.27万吨，综合利用率达到

92.05%。

突出"三项重点" 持续提升项目建设质量

宁县抢抓畜禽粪污资源化利用整县推进项目实施重大机遇，研究谋划项目清单，完善管理机制，持续提升畜禽粪污资源化利用效率。一是突出示范引领。按照"源头减量、过程控制、末端利用"的治理路径，坚持政府支持、企业主体、市场化运作的治理模式，按照"整县推进、区域示范、种养结合、就近利用"的治理思路，以种养结合、就近消纳、综合利用、生态循环为主线，以治理农业面源污染、推动畜牧业高质量发展为重点，先后建成了源之生、瑞农、春洁3家畜禽粪污区域集中处理中心，改造提升了31家畜禽规模养殖场和70户肉牛生猪示范户的畜禽粪污处理设施设备，建成1个畜禽粪肥监测中心及4万亩粪肥还田利用示范基地，探索形成了"养殖场设施处理+第三方机构集中处理+种植基地、种植户消纳还田"相结合的治理方式。二是突出技术支撑。充分发挥县畜牧兽医站的技术服务优势，与乡镇畜牧兽医人员组成技术服务队，采取线上培训、实地指导等方式，对畜禽粪污资源化利用等关键技术进行全方位培训，提升畜禽养殖从业人员科学养殖和畜禽粪污资源化利用水平，督促指导养殖场（户）积极开展粪污处理设施改造升级，推动畜牧业绿色健康发展。三是突出监督管理。制定了《宁县绿色种养循环农业项目实施方案》《宁县畜禽粪污资源化利用整县推进项目实施方案》，严把实施主体遴选关、工程建设质量关，严格执行项目公开招投标程序，切实加强资金管理和使用。

创新"三类模式" 持续推动种养绿色发展

种养结合、变废为宝是宁县种养项目取得成功的关键。宁县根据养殖场（户）规模大小，探索建立了多元化畜禽粪污处理技术模式，全县畜禽粪污资源化利用率、耕地地力、面源污染治理效能不断提高。一是粪肥还

田模式。探索建立"养殖企业（合作社）+社会化服务机构+集中（分散）堆沤还田"、"养殖企业（大户）+社会化服务机构+沼气工程/户用沼气池处理+苹果还田利用"、生物有机肥直接使用、"规模养殖场（大户）+企业合作社（农户）自行腐熟还田"等四种模式，建立中村正阳苹果粪肥还田、稳农高产创建示范基地粪肥还田、嘉谷禾大豆玉米复合种植粪肥还田、和盛众合苹果沼肥还田、和盛兆丰苹果粪肥还田、春荣谷和春金银花粪肥还田、新庄益翠园中药材粪肥还田示范基地。二是沼气循环模式。以各经营主体为引领，示范推广沼气发酵循环技术。在众合养殖农民专业合作社推广"养殖+沼气+苹果种植"的循环种养模式，实行废弃物循环利用。在牧鑫生猪养殖场推广地上太阳能沼气粪污处理模式，在源之生农业科技有限公司实施沼气工程和有机肥生产，既可还田利用，又可出售有机肥增加效益。宁县众合种植养殖农民专业合作社通过对养殖场和周边农户厕所产生的畜禽粪物进行液氧发酵处理，将产生的沼液沼渣作为有机肥全部使用到果园中，产生的沼气用来发电，维持整个合作社的电力运行。三是粪便垫料模式。在米桥陇牛乳业奶牛养殖场推广粪便垫料利用模式，将奶牛粪污固液分离后，固体粪便进行好氧发酵无害化处理后，作为牛床垫料，污水贮存后作为肥料灌溉农田。依托春洁、瑞农、源之生3个区域性畜禽粪污集中处理中心，对无法处理的畜禽粪污进行集中收集处理，实现资源化利用。

建立"三大体系" 实现废弃资源循环利用

宁县各级普遍建立了"农户定点交售、村级网点收集、企业加工利用"农业废弃物收储利用体系，全力推进作物秸秆和畜禽粪污综合利用。一是建立完善秸秆收储运体系。以秸秆基质化利用为主导，完善"企业＋农户"的经营模式，组织、引导协会通过合同、订单、协议等形式与农户建立长期、稳定的原料供应和合作关系，提高产业集中度，促进小麦秸秆原料市场健康发展。全县小麦秸秆综合利用率达到90％、基料化利用率达到85％，基本形成布局合理、多元利用的秸秆综合利用产业化格局。宁县中泰公司，先后与宝鸡现代牧业、宁夏星星牧业等大型养殖企业签订优质饲草常年供货协议，年可收购销售全县5000多农户作物秸秆20000吨，每亩增加作物秸秆收入160～230元。二是建立畜禽粪污资源化利用体系。以畜禽粪污资源化利用整县推进项目为引领，推动粪污集中收集、处理、利用，提升粪肥还田效率。宁县众合种养农民专业合作社铺设沼液还田管网10500米，对周边乡镇养殖场户及农村户厕粪污集中收集、处理，通过厌氧发酵技术产生沼气、沼渣和沼液。年产沼气约36万立方米，沼渣沼液约1.4万吨，沼气用于发电供养殖场及园区使用，沼渣、沼液为果树、蔬菜等提供优质高效有机肥料。三是建立菌糠菌渣综合利用体系。积极引培菌糠加工利用企业，推广生物质气化应用，培育壮大菌棒生产主体4家，促进菌糠菌渣肥料化、饲料化、燃料化利用。中泰公司还与县内甘农蘑力公司、和盛松愉农业公司签订"小麦秸秆玉米芯回收+食用菌生产+废菌料腐熟还田"互助协议，有效解决了食用菌菌糠菌渣综合利用问题。2024年，全县累计消纳利用菌糠菌渣2.15万吨、综合利用率达到96.3%。

第四章 融合发展类

案例一 "四新"蝶变探路子 农文旅融合"领航向"
——环县庄子峁生态农庄探索引领农文旅融合"百千万"工程
把家乡味推向全国

在庆阳的干旱山区，主导产业大多以种植和养殖为主，可面对雨养农业、靠天吃饭的现状，遇到旱灾、冻灾、雹灾等不可逆的自然灾害，农业的脆弱性不言而喻，农民依靠产业增收不得不另寻出路。

环县洪德镇的耿塬畔村庄子峁，一个22户群众组成的庄头，在逆境中探索，在村庄能人杨清艳的带领下，探索了一条农文旅融合发展的新路子。2023年在环县遭遇大旱、雹灾等多重自然灾害、农业歉收的情况下，他们22户群众依靠文旅发展，引流游客到庄子峁旅游体验，并同步销售农庄"土特产"，使全庄22户群众的人均收入从2022年末的1.4万元增加到2023年底的1.8万元，其中60%来自农文旅融合发展带来的实实在在的现金收入，2024年，这个生态农庄又带动了周边其他乡镇、村的56户"乡愁"产业能人加入其中，庄子峁"产业集团"由原来的22户发展到如今的78户，户均收入达到10万元，人均收入也达到了2.1万元。

庄子峁的"逆袭"，并非偶然，而是在能人带动下，把手机变成"新农具"，直播成为"新农活"，农民成为现代信息技术武装起来的"新农人"，探索出了"一户一品、自主经营、人人参与、户户直播、抱团发展"的农文旅融合模式，让群众在文旅融合的发展道路上有"乡愁产业"，并能抱团发展，让山区无人问津的"土特产"瞬间飞出山沟沟，让群众获得实实在在的收入。庄子峁发展模式被确定为庆阳市农文旅融合"百千万"工程首个示范村，在全市学习推广，庄子峁也蝶变为产业发展的"新农庄"。

手机变身"新农具"　乡愁"土货"出山进城

传统农业如何破局，让农业经济翻倍增收，除了保障粮食安全，还得让农民走出小农经济的局限，放下传统的犁耙锄头，另寻"新农具"，探索农产品的新出路。在网络技术日益发达的当今社会，手机变身"新农具"应运而生。

在人人都有麦克风、人人都可注册网络平台账号的今天，借助网络，利用手机和网络把传统的"土货"农产品带出山、带进城，让全国各地的家乡人吃上家乡味，让各地外地人也能尝上环县味，是手机的新使命。

油饼、粘糕、荞面油圈圈、糖角角、老点心……一系列的传统家乡味，都是各地游子最牵挂的乡愁记忆，庄子峁创业能人杨清艳在外创业成功后，牢牢抓住这一乡愁记忆与商机，动员庄子峁22户群众发挥自身特长，七奶奶炸油饼、九婶炼酱油、姑爸酿醋、姑姑做豆腐、四婶碾辣子、八叔养农家土鸡、八爷养瘦肉猪……一系列的农家山货土味由原来的"名不见经传"瞬间成为县城的"香饽饽"。农庄原来的老农民也随之变身产业户，用手机开启了线上直播，各种农产品怎么做，自始至终网友"监控"。如今，庄子峁生态农庄和加入庄子峁生态农庄的35户群众都开通了网络直播，利用空闲时间和加工农产品时间进行网络直播，宣传家乡农产品，真正把手机变成了"新农具"。

直播成为"新农活"　土特产"裂变"出山

传统农业生产如何增值，是杨清艳一直思考的问题。农民一边进行农

业生产，一边进行网络直播，把最原生态的农业生产以最真实的形式展示给各地大众，让全国各地的市民在观看直播的过程中不仅收获农耕文化的熏陶与教育，还收获了农特产品的体验与品尝，这是农业生产增值的另一种途径。杨清艳把这一思想引导并落实到庄子峁生态农庄发展的全过程中。

妈妈做的燃糕，从糜子生长到收割打碾，再到磨面发面、油炸品尝，整个环节她都拍摄短视频记录，在各个制作环节直播，使得她的燃糕从县城市民到北上广，都备受青睐。七奶奶制作油饼的时候也全程开机直播，不仅让城里人学会了炸油饼的手艺，也把家乡的油饼卖到了全国各地，日均销量达到了500多个。四叔在养蜜蜂的时候也支着手机直播，让市民看着蜜蜂采蜜，看着原生态的蜂蜜是如何生成的……

每一项农业生产的同时，农民们多了一项活路，那就是直播，既不误农活，又宣传了农特产品。杨清艳每次到农庄，也都拍摄短视频、进行网络直播，让各类农产品走向网络，宣传到全国各地。在矩阵式的宣传下，乡村"土特产"逐渐出山进城，走上全国各地的餐桌，庄子峁生态农庄成立以来，通过网络销售各类农特产品由第一年的12万元到2024年的260万元，这一裂变式的增长，与农庄所有农户开设直播这个新农活是分不开的。

农民化身"新农人" 传统农民变电商达人

自己生产的农产品自己直销到千家万户，省掉中间商的利润，就会使农民获得最大的利益。这是杨清艳内心深处最真实的想法，她也把这一想法付诸于电商直销，让农民兼职成为电商达人，变身"新农人"。

八婶的农家黄酒和土鸡蛋每年网络销售超10万元，八爷家每次宰杀的农家瘦猪肉网络一开播，就热销一空，年收入超6万元，十二奶奶的石磨馒头每天都是提前预订再加量，一年卖蒸馍超36000个。曲子镇孟家寨村村民张军花加入庄子峁生态农庄后，她的老点心实现了月收入超过八万元的"预料之外"的惊喜……

为了让文化程度不高的老农民学会短视频制作和直播，杨清艳自己一对一为农庄群众进行培训指导，从拍摄吸引人的农产品照片，到口头商品介绍，再到网络营销技巧，这些看似复杂的操作在她手把手的指导下，逐渐成了农户们茶余饭后的必学本领，让他们在快手、抖音、视频号等平台宣传农特产品的同时，也销售自己的农特产品。

山峁变成"新农庄"　能人引领抱团发展

"如何让传统农产品焕发新活力，如何让单家独户的经营抱团发展?"这是杨清艳让庄子峁变成新农庄的最根本想法。2019年，她联合农庄20多户群众，发展传统农家手艺，通过"旅游内销+网络外销"的手段，延伸产业链，让农产品在当地成增值。同时，在农庄建设一些能吸引游客、能让市民参与的乡愁活动和乡愁产品，以促活农庄体验式旅游。

建设乡愁博物馆、共享菜园、儿童游乐园，并栽植一些特色花卉，装饰一些雕塑造型等，杨清艳表示"有了这些，不论是采风游、体验游，还是寻味游、乡愁游，来了至少能有一些感触"。两年时间，庄子峁变样了。走进庄子峁，公路两旁鲜花飘香，乡愁博物馆陈列整齐，各种特色种植、养殖初现规模，各种传统手工艺逐渐成为县内外游客的青睐。

农庄还成立了产业合作社，探索集生态旅游、绿色采摘、特色产业、休闲康养融合发展的落后山区乡村振兴模式。9户群众发展农家酱油产业，3户群众开起了农家饭馆，2户群众发展规模黑山羊养殖，1户群众散养土鸡，并做农家黄酒，1户群众做农家醋，1户群众做农家干辣椒面……农村人看起来一些不起眼的东西，却是城里人认为是最绿色无公害的东西，现在都可以换成收入。

如今，庄子峁生态农庄现已成功创建为甘肃省文旅振兴乡村样板村、

甘肃省"乡村网红"培育计划示范点、庆阳市"村村播"示范基地，杨清艳本人也获得了中央农广校乡村振兴返乡人才能力提升研修班优秀学员，甘肃省"百千万"创业引领工程"新型职业农民"创业达人选拔活动暨第七届农村创业创新项目创意大赛省级选拔赛荣获大赛一等奖。庆阳好人、甘肃好人、甘肃好网民、中国好人等多项荣誉，带动了乡村旅游蓬勃发展。截至2024年底，农庄共接待游客8万人次，实现销售收入260万元，农户人均收入超过2.1万元，带动乡村旅游持续升温。

案例二 创新 "苹果+" 发展理念 大力推进农文旅深度融合

—— 庆阳（宁县）正洋现代生态农业科技有限公司多元化推进苹果产业与乡村旅游融合发展

近年来，庆阳正洋现代生态农业科技有限公司（以下简称正洋生态）充分利用宁县中村镇文化古镇底蕴，坚持"苹果+"发展理念，倾力打造矮化密植苹果示范园——正洋苹果基地，建成现代矮化密植苹果园、年产100万株矮化自根砧苗木基地，配套气调库、分拣及商品化处理线等设施，并建成融健身体育、观光休闲、农事体验、文旅服务于一体的农文旅融合景区一处，展现了现代农业与文化旅游业的完美融合。

"苹果+科技创新" 打造绿色示范新标杆

标准化建设是产业升级的需求，也是绿色发展模式的重塑。正洋生态通过流转中村镇中村、乔家、平定、刘家、西王等7个行政村土地，成功建成1.2万亩现代矮化密植苹果基地及无毒自根砧苗木繁育基地，通过推广应用新品种、新模式、新装备、新技术，全力打造绿色生态苹果产业。一是推广新品种，持续扩大产能。示范推广瑞雪、维纳斯黄金、王林、米奇啦等早中晚熟苹果新优品种。建成4.0全自动水洗分拣包装生产线，实现苹果生产全过程自动化、智能化、标准化，年筛选分拣苹果1万吨以上。建成2万吨苹果气调库，对采摘下来的苹果集中冷藏保鲜，延长了产品销售期。二是探索新模式，防范自然风险。加强与陇东学院等科研机构合作，建立科研实训基地，探索应用"公司+基地+科研机构"发展新模式，持续新建果园防霜冻试验示范基地，安装温湿度监测装置、烟雾发生

器及监控平台，经试验，春季低温冻害发生时，基地内温度较非试验田温度提高4.6℃。建成冰雹、虫害预防系统，安装防雹网6000亩，有效提升了果园的防灾减灾能力。三是引进新装备，提升机械水平。大力推广果园生产机械化与智能化，进口全自动水肥一体机、纽荷兰牌牵引车、智能机器人上料机、多功能采收平台、微型电动叉车等机械86台件，实现了果园施肥、浇水、除草、打药、采摘、运输等全程机械化。四是完善新技术，规范品牌标准。研究制定《矮砧密植苹果病虫害防治技术指引》《矮砧密植苹果肥水一体化管理技术规程》《M9-T337自根砧繁育技术规程》等生产技术规范11项，通过中国国际贸易促进委员会在全国团体标准平台进行发布，形成宁县苹果新标准，提升了地方品牌影响力。2022年，正洋生态被庆阳市委命名为"庆阳市农业产业化优秀龙头企业"。

"苹果+特色文化" 打造宁县文化新形象

文化是构成品牌无形资产的重要元素，是品牌的灵魂和生命。正洋生态充分挖掘宁县苹果历史溯源、产业现状和未来发展，倾力打造提升企业形象和产业文化。一是深度挖掘地域文化。充分利用中村镇肥沃平整的土壤优势和深厚丰富的历史文化资源，深度挖掘区域自然条件和资源禀赋，将苹果产业与古镇文化紧密结合，打造苹果公园至政平古镇的旅游观光线，充分彰显吸引力和消费点。二是大力宣传产业文化。谱写了以"请到宁州果乡来"为主题的歌曲8首，编撰了一本以"讲好宁县苹果故事"为主题的摄影丛书，拍摄了一部以"宁县现代苹果产业发展"为主题的微电影，制作了一部以"宁县人文地理"为背景的苹果宣传专题片。组织举办"花开中国·瑞果有约"央视媒体采风暨网民随手拍"香约庆阳，包容天下""全国30家媒体庆阳行采风"等活动。三是倾力打造品牌文化。先后举办宁县苹果文化节、"我为家乡代言·庆阳市农特产品网络销售节"直播、苹果采摘体验等活动，创新开发"苹果宴"，让游客在品尝美味苹果的同时，更好地了解宁县苹果从零星种植到集种植、储藏、营销及精深加工为一体的全产业链发展历程，感受"一方水土，一方风物"的特性和深厚的文化底蕴，进一步提高宁县苹果品牌知名度。四是创新拓展美食文化。充分利用宁县义渠古国文化，将义渠传统菜肴面点和现代流行菜肴面点的制作技艺巧妙融合，将历史文化通过舌尖上的体验展现得活灵活现。同时，在景区和临近的中村街区、政平街道，创新烹饪方式，打造独特品牌，积极推广饸饹面、蒸鸡肉、狗舌头馍、面筋、豆腐脑、油糕、麻花等特色美食，满足食客味蕾需求。

"苹果+乡村旅游" 打造产业融合新高度

正洋生态依托宁县农文旅融合发展百千万工程，着力创建4A级旅游景区，为中村镇的全面发展注入了新的活力与动能。一是发展休闲农业，将"田地"变"景区"。苹果基地周边广袤的田野里，连片分布着千亩油菜试验示范村——乔家村、苏韩村，千亩玉米、大豆、糜子等粮食产业核心示范区俭底村、新堡村等田园休闲观光村庄，形成了以苹果花、油菜花相互辉映的观光风景线。二是优化服务设施，将"果园"变"公园"。正洋生态环绕苹果基地建成正洋苹果公园3A级景区，建设了苹果广场、培训中心、苹果酒店、20幢休闲度假木屋、130亩采摘园、1500米海棠网红路、90米长玻璃栈道、1500米木质观光步道、340米农业科普长廊、1000平方米房车营地、2000平方米垂钓池与水幕电影等设施。景区配套观光电瓶车10辆、自行车50辆，以及公共卫生间6处、停车场3处、自行车棚6处。建有雕塑、背景墙、廊架、凉亭、景观拱门、智慧步道等。三是举办精品活动，"风景"变"光景"。立足民俗风情、文化底蕴、适宜气候等，打造游客"愿意来、留得住、体验好"的精品旅游目的地。2021年以来，先后成功举办赏花海、看发展，庆百年"人类第四个苹果·花海炫宁州"马拉松赛、"花满宁州"田园文化艺术旅游节暨"春游庆阳"旅游活动、"宁县

苹果杯"全国业余围棋邀请赛等，推出"快乐农场"果树认领等主题活动16项，吸引了省内外众多游客来此踏青赏花、拍照打卡、体验乡村文化、感受田园风光。2024年节会期间共接待游客5.8万人次，实现旅游消费收入2030万元。四是拓宽就业渠道，"农民"变"工人"。正洋苹果公园吸收大量农民就近就地务工就业，年提供固定用工岗位400多人，季节性用工1000余人，年人均工资性收入8000元以上，户均综合年增收10000元以上。同时，正洋生态还常年免费为辖区果农和务工人员提供苹果育苗、栽植、施肥、修剪管理、果品分拣、销售指导等技术服务，为产业发展培养了一大批专业技术人才和新型职业农民，培育农民专业合作社6个、种植大户36户，带动本地新增苹果产业5700亩。

案例三 支部引领绘蓝图 "三端三管"兴产业
——西峰区司官寨村以支部引领闯出食用菌产业增收致富路

西峰区司官寨村地处城郊西南部，总面积6.30平方公里，辖13个村民小组，总人口915户3998人。地势平坦，交通便利，区位优势明显。近年来，司官寨村按照市、区发展"三元双向"循环农业的要求，以联农带农、整村推进为核心，运用农村集体产权制度改革成果，创新工作思路，盘活资产资源，采取党组织、村集体联合社牵头组织，各村民小组集体经济合作社具体实施、群众人人参与、人人持股的模式，筹资1800余万元，建成占地92亩的食用菌（香菇）产业示范基地。集原料加工、拌料、制袋、灭菌、接种、养菌、出菇储藏为一体，形成了"企业管前端、群众管中端、集体管末端"的食用菌运营模式，引领群众抱团发展食用菌产业。

支部引领 凝聚食用菌产业发展新力量

"火车跑得快，全靠车头带。"经济的发展离不开村党组织的引领带动。司官寨村积极发挥村集体党建引领优势，将食用菌产业作为发展壮大村集体经济的新引擎，以联农带农为核心，在盘活资产、资源的基础上，引导群众改变经营方式，通过土地、资金入股、投工投劳等形式参与食用菌产业发展，将群众绑在产业链上，共享产业红利。2023年，村"两委"率先在赵坳、高庄两个村民小组动员群众自筹资金、自主建设的试点工作，党员带头、逐户动员，共发动两个组154户群众参与进来，当年试点就销售香菇600吨，户均增收1万元以上，自主生产的菌棒更是获得卖出83万袋的好成绩，使群众增强了发展产业的信心，党员干部也看到了食用菌产业的希望。2024年，在成功试点的基础上适度扩大规模，优化产业布

局，推进产业链各环节发展，在赵坳组发展菌棒生产和菌种研发，在高庄组发展废菌棒再利用的生物质颗粒燃料加工，在王坳组发展冷藏和分拣包装，食用菌实现了专业化生产、精细化管理、系统化推进的格局，提高了食用菌产业的竞争力，群众又自发建成香菇大棚170座，产业人口占到全村人口的20%左右。

政策扶持　探索食用菌产业发展新路径

政策是推动产业健康发展最强劲的催化剂。司官寨村属典型的城郊融合类村庄，群众有食用菌种植习惯，但在2021年以前，大多利用闲置或边角地分散发展食用菌产业，规模较小、经济效益不突出。为破解产业发展难题，加大政策扶持力度，西峰区在实地调研、外出考察、征求意见的基础上，按照"4+N"的政策制定思路（养殖类、瓜菜类、果业类、菌类+其他奖补），研究制定了《西峰区农业主导产业高质量发展扶持政策措施》，对食用菌大棚建设、菌棒加工、品种选育、冷链仓储、品牌创建等多个领域制定"一揽子"奖补措施，有效激发企业和种植户的生产积极性，为产业发展创造良好的政策环境。一是大棚建设奖补。对新建黑木耳、香菇设施大棚的农户，按每棚3.5万元奖补，已脱贫户及监测户按每棚5万元奖补。二是菌棒生产补。对年生产食用菌1万棒以上的经营户，香菇、平菇每棒奖补0.5元，黑木耳每棒奖补0.25元。生产规模200万棒以上的企业和合作社，在生产过渡期（12个月）每个菌棒奖补1元。三是品种选育补。对性状稳定，适合西峰区生长，且具有示范推广价值的新品种，种植5棚以上的经营主体奖补20万元。四是冷链仓储补。对新建储藏能力100吨的保鲜库补助9万元，每增加100吨储藏能力增加奖补资金7万元。五是企业投资补。对固定资产投资达到1000万元以上的，奖励企业30万元。固定资产投资达到2000万元以上的，奖励企业100万元。固定资产投资达到5000万元以上的，奖励企业300万元。固定资产投资达到1亿元以上的，按投资总额10%奖补。自2023年6月奖补政策实施以来，目前兑付到位食用菌补助资金1200万元，极大地促进了食用菌产业提档升级、延链补链，走上了"小蘑菇大产业"发展的新路子。

"三端三管"　创新食用菌产业发展新模式

在食用菌产业的高歌猛进中，司官寨村探索建立了"企业管前端"（企业负责菌种研发、菌棒生产），群众管中端（农户按照统一标准搭建菌棚、菌菇生产），集体管末端（产品销售，废料处理）的生产模式，从菌棒加工、基地建设、生产销售、废料利用等环节同时发力，完善产业链条，提升生产效益。

企业管前端。为推动全村食用菌产业可持续发展，经过村"两委"多方考察，前端招引甘肃欣盛创优菇业有限公司，与庆阳市食用菌产销协会、庆阳林校等农业科研团体开展技术合作。2023年8月在赵坳组设立了菌种研发基地，由庆阳林校从事食用菌理论研究及实践经验丰富的张伟教授领衔，积极探索，提前布局，引进固体菌种生产线一套和50L-100L-1000L三联液体菌种深层发酵生产线一套。深入实施"香菇液体菌种研发及应用示范"项目研发，从料、艺、种三个层面对香菇液体菌种进行攻关，筛选和创制高效香菇液体菌种配方，打好了食用菌产业链上游基础。2023年11月，液体接种菌基技术研发成功，猴头菇、毛菇等特色品种已定点供应市内部分火锅店，市场反响良好。在菌棒生产环节，按照"生产技术全线外包"的工作思路，招引新福康合作社参与日常运营，与专业技术人员签订长期聘用合同，委托其全程负责菌棒原料筛选、粉碎装袋、高温灭菌、人工接种等技术环节，高效保障日常菌棒产出。同时，定期组织基地务工人员开展技术培训，手把手进行实地教学指导，全力培养本村食用菌技术人才。

群众管中端。为在集体产业发展过程中凸显农户主体地位，构建牢固

高效的利益联结和联农带农机制,在基地建设之初,镇、村两级就确定了倡导群众自筹资金建设菌棚、投工投劳获取务工收入、合作社全程指导统一管理运营的工作思路,并在具体实施过程中听取群众意见和上级职能部门指导,不断予以完善,最终实现群众在基层党组织和村级经济合作社指导下抱团发展、自主生产、直接受益的目标。按照群众参与产业方式划分为三类:一是自建自营类。6个村民小组按照村组指导确定地块、明确规格、联系工人搭建菌棚200座,自主开展菌棒管护、出菇采摘,由村组联系收货商上门收购,经营群众即时获得现金收入。二是入股分红类。涵盖赵坳、高庄2个村民小组全体群众,共130人。群众按照入股协议落实投资后,年底参与组级合作社分红,日常生产经营管理由组级合作社负责。三是投劳务工类。有别于建筑、服务等行业务工条件,司官寨村食用菌产业务工场所多在室内,体力需求不高,暑期学生、老年群众均可胜任。2024年在产业基地建设中,赵坳、高庄、沟西共有务工群众800人,全部从本组群众中吸纳,工作期从4月至10月持续半年左右,依据工作量大小核算每日收入,激发了群众发展食用菌的热情。

集体管末端。坚持"一张蓝图绘到底",按照全村统一产业规划,前期以村组集体经济合作社为主体,负责开展市场调研、指导群众建设、管理生产收购、确定销售渠道等工作。后期成立了司官寨村食用菌产业协会,负责对接市场、技术指导、冷藏保鲜、统一销售。生产结束后,依托建成的生物质颗粒燃料加工厂,由高庄组经济合作社负责统一对废旧菌棒进行回收利用,以废旧菌棒为原材料,加工生物质颗粒燃料,实现了经济与生态的双重效益。2024年产出环保型有机颗粒燃料300吨,销售收益30万元(单价每吨1000元),效益可观,潜力巨大。

2024年成功打造出了司官寨村食用菌研产销一体化示范基地,并规划建设西峰区食用菌产业园,园区建成后,将形成一个集菌棒生产、烘干分拣、冷储保鲜、废旧菌棒回收处理于一体的完整产业链。目前,已建成菌种研发、菌棒生产、烘干分拣、冷藏保鲜、废旧菌棒处理中心各1处,食用菌生产大棚425座,6个村民小组280户826名群众参与食用菌产业发展,2024年生产香菇380万棒,实现年销售收入3500万元以上,净利润800万元以上,户均增收超过1万元,有效激活了集体经济"一池春水"。

案例四 农文旅融合发展 药王洞破茧成蝶
——庆城县借力岐黄文化优势打造乡村旅游新样板

庆城县药王洞村，位于庆州古城之滨、周祖遗陵山下。相传因华夏中医鼻祖岐伯曾在此居住而得名。近年来，庆城县坚持生态文明建设理念和"以农为基、以文为魂、以旅为媒"的发展思路，将药王洞村打造成全国乡村旅游重点村、中国美丽休闲乡村、中国最美康养小镇（基地）和甘肃省级文旅振兴乡村样板村。

聚焦民生 创新发展理念

2015年初春，庆城县在柔远河畔启动了大景区建设工程，依托地理优势和人文资源，以招商引资方式大力发展文化旅游，打造文旅振兴乡村样板村。

跟着市场开发优势。药王洞全村400多户，人均耕地不足3亩，多为川台砂石地。长期以来，城郊经济模式相对单一，缺乏创新活力，村民收入偏低。旅游产业火遍全国之时，药王洞村仅有零星经营的"农家乐"，且客源少，生意不景气。为破解城郊村发展难题，庆城县委、县政府组织当地村民赴陕西马嵬驿和袁家村实地参观考察，让村民充分认识到旅游产业的广阔前景，达成开发优势资源、发展旅游产业的共识。

多数村民都当老板。在药王洞村开发之初，庆城县就高度重视征迁村民的权益。一方面，通过新建安置小区，为征迁村民提供舒适宜居的居住环境，确保村民搬得出、住得好。另一方面，与投资商积极协商，在景区开发建设和商业经营中，优先考虑当地村民。吃货街建设的40多家店铺摊位中，承包给当地村民经营的就有26家。经营采取村民入股形式，由开发商组建的饮食文化公司统一培训、统一配料、统一价格、统一管理。祖祖辈辈靠种地谋生的村民摇身一变，成了公司"小股东"，商铺的"大掌柜"，实现了从"地里刨食"到"市场弄潮"的身份大转变、思想大解放和生活大变迁。

政策支持实现共享共赢。庆城县始终坚持"让利于商就是让利于民"的理念，在景区水电路暖等公用配套设施建设上给予企业最大限度的优惠和支持，仅用短短3个月时间，就完成了全部征迁任务，为景区建设奠定了基础，创造了当年建设、当年运营、当年收益的"庆城速度"。商家在让利村民、收入保底等方面给予承诺，特别在村民经营收入上，承诺一年挣不到10万元的，由企业补齐。实现了为游客提供最优质的服务，为村民创造最幸福的生活，为文化留下最深厚的印记。

聚焦生态　打造和美小镇

景区之美，在于生态之美，水清河晏，是最迷人的风景。在景区规划建设中，庆城县牢记"绿水青山就是金山银山"，非常注重自然资源与人文资源的结合，力求将原有的自然风貌与现代旅游元素有机融合。一是生态环境更加宜居。对河岸、景观和村庄进行统一规划，整合国家棚改项目，依托河道治理项目，划分功能区块，对景区规划范围内的村民整体搬迁，整治了河岸，硬化了道路，绿化了山头，建成了居民新村，配套了污水处理、停车场等设施。将生态资源保护写入当地村规民约，实行垃圾分类，定时投放，污水集中处理。河清了，岸美了，路畅了，村庄干净整洁，清新脱俗，如诗如画。二是留住了乡愁记忆。药王洞村的土山、土坡、土窑洞等陇东文化元素，是老区人民永远无法忘却的乡愁记忆，也是吸引远方客人黄土之旅的文化精髓。为体现这些独特的文化资源，庆城县按照"多做加法、少做减法"的思路，最大限度地保护了当地的自然地貌和人文遗迹。村落中的老树、老土墙、老院落、老窑洞和传统农田、乡间小路等，都经过精心保护和修复，使游客在游览过程中能真实感受到浓郁的乡土气息，留住心中那抹乡愁。三是特色文化相互交融。药王洞景区是

多种文化的集合地。这里以黄土风情文化为底色和大背景，汇聚了庆阳民俗文化、关中饮食文化、明清建筑文化、红色革命文化、唐宋宗教文化，是汇集北方多种文化的体验园。在开发建设过程中，注重挖掘文化内涵，突出地域特色，让游客领略和体验不同时代、不同地域的文化魅力。如今的药王洞，传统文化与现代科技交相辉映，静谧山水与活力古城完美融合，自然景观与人文魅力共同绽放。

聚焦体验　引领多业并举

为了满足游客的多样化需求，药王洞景区紧扣"吃住行、游购娱"旅游六要素，全链条培植产业发展。一是做精饮食。药王洞景区在运营中，坚持把餐饮作为重点先行一步，以一业带百业，以一街活全局，实现餐饮带动，多元发展。在药王洞养生小镇，人气最旺、最火爆的是吃货街。沿着一条沟，打造了一条街，从沟口到沟掌，曲径通幽，沿沟摆布着40多家风格不同的店铺。手工臊子面、猪血烩豆腐、土暖锅、羊刀炖等地方特色名吃，吸引游客品尝"舌尖上的庆城"。二是做靓景观。药王洞景区游步道四通八达，相互贯通，遍布沟沟坎坎，一路风景，步步成趣。景区开发之初，就建成了高100米、长50米的跨沟观光玻璃桥。步行其上，远山近水一览无余，看沟壑雄奇，看山坡错落，看朴实的黄土色，看静静的柔远河。药王洞山上山下棋布了1000多个小景观，精心布设打造的90多个小景点、30多处游览胜境，从朝阳余晖到万家灯火，每一刻都充满诗意。从山水田园到人文情怀，每一步都尽显风采。最美是夜景，从山上到山下，景区实现了亮化全覆盖。夜幕降临，药王洞景区灯火璀璨，似银河落地，若天上街市。三是做优体验。旅游的魅力不仅在于风景，更在于贴心的服务、独特的体验。药王洞景区通过大商招小商，引进了多项旅游体验项目，增加了"游"的趣味。神州飞碟、9D电影、卡丁车、跑马场、高空漂流、空中飞艇等游乐体验项目，身临其境，让人流连忘返。

聚焦创新　驱动可持续发展

问渠那得清如许？为有源头活水来。药王洞景区持续发展的源头活水就是顺应时代潮流，与时俱进，坚持不懈地解放思想，不断为景区注入新的活力。从吃货街开始，陆续增加游乐园、酒坊、知青点、农耕大观园等景点，特别是招引陕西西建集团投资打造岐伯大健康城，丰富景区业态，完善产业链条，景区经营管理常新常换，面貌日新月异，游客每一次到来，都会有不一样的全新感受。一是理念创新。景区实行"免费停车、无票入园"的运营策略，游客不花一分钱，就可游遍全境，不让门票成为拒客于千里之外的"拦路虎"。药王洞景区的成功，就是灵活运用了"放与收""取与舍"的辩证关系，小处放手放开放活，大处着眼吸引人流，积累人气，实现经久不衰。二是机制创新。建立商户与开发商互促共赢机制，实现可持续发展。药王洞景区是每一个经营者的景区，当年以10万元入股那天，村民们就变成了景区的主人。"利益共享、风险共担"的管理机制，将景区发展与村民利益紧紧联系在一起。有了责任，就有了信心，有了压力，就有了动力。投身景区各产业项目经营管理的药王洞村村民，以其高度负责的主人翁精神，在这片熟悉的土地上挥洒汗水，收获希望。三是管理创新。景区始终坚持"管理不松手，信誉不打折，质量不含糊"的管理理念和"良食取于良材，良材取于良心"的运营理念，在门店卫生、原料采购、制作流程、商品价格等方面，做到有规可依、有章可循。对违规经营的商户实行严管、重罚、零容忍，这种诚信规范的商业环境，确保了每位游客都能享受到高水准的服务和舒心的旅游体验。四是营销创新。在旅游旺季和节假日，坚持在景区策划演唱会、演艺节目，开展旅游促销。推出黄金档、嘉年华，引进网红、"红娘"等，全方位助力景区宣传营销。连续几年的"五一"、端午、"十一"、元旦旅游黄金季，药王洞景区都创下接待游客10万人次以上的历史纪录，年实现旅游收入上亿元。

后 记

　　仓廪实，天下安。当今世界正经历百年未有之大变局，粮食产业链供应链不确定因素持续增加，保障粮食安全对维护国家安全具有极为重要的意义。习近平总书记在2022年中央农村工作会议上指出："解决吃饭问题，不能光盯着有限的耕地，要把思路打开，树立大食物观。"践行大农业观大食物观，持续构建多元化食物供给体系，既是党中央提出的明确要求，也是保障粮食和重要农产品稳定安全供给的客观要求和重要举措。

　　当前，日益增长的粮食产量与前所未有的资源需求并存，在土地资源不可能大幅增加的前提下，唯有通过提高单位面积产量来提升农业效益。2021年以来，庆阳市委、市政府把种植业、养殖业、菌业统筹起来，将农业废弃物在这三个产业之间高效转化利用，使农业真正成为绿色、生态、洁净、高效的产业，其中既有理念的巨大变化，又有产业发展模式的重大调整，更有产业发展动力的重新构建。目前，全市"三元双向"循环农业发展格局初步形成，产业体系逐步完善，呈现出强大的生命力和良好的发展前景，具有明显的比较优势、产业效益和巨大的发展空间。"三元双向"循环农业的成功实践，标志着庆阳老区人民在黄土旱塬条件下，打破了两千多年来的传统农业思维束缚，探索形成了具有庆阳特色的循环农业新模式，是一次生动的创新实践，是一首壮丽的发展诗篇，是一幅壮美的改革画卷。

　　《"三元双向"循环农业模式——农业绿色发展的庆阳实践》是着眼于总结庆阳"三元双向"循环农业发展的经验和成效，推动农业绿色发展的政策出发，由庆阳市农业农村局牵头策划设计，各县区、市直部门等有关方面积极配合，编辑出版的。本书在编写过程中，得到中国食用菌协会的鼎力支持，得到市委、市政府及各县区、各相关部门的大力配合。全体编辑人员夜以继日、加班加点，为本书的编写、排版、设计、校对、审核、出版等付出了大量心血。在本书付梓之际，特向所有关心、支持、参与《"三元双向"循环农业模式——农业绿色发展的庆阳实践》出版工作的领导和同志表示最崇高的敬意和最诚挚的感谢！

博观而约取，厚积而薄发。当前，庆阳市"三元双向"循环农业体系正处在挖掘提升、巩固拓展的关键阶段，如何有效降低种植业成本、提升养殖业综合效益、推进食用菌产业提质增效、促进农业废弃物循环利用，是当前"三农"工作的重中之重。在全市加快推进经济社会发展转型、创建国家绿色发展先行区、推动乡村全面振兴的新形势下，庆阳市将"坚持咬定青山不放松、一张蓝图绘到底"，坚持"做大总量、提高质量、科技支撑、龙头引领，资源集约节约利用、种养菌'三元双向'循环、全产业链绿色发展"的总体思路不动摇，持续做大种植业基础，做强畜牧业牵引，做优菌业纽带，大力实施百万亩复种增粮增效、百万亩优质苹果基地提质改造、百万亩高标准农田节水补充灌溉、农文旅融合"百千万"工程，千方百计扮靓农业农村底色，夯实乡村全面振兴根基。持续加强菌种繁育技术体系建设，加快推进特色产业集群化、资源利用集约化、投入品减量化、废弃物资源化、生态功能优质化、乡村环境宜居化、支撑保障体系化。不断畅通区域大循环、产业中循环、农户微循环，构建完善"三元双向"循环农业新格局，持续推动农业增效、农民增收、农村发展。